U0783927

O

iFORCE 原力　满足世界的好奇心

自动

AUTONOMY

时代

[美]劳伦斯·伯恩斯 著　　[加]克里斯托弗·舒尔根 著　　唐璐 谢炜烨 译　　　　湖南科学技术出版社

献给将可能变成现实的工程师们

一个新思想启发另一个新思想，又启发第三个，如此继续，经过若干时间，直到某个人将所有这些都不是自己原创的思想组合到一起，产生一个被称为新发明的东西。

——托马斯·杰斐逊

序

亲爱的中国读者：

感谢您对《自动时代》这本书的兴趣，希望这本书能让您有美好的阅读体验并能有所收获。

尽管《自动时代》主要是以美国为背景，但它同样深深根植于中国的土壤，并且书中讲述的主题对中国的影响可能比对美国更深远。

在2010年上海世博会上就可以看到《自动时代》在中国的这种土壤。当我在世博会后参观各种精彩活动时，我惊叹于中国的进步和潜力。此前的15年里，作为通用汽车公司全球研发和规划的领导者，我曾多次到访中国。1997年，通用汽车与上海汽车（SAIC）成立了一家对等持股的合资企业，利用通用汽车的领先技术，参与中国汽车市场的发展。当时，中国的汽车年产量不到200万辆，许多技术都已落伍。到2010年，也就是与通用汽车合作13年后，中国汽车的年产量已经增长到1800万辆，成为世界上最大的汽车生产国。此外，中国生产的轿车和卡车在设计、质量和技术方面也与世界上最好的水平不相上下。中国汽车工业的兴起已然成为了一种经济现象。

2010年上海世博会对我来说具有特别的意义，因为通用汽车和上汽负责世博会的交通展馆。世博会的主题是"城市，让生活更美好"，我们希望能呈现一种交通愿景，提供更好的交通体验，同时又不会有汽车带来的各种副作用。

这个机会意义深远。汽车是由卡尔·本茨在1885年发明的，亨利·福特在20世纪初使之普及，此后汽车在美国、欧洲、日本等发达国家的个人出行中逐渐占据主导地位。到2010年，地球上已有超过10亿辆小汽车和卡车。这些车辆为有能力拥有和驾驶汽车的人提供了前所未有的行动自由。然而，这种自由也带来了惨重的社会代价：每年有120万人因交通事故丧生，汽车使用的能源有95%依赖石油，宝贵的土地被用于修建道路和停车，车辆是空气污染和温室气体排放的主要来源。

而与影响我们生活的许多其他产品（如手机）不同的是，汽车的基本设计"DNA"一个多世纪以来都没有改变。同本茨和福特那个时候一样，2010年的汽车仍然主要是内燃机动力，以石油作为能源，通过机械控制，由人类驾驶。100多年来的商业模式也一直是将汽车作为产品销售给个人消费者。

通用汽车和上汽团队得出结论，为了确保"城市，让生活更美好"，我们需要新的个人交通"DNA"。我们的计算结果表明，如果上海的汽车数量继续以过去十年的速度增长，到2030年，上海80%以上的土地将被汽车覆盖。考虑到这么多汽车带来的严重副作用，如果中国汽车工业的增长继续建立在有百年历史的汽车工业"DNA"的基础上，那么它的增长将是不可持续的。

我们的展馆所呈现的愿景必须大跨度超越汽车时代长久保持的局面。我们必须重新发明汽车，理解21世纪的交通问题和技术机遇。因此，我们借助2010年上海世博会激动人心的舞台，开启了以自动驾驶电动汽车为基础的交通新时代。

通用/上汽EN-V概念车成了2010年世博会上的明星。书中可以看到这款车的照片。EN-V（发音为"envy"，是"电动联网车"的缩写）被设计成两轮两座自动驾驶电动豆荚车，它能与周围的一切建立虚拟连接。我们认为这是介于自行车和传统汽车之间的一个很有希望的市场机会，也是解决拥挤城区的一个切实可行的解决方案，很适合中国正在发生的快速城镇化进程。EN-V呈现的2030年可持续交通的未来，契合了世博会的主题"城市，让生活更美好"。一个没有石油，没有尾气排放，没有撞车，没有拥堵，同时又充满乐趣和时尚的未来。

上海汽车与通用汽车的交通展馆取得了巨大的成功。从2010年5月到10月，超过200万人体验了我们设想的未来交通。这个愿景非常成功，被选为2010年上海世博会最受欢迎的企业展馆。

今天，自动驾驶电动汽车对中国来说将是巨大的机遇。中国有很多个人口超百万的城市，国民生产总值接近15万亿美元（占全世界生产总值的22%），因此中国必须在个人交通和货物运输方面走在创新的前沿。也的确如此。中国目前在电动汽车销售方面处于世界领先地位。中国政府高度重视并强调无人驾驶汽车的研发。而且，中国人非常愿意尝试新的技术和新的生活方式，手机支付在中国的普及就证明了这一点。中国汽车市场的前景非常广阔。

我相信你会喜欢《自动时代》所讲述的故事并从中有所收获。这是一个引人入胜的技术故事，讲述了工程师和计算机专家如何在美国政府赞助的比赛中竞争，以证明无人驾驶汽车是可行的。这同时又是一个极富戏剧性的商业故事，讲述了科技行业和汽车行业在此过程中如何争夺领导地位，然后又携手推动这个领域的发展和分担风险。这是一个关于技术和商业创新前景的故事，目标是解决我们这个时代最大的挑战之一。

这本书中所描述的未来的必然趋势，已经取得了很大进展。但是也还有很多事情需要完成。重要的是要认识到，汽车时代的创新仍处于萌芽阶段，没有人确切知道未来将如何发展。对于那些拥抱未来的人来说，通往自动驾驶之路令他们兴奋不已，而对于那些抵制未来的人来说，则令他们胆战心惊。好好享受吧！

劳伦斯·伯恩斯（Lawrence Burns）

引　言　汽车的问题

> 我不明白为什么人们害怕新想法。我害怕旧的。
>
> ——约翰·凯奇

我们的生活方式正在改变。汽车出现130多年以后，我们再次面临交通方式的重大变革。20世纪，占主导地位的出行方式是由人类驾驶的燃油汽车，这些车大部分由私人拥有。而现在我们正在转向由无人驾驶的电动车辆提供出行服务，按行程或租约计费。

这意味着什么呢？在不远的将来，我们大多数人将不再需要拥有或驾驶汽车，而是依靠安全便捷的自动驾驶车辆提供服务，前往想去的地方。出行服务公司将提供全方位的交通服务，我们不用再操心停车、清洁、保养和充电。拥有汽车给我们带来的各种麻烦都将消失。我们不再需要买车、按揭和投保，也不再需要花时间开车、停车或加油。交通也不会再令人头痛。我们可以选择乘坐为公众提供服务的共享车辆；也可以选择支付更多费用，拥有专属的自动驾驶"服务员"，不仅可以在我们需要的时候提供门到门服务，还可以派出去跑腿或接送家人朋友。

只需点一下手机，就可以召车。召来的车辆没有方向盘、油门和刹车踏板，大部分都是舒适的两座电动汽车，因为通常我们都是一人或两人一起出行。所有这些都将大大缩减我们的交通成本。

这本书讲述的是即将到来的这场变革的来龙去脉。这场变革将用最新的技术和模式解决交通问题。我们并不经常认为交通是个问题，但它的确成问题。每天，当我们想去某个地方，都要想一下该怎么去。人类想出了各种解决方案。一个多世纪以来，北美地区主要的解决方案一直是由人类驾驶的燃油私家车。然而这种方案带来了无穷的问题。

如今，在美国有2.12亿人持有驾照，拥有2.52亿辆小汽车，每年行驶5万亿千米，消耗燃油超过7000亿升。小汽车和卡车的二氧化碳排放量占美国温室气体排放量的20%。我们每年开车的里程不断增长，从1990年到2016年增加了约50%。

在这样的氛围下，大多数成年人都认为拥有一辆车是融入现代社会的必备条件。然而在美国，汽车有95%的时间都被闲置。

不仅如此，这些车的能效还非常低。现在美国销售的汽车超过95%是燃油车。而汽车加的燃油只有不到30%的能量是用于驱动汽车，还有少量能量被用来给车灯、收音机和空调等设备供电，其余的能量都变成热和噪声浪费掉了。常规小汽车大约为1400千克，而人体约为70千克，所以驱动汽车的能量只有约5%是用于运送乘客，仅占燃油总能量的1.5%。

能效如此低是因为我们购买的汽车的设计性能远超我们大部分时候的需求，谷歌自动驾驶项目慧摩（Waymo）首席执行官约翰·克拉菲克称之为"偶尔的使用需求"。在美国，85%的人出行是坐汽车，平均载客率每车1.7人，上下班时的载客率更是低至1.1人。城区的平均车速低至每小时20千米。然而，我们使用的轿车、皮卡和越野车足以容纳至少5名成人，而且动力强劲，大多数车辆能以180千米甚至更高的时速行驶。克拉菲克注意到，"行驶在路上的汽车配置完全是乱来"。

这些过度设计的汽车很危险，因为它们很重。世界卫生组织估计，全世界每年有130万人因车祸丧生。2016年美国有37461人因车祸丧生，这使得意外伤害成为美国人过早死亡的首要原因。

你的车只有5%的时间在使用，这意味着其余95%的时间你必须找一个地方停车。因此你家里需要腾出很大一块地方用作车库（和车道），你工作的地方也必须为你的车预留空间。你常去的购物中心、医院、你最喜爱的球队的体育场、街道两旁也是一样，这个清单还可以继续列下去。因此，我们的城市需要将大量宝贵的土地用于铺路，建造沥青热岛，造成城市气温升高，并可能加剧气候变化。

正因如此，摩根士丹利金融分析师亚当·乔纳斯称汽车为"世界上利用率最低的资产"，汽车业务为"地球上最应该停止的业务"。这也是为什么普利策获奖记者爱德华·休姆斯说"几乎从任何可以想到的方面来看，目前对汽车的配置和使用都是疯狂的"。

我非常同意。谢天谢地，我们已经进入了一个让我们走向更健康的交通解决方案的阶段——这是几十年甚至几个世纪以来罕见的能给生活方式带来改善的转变之一。这种转变之所以会发生，是因为它能让人们更高效便捷地出行。令人高兴的是，这个解决方案对地球也更友好。

这场巨变的许多重要参与者都曾经历过对汽车及交通系统的失望时刻，从而改变了他们努力的方向。例如谷歌的联合创始人拉里·佩奇，他在密歇根大学读书时没有车。

佩奇1991—1995年在密歇根大学求学，获得计算机工程学士学位。他们家与这里很有渊源，他的祖父在附近的通用汽车弗林特雪佛兰工厂上班，他闲暇时会开车带佩奇的父亲和姑妈到密歇根大学安娜堡校区玩耍，并鼓励孩子们以后去那里求学。后来两人都就读于这所学校，佩奇的父亲还在那里遇到了佩奇的母亲。因此，佩奇几乎注定会读密歇根大学。

安娜堡的春天、夏天和秋天都很宜人，树木葱郁，山丘起伏，人们在校园里骑自行车或慢跑，这里的主色调是绿色的树林和黄色的玉米，这也是学校的标志色。

但是到了冬季，在户外会很难熬。12月至翌年3月，很少有人骑自行车出行，因为密歇根的冬天很冷。校园地处内陆，附近没有能储存热量的大片水域。晚上5点就天黑了，寒冷难耐。在初冬的时候，人行道上会有积雪和泥浆，到1、2月份，积雪和泥浆会冻成坚硬的黑冰。

安娜堡的另一个特点是交通很糟糕，夏天就很糟糕了。到了冬天，道路两旁冻得硬邦邦的雪堆使得本来就拥堵的道路变得更窄，堵车和停车问题愈加严重。没车的人只能坐公交车，公交车从不准点，有时候甚至压根不来。

佩奇上完下午的工程课后，会走到公共汽车站，冻得瑟瑟发抖地望着马路尽头，希望看到当地公交特有的车头出现。当有车经过时，佩奇蜷缩在车站雨棚下，羡慕地看着司机坐在温暖的车里，希望有车能载上他，但是车似乎永远也不会来，这时他就想，这个社会解决交通问题的方式太糟糕了。

因此，佩奇开始着迷于寻找替代方案。在密歇根的冬天等公交车的那段漫长时间促使他构思了一种个人快速轨道交通的方案，这是一种单轨交通网络，运行能坐两人的豆荚车，可以将乘客快速送往想去的地方。挨冻的经历也促使佩奇加入了密歇根大学的太阳能赛车队——因为免费的太阳能也许能让出行费用更加低廉。这些经历也使得佩奇在20世纪90年代末，在斯坦福大学攻读研究生时曾考虑选择自动驾驶作为研究课题，虽然他最终选择的是后来改变了世界的搜索引擎研究，但这些经历激发了佩奇对美国国防部高级研究项目局（DARPA）沙漠和城市挑战赛的兴趣，这项挑战赛于2004年、2005年和2007年在加州举行。这项比赛启发了佩奇和他的合作伙伴谢尔盖·布林投资研发谷歌的自动驾驶项目

（即后来的慧摩），这个项目使全世界认识到，自动驾驶不仅是可能的，也是不可避免的，而且成为现实的速度要比许多人预期的快得多。

我记得我对旧的解决方案最失望的时刻，当时我正在参加法兰克福2001年国际汽车展。那时候我在通用汽车担任主管研发和规划的副总裁，也是为CEO里克·瓦格纳服务的13人战略委员会成员，该委员会负责通用汽车的战略决策。

那天我正准备回酒店，手机响了。是通用汽车安保部门打来的，这很不寻常。更不寻常的是那位安全官员似乎很紧张。他说电话里不便细说，请我回酒店后马上去某间会议室。

我从未接过这样的电话。

当我走进会议室时，通用汽车战略委员会的其他几位成员也在，电视机开着。我在电视上看到世贸中心的一座塔楼着火了。几分钟后，一架大型客机撞击了另一座塔楼。

3天后我才从德国回到家。在那以后，我想了很多。有许多理论解释袭击为什么会发生，但不容忽视的一个因素是美国对中东石油的依赖。

我不禁感到汽车业对发生的事情负有一些责任。美国依赖外国石油，因为我们需要用它来为通用汽车生产的车辆提供动力。通用的产品给我们的客户带来了极大的自由。但是，扪心自问，为这种自由所付出的代价值不值？对我来说，"9·11"事件揭示了燃油车主导的汽车工业的现状是不可持续的。身为通用汽车的研发主管，我应当为此做些什么。我认为我有责任加速开发现有交通系统的替代品。

此后，作为底特律汽车业的顶级高管，我开始为美国汽车交通系统的大规模改革摇旗呐喊。（我记得，在底特律同样也在呼吁关注这些问题的还有小威廉·克莱·福特。）

我在演讲和文章中指出，石油依赖、安全问题、交通拥堵和全球变暖——只要我们改变汽车工业，这些问题都可以得到改善。我极力推动用电力驱动和计算机控制重新定义汽车的"设计DNA"，并用现在已广为人知的通用汽车Autonomy概念车展示了这种可能性，该车在2002年底特律北美国际汽车展上首次亮相。（Autonomy是基于一个类似滑板的平台，类似于现在特斯拉的平台。）我还领导通用汽车开发了一系列基于氢燃料电池、先进电池技术和生物燃料的新能源动力系统，并安排通用汽车赞助卡内基梅隆大学（CMU）的格纹呢车队，该车队以雪佛兰太浩车型为基础开发的自动驾驶汽车赢得了DARPA城市挑战赛。在通用汽车及其竞争对手努力应对2008—2009年的经济衰退期间，我推动开发了一款可共享的自动驾驶电动概念车——通用EN-V，它展示了自动驾驶的未来。

当时是汽车业最黑暗的时期，通用汽车和克莱斯勒破产，福特被抵押，勉强得以避免同样的命运。与此同时，一些汽车业局外人开始用新的技术和商业模式挑战底特律的主导地位。正是在这一时期，谷歌招揽了DARPA挑战赛中最杰出的工程天才，启动了自动驾驶项目。没有历史负担的特斯拉在2008年推出了它的第一款车Roadster，锂电池驱动，用优异的性能让人信服了电动汽车的前景。接下来，充满活力的优步和Lyft等创业公司培育了庞大的共享出行市场，人们开始摆脱必须自己拥有汽车的观念。当底特律在为生存而战的时候，汽车行业的外来者凭借对数字技术的深刻理解、新的设计理念以及提供舒适交通体验的热情，正在撒播交通革命的种子。

2009年通用汽车破产后不久，我离开通用汽车，去了哥伦比亚大学，在经济学家杰夫·萨克斯领导的地球研究所工作，研究可持续交通。在那里，我启动的第一个项目是研究由共享、电动和自动驾驶这三个独立又相关的因素改变的未来交通会有怎样的经济影响。虽然每个因素肯定都会带来重大变化，但我更感兴趣的是当它们融合到一起时会有怎样的影响。数学建模专家比尔·乔丹和我在2011年计算的结果表明，部署这样一个集成系统仅在美国就可以节省4万亿美元的汽车交通成本——大约相当于整个联邦政府的预算。更重要的是，我们的研究表明，在美国城市中，专为共享交通服务设计的无人驾驶电动汽车与传统的汽车出行方式相比，费用和时间成本将降低至少80%（从每英里1.50美元降低到每英里0.25美元），同时还更加安全便捷。

在我开始这项研究后不久，谷歌自动驾驶项目负责人塞巴斯蒂安·特伦和工程主管克里斯·厄姆森邀请我去担任顾问，此后我担任这个职务直到今天。这个项目现在改名为慧摩，是人类工程史上最激动人心的成就之一。2018年是我为这个项目提供咨询的第八个年头，有机会与塞巴斯蒂安、克里斯、安东尼·莱万多夫斯基、布莱恩·塞勒斯基、麦克·蒙特梅洛、德米特里·多尔戈夫和亚当·弗罗斯特以及慧摩首席执行官约翰·克拉菲克等才华横溢的人一起工作，我感到非常幸运。

2018年，慧摩实现了2009年团队成立时的愿景——部署自动驾驶的共享电动汽车。从迈阿密到旧金山再到纽约，大规模测试这种车辆的公司数量已达数十家。自动驾驶的电动车辆开始提供出行服务，这将成为自汽车发明以来汽车行业最大的变革。我们正进入新的汽车时代，这个时代将重新定义汽车带来的自由，以更低的成本为更多的人提供更好的交通服务。这不仅会改变我们的生活方式，也会对汽车工业以及与其有关的一切带来深远的影响。

这项变革将改变我们的生活方式、出行方式以及商业模式。车祸将基本上消除，从而大大减少每年车祸致死的人数。长途卡车的运输成本将降低约50%，生产率显著提高，并有力地促进电子商务的增长。对以驾驶车辆为业的数百万人和小企业主来说，这样的前景令人沮丧。对汽车制造商来说则极具吸引力，他们的商业模式将从向数百万不同的顾客销售数百万辆汽车转变为在世界各地的人口密集地区运营大规模自动驾驶出租车队。今天，大多数汽车公司销售一辆车的平均利润在1000美元到5000美元之间。相比之下，一辆提供出行服务的车，假设运营里程累计50万千米，每千米仅赚0.06美元，每辆车的生命期将能获得3万美元的利润。（50万千米是基于油电混合动力出租车的大致寿命。）

这本书讲述了一些未来梦想家的故事，他们怎样去将梦想变成现实，以及这些梦想将如何重塑未来世界。由于他们的乐观精神，多年来他们被嘲讽为未来学家、不切实际的幻想家、玩沙子的小孩——直到2015年秋天和2016年春天，他们取得的成就让人们突然认识到，他们幻想的未来不仅是可能的，也是可行的和可取的，而且比任何人想象的都来得快。

这个了不起的故事讲述了人们如何推动这场变革，它包含了工程奇迹和机械事故，杰出的编程技巧和效果有待验证的尝试，巨大的投资和付出，最终也带来了巨大的财富。里面充斥着复杂的结盟和背叛，有英雄也有混球，但更多的是介于两者之间的角色。

这个故事可以有许多开端。你可以认为它肇始于1939年的世界博览会，在那里，通用汽车展示了一个与即将到来的世界非常相似的极富预见性的概念车。我希望至少有一部分是在我成为通用汽车研发部门的负责人时开始，CEO里克·瓦格纳向我提出了挑战，要我重新发明汽车。你也可以从波士顿开始，罗宾·蔡斯在那里创立了共享租车公司Zipcar。电动汽车方面则兴起于加州的帕洛阿尔托，在那里，刚刚成功卖出一家创业公司的马丁·埃伯哈德和马克·塔彭宁决定将新的锂电池技术用到汽车上——并引入了一位名叫埃隆·马斯克的投资者。

最终，这种颠覆性的三位一体开启了不可扭转的变革。也许这一切是从2001年9月11日的恐怖袭击开始的，这场恐怖袭击引发了一系列战争，刺激了美国军方一个没什么知名度的部门——国防部高级研究项目局（DARPA）——组织了最终触发这些多米诺骨牌的挑战赛。但是我不会从弗吉尼亚州阿灵顿县的DARPA总部开始这个故事。我的讲述将从一位工程学学生开始，他可能是所有人中付出最多的——然而在15年后，他可能也是收获最多的。

这个故事将从克里斯·厄姆森开始。

第 1 章　DARPA 大挑战

工程师是喜欢和数字打交道但又没有会计师资质的人。

——佚名

在过去 15 年自动驾驶的发展历程中，如果有人曾双手沾满机油，吸着一氧化碳废气，电焊火花溅满全身，亲力亲为解决遇到的每个小问题，这个人就是克里斯·厄姆森。厄姆森参加了由 DARPA 举办的 3 次机器人汽车挑战赛，担任卡内基梅隆大学（CMU）团队的技术领队，他也是谷歌车伕（Chauffeur）自动驾驶汽车项目的主管，由该项目创始人塞巴斯蒂安·特伦特别聘请。事实上，从 2009 年车伕项目启动到 2016 年从 Alphabet 公司分拆成独立公司慧摩之前，厄姆森一直负责该团队的日常运营。而且厄姆森在决定车伕项目生存的长期权力斗争中也扮演了关键角色。

为了推动这个项目，厄姆森呕心沥血。

他坚决否认自己像这个故事中其他一些人物那样有十足的个人魅力。当然，厄姆森很具有智慧。加拿大教育体系为天才学生开设的课程很重视创造性思维的训练，这样的背景使得他愿意考虑任何可能的解决方案，无论多么古怪。厄姆森不像他的同事那样眼观六路耳听八方，这也许是受他的成长环境影响。厄姆森在加拿大安大略省东部小城特伦顿长大，当地最大的雇主是一个军事基地。厄姆森的父亲是监狱长，母亲是护士，他是家中长子。他的父亲在加拿大惩教系统中的职位不断攀升，一开始管理一所监狱，后来管理整个地区的监狱。他们家也从特伦顿搬到了不列颠哥伦比亚省首府维多利亚，后来又搬到冷清的大都市曼尼托巴省温尼伯，最后定居在了更冷清的萨斯喀彻温省首府萨斯卡通。

在厄姆森的成长环境中，人们会对显眼的人抱以疑虑的眼光。这个人实在吗？坦诚吗？沉稳吗？厄姆森不是你一走进房间就会注意到的那种人。但是一旦你和房间里的人相处得足够久，你就不会再在意其他人，厄姆森将会是你最信任的能完成计划的领导者。

2003 年 4 月，从偏远的智利城市伊基克驱车前往阿塔卡马沙漠的大盐田时，厄姆森对未来几年已经有了清晰的规划。伊基克到阿塔卡马的道路从太平洋蜿蜒直上近乎垂直的山脊，让所有人胆寒。对高中地理课中的板块构造还有印象的人可能会记得，这是太平洋纳斯卡板块与南美洲碰撞的地方，大陆被抬升，形成数千米高的山脊和沿智利海岸起伏一千千米的少雨区。这个少雨区就是阿塔卡马，地球上最令人敬畏的景观之一，地球上最干燥的非极地荒漠，这里是如此荒凉，以至于科学家用它来模拟火星环境。这也是厄姆森来这里的目的。他是 NASA（美国国家航空航天局）团队的机器人专家，来这里测试用于在火星上寻找生命迹象的机器人。

那一年厄姆森 27 岁，体格高大健壮，一头金发，微笑的蓝眼睛戴着圆框眼镜。他习惯把棒球帽拉得很低，帽檐都快碰到眼镜了。厄姆森计划在阿塔卡马待一个月左右。然后他会回到匹兹堡，他在那里攻读卡内基梅隆大学机器人方向的研究生。他需要撰写论文，接受答辩委员会的审查，争取获得博士学位，然后找一份工作——也许是在母校机器人研究所任教，那里是世界上机器人专家最密集的地方，或者加入一家也许是从大学孵化的创业公司。不管怎样，他需要赚钱，为了攻读学位，他和妻子一直还没有要孩子。

NASA 研究团队的营地由几顶明亮的黄色圆顶帐篷组成，一个稍大的会议帐篷用于存放几台电脑、一辆皮卡以及 Hyperion。Hyperion 是机器人，但不是传统类型的机器人，它没有胳膊和腿。Hyperion 底下是 4 个单车轮胎，顶上覆盖着太阳能板，用电机驱动。厄姆森与卡内基梅隆大学以及 NASA 艾姆斯研究中心的科学家同行一起走遍了半个地球。

Hyperion 被设计用来探索火星表面，嗅探、取样和测试土壤中是否有生命迹象。厄姆森负责编写控制 Hyperion 运行速度的软件。

科学家们在附近的盐矿吃早餐和晚餐。晚上，他们围坐在篝火旁，看着"卡芒恰斯"席卷而来。"卡芒恰斯"是太平洋盐雾，一个晚上就能锈蚀裸露的金属。帐篷的作用是取暖，而不是防范动物。你在其他沙漠露营，需要帐篷来防范钻睡袋的蛇和钻靴子的蝎子。但是阿塔卡马什么也没有，没有蛇，也没有蝎子。Hyperion 的守护者看到的唯一生物是秃鹫。

远处一辆皮卡疾驰而来，后面扬起长长的尘迹。几分钟后，尘迹尾随皮卡抵达营地。门开了，从皮卡车里跳下来的是威廉·惠特克，绰号瑞德（Red）。厄姆森不会想到，这次造访将会改变他的人生。

惠特克也是大块头，比厄姆森还高四五厘米，大约有 1.9 米，肩膀像是被门框挤过。头发很短；多年前当他还有头发时，头发颜色让他得到了 Red 这个绰号。他的目光敏锐而深沉。当他看着你时，你会感觉那双眼睛能看穿你的灵魂。任何人只要和惠特克一起待 5 分钟就会知道他参加美国海军陆战队的经历。他喜欢引用教官们贴在寝室墙上的格言："胜利不是一切，它是唯一。""担忧是失败的灵丹妙药。"另一个口头禅是："如果你没有做好一切，你就什么也没做。"Hyperion 大概是惠特克的机器人专家生涯中研发的第 65 个机器人。

这位 CMU 教授穿着靴子大步走下皮卡，用一双大手挨个握手问候。他来这里的部分原因是他是厄姆森的论文导师，他来检查进展。但是你可以注意到惠特克手里拿着什么东西，大东西！很快惠特克就拿出来了。美国国防部正在举办机器人驾驶比赛，由国防部高级研究项目局（DARPA）负责。厄姆森知道，DARPA是美国军方的研发实验室，推动了无人机和互联网等技术的发明（互联网其实是一项军事发明，目的是在受到核攻击时用分布式信息网络保护美国政府的数据）。DARPA还主导了一些不太有用的创新，如美国海军的机械龙虾和旨在培育无须睡眠的人的DNA编辑技术。现在，DARPA主任托尼·特瑟正在将该机构的方向转向自动驾驶。

多年来，华盛顿一直在推动美国国防承包商开发自动驾驶技术，目标是到2015年，三分之一的美国军用车辆能自动驾驶——这是国会的一项明确授权。"9·11"事件后，阿富汗和伊拉克公路埋设的简易爆炸装置让美军伤亡惨重，使得这项技术的研发更加紧迫。如果自动驾驶汽车能够研发成功，军用机器人就能在海外战区的沙漠公路上自动驾驶。但是四星上将们对研发进展不满。这个问题对军事承包商来说太难了。于是特瑟提出了新的方案：由DARPA举办一场比赛，机器人汽车比赛。

惠特克向厄姆森描述的细节听起来有点疯狂。DARPA允许任何美国团队参赛——学生、业余爱好者、专业人士，谁都可以。比赛路线穿越莫哈韦沙漠，从加州巴斯托向东直到内华达州普里姆，全程约240千米。第一支在10小时内到达终点的团队将赢得奖金。

"喔。"厄姆森说，心想惠特克可能是在吹牛。

但是惠特克从不吹牛。这位海军老兵说，奖金有一百万美元。惠特克想和厄姆森合作赢得这笔钱。

* * *

3年后，我才认识克里斯·厄姆森，他将成为我最喜欢的人之一。我能理解当时的境况会如何使他陷入两难，他必须在两个大目标之间取舍。厄姆森有一种似乎与生俱来的本能，想要改善世界上愚蠢和低效的事情；他曾在匹兹堡的咖啡店中断一次重要的商务会谈，只是为了上街指挥交通，帮助车辆左转驶入街道。他具有工程师天赋，想要追寻最酷、最有趣的项目来改善大多数人的生活。可想而知Hyperion项目对他来说意味着什么，还能有比寻找外星生命的自动机器人更酷的项目吗？

还真有。厄姆森的工作使得Hyperion能在各种地形条件下以15~25厘米/秒的速度行进，大约相当于慢走的速度。而在DARPA的比赛中，机器人必须在10小时内行驶240千米，平均大约24千米/时，与骑自行车的速度差不多。速度，奖金，而且这项比赛的目的是保护海外美国士兵的生命，厄姆森明白，自己无法拒绝。

但还有一个问题：他还背负着父母传递给他的一项职责，以家庭为重。

克里斯·厄姆森1976年出生，是保罗·厄姆森和苏珊·厄姆森夫妇的长子。这对英国夫妇认为移民加拿大能让他们的3个儿子拥有更好的机会。保罗的第一个职业是电工，但是在孩子们出生后，他开始在夜校攻读学位，并获得学士和硕士学位。苏珊在加拿大监狱系统管理美沙酮项目，孩子们出生后不久，苏珊也利用业余时间在护士学校进修。

为什么说这些呢？厄姆森家的3个男孩是在父母都努力工作的家庭氛围中长大，父母都为了家庭不断提升自己，并且重视子女教育。厄姆森夫妇把孩子的成长视为家庭的重心。由于保罗在监狱系统的工作调动频繁，他们经常搬家。每次搬家，保罗和苏珊都会把家安置在他们能找到的最好的学区中最便宜的房子，让孩子们可以进入最好的公立学校。这个策略奏效了。除了最杰出的自动驾驶研发工程师，厄姆森家还培养了一名整形外科医生和一名加拿大皇家骑警，这对于加拿大的中产阶级家庭来说是三连胜。

在厄姆森很小的时候，他的老师就发现他很有天赋，这使得他能够参加为顶尖学生开设的特殊课程。这些课程训练独立主持项目的能力。天才课程的教师鼓励学生们参加当时被称为"头脑奥林匹克"的科学竞赛，这项竞赛的参赛者需要想办法解决各种非常规问题。如何用纸巾筒建造一座塔？如何用捕鼠器推动玩具车？如何保护从高处掉落的鸡蛋？

这些训练帮助厄姆森获得了参加加拿大全国科学竞赛的资格。厄姆森一家从维多利亚搬去特伦顿的那一年，全国决赛正好在维多利亚举行。厄姆森想回去拜访他的朋友，因此他全力以赴参加地区赛。他的论文《撞击的惊人信息》预测了物体在撞击后的行进方向。他赢得了特伦顿的竞赛，获得了去维多利亚比赛的全额资助。

受航天飞机事故的影响，厄姆森选择了一个关于离子推进模型的项目，项目名称叫"离子，不是吗？"。这个项目不仅让他赢得了另一场全国比赛的资格，也让他获得了二等奖。一年后，他又获得了全国比赛银牌，并获得资助参加以色列魏茨曼学院举办的为期一个月的编程课程。厄姆森后来进入了曼尼托巴大学学习计算机工程，他在那里做的一个项目是建造一个机器人，可以在昏暗的房间里自主行走，寻找最亮的光源。

在大学的最后一年，厄姆森不知该何去何从。深受母亲们青睐的一条路是接着上医学院。虽然不能满足他创造各种东西的爱好，但还是可以研究复杂的系统，并想办法让它们正常运转。一天，厄姆森路过计算机系办公室，他的目光被门口一张醒目的海报吸引了，海报上是一辆车，也许是某种行星探险车，在类似火山口的地貌中攀越。"来参加机器人革命吧！"海报上写着卡内基梅隆大学的信息。这是厄姆森一直以来追求的东西。头脑奥林匹克，科学竞赛，都是为这个准备的。他提出了申请，就这样来到了匹兹堡。

* * *

在CMU，厄姆森遇到了瑞德·惠特克，2003年惠特克已是美国机器人界的传奇人物，也是世界上最著名的机器人设计师之一。惠特克出生于1948年，2003年时55岁，他因为能承担其他人认为不可能的项目而闻名。一位同行说："如果世界上有人能让不可能成为可能，那就是瑞德·惠特克。"

惠特克可能天生有藐视不可能的本能。他的父亲在第二次世界大战中担任空军投弹手，退役后向采矿公司出售炸药。担任科学老师的母亲是一名业余飞行员，她曾带着年幼的惠特克驾飞机从桥下穿过。在海军服役两年后，惠特克进入普林斯顿大学，1973年获得土木工程学位，然后就读于卡内基梅隆大学研究生院。

惠特克出名是在1979年，美国发生了有史以来最严重的核事故，三里岛核电站堆芯熔毁。清理事故现场需要进入反应堆底部，检测那里的辐射强度。几家承包商花费了近10亿美元进行清理，还是不知道该如何进去。无奈之下政府请来了惠特克，死马当活马医。惠特克认为，虽然人类不能进反应堆，机器应该没问题。他发明了一种三轮远程勘探车，名为"漫游者"，可以遥控操作。"漫游者"成功到达了反应堆底部。而且这个项目只花了150万美元，政府认为很划算。

从那以后，惠特克专门设计制造用于恶劣环境的机器人。他研发了探索火山口的机器人，还研发了类似螳螂的可以在太空中建造结构的装置。他还组织团队研发矿井机器人，研发的机器人可以在黑暗的废弃矿井中爬行，绘制矿井内部通道地图。团队成员包括德国软件怪才塞巴斯蒂安·特伦，厄姆森也在其中帮助惠特克研发了提高机器人自主行进速度的计算机算法。

当厄姆森从阿塔卡马沙漠回来时，他与妻子珍妮弗进行了一次艰难的谈话。厄姆森想暂时搁置博士学业，和惠特克一起参加DARPA的竞赛。DARPA大挑战正是他们的学术专长。DARPA认为有20个参赛作品就不错了，结果有106支队伍入围。厄姆森觉得自己别无选择，必须加入。谁知道这个项目会迸发怎样的迷人火花呢？谁知道如果厄姆森不参加，他会错过什么？

厄姆森说服珍妮弗同意他参赛。这对夫妇只能推迟生孩子，直到比赛结束。但是命运给他们开了一个玩笑：珍妮弗其实已经怀孕了。这个消息增加了厄姆森获胜的压力。毕竟，获胜是确保他完赛后能得到高薪工作的最佳方式。

* * *

为了组队，瑞德·惠特克在CMU校园里张贴海报，组织一个非正式的研究生高级研讨班，主题是移动机器人开发。目标只有一个：建造一台机器人，赢得第一次DARPA大挑战。他还向潜在的赞助商和志愿者发送了电子邮件，邮件中展示了他标志性的高调："这项比赛向主流技术发起了挑战，许多人认为赢得大挑战的奖金在目前是不可能的。"

根据《科学美国人》匹兹堡常驻记者韦特·吉布斯的报道，惠特克于2003年4月30日在CMU的一个研讨室召开了团队第一次会议。"欢迎参加红队的第一次会议，"惠特克致开场辞，"我负责带领这个团队明年在拉斯维加斯获胜。"

来自匹兹堡技术圈子的这些人什么背景都有。鲍勃·比特纳当过工程兵，在潜艇里待了6年。斯宾塞·斯派克是退役的直升机试飞员，西点军校毕业的机械工程师，他曾在军队担任上尉，领导两百多人，退役后回家陪伴家人，结果发现自己在严重的经济衰退中失业了。他没有更好的事情可做，因此全职加入了红队。迈克尔·克拉克是美国国家航空航天局的工程师，他坐在轮椅上；最困难的时期，他住在自己的货车里。瑞德的海报显然效果不错，很多人受到鼓舞加入这个项目。"我对计算机一无所知——但我愿意做志愿者。"米基·斯特拉瑟斯说，他是一名邮递员，因为想参加一个历史性的科学项目而参加了会议。

"你很有热血，"惠特克热情地握着米基的手，"我们需要有热血的人。"

他们开始努力集思广益，思考使用哪种车辆。DARPA已经宣布赛程将由萨尔·菲什设计，他是艰难的 Baja 1000 越野拉力赛的组织者。红队认为，路线很可能要经过干涸的河谷、箱形峡谷、山脊、岩石、灌木丛和悬崖，他们必须为此做好准备。因此，他们设计的机器人必须能绕过或穿越这些地貌。

怎么考虑都不算离谱。最初有个想法是用一辆巨大的三轮车，车轮直径2米。团队还考虑过使用切诺维斯沙地战斗车，一种有4个宽胎的低底盘车辆，深受雇佣军的青睐。考虑过的选项还包括工程车辆、全地形车和坦克。但是团队最终还是选择了实用主义。惠特克估计开发机器人的预算大约是350万美元。不包含人力成本，仅制造车辆所需的材料费用就达72.5万美元。惠特克在全美各地寻找赞助商。英特尔、波音和卡特彼勒都赞助了一些经费。还有谷歌，大家当时都认为谷歌是搜索引擎公司，在惠特克到访加州山景城谷歌总部，与拉里·佩奇和谢尔盖·布林会面后，谷歌赞助了红队10万美元。但是要想建造有史以来最快的机器人汽车，这些钱还远远不够。20世纪90年代初，瑞德在匹兹堡以东几小时车程的地方买了一个牧场，因为他觉得自己的学术生活总是久坐不动，他需要能锻炼肌肉而不是大脑的体育活动。2003年9月，随着2004年3月比赛日期的快速临近，惠特克最终从该地区的一个农民手里买了一辆车，这辆车成为他们的机器人。

研讨班上一些人看到它时很惊讶。自动驾驶汽车不是应该看起来很酷炫，很高科技吗？瑞德买的车与高科技不搭边。这是一辆高机动性多用途轮式M998：一辆已被时间摧残的悍马。它已经17岁了。没有人知道它开了多少万千米，因为它没有里程表。不过价格很合适：18000美元。重要的是，它功能正常。

* * *

惠特克的压力很大。全美国有数十名机器人行家在争取入围大挑战；人数太多了，以至于DARPA要求各队提交一份详细而且严谨的文档，说明他们准备采取的方法。这一措施旨在限制参赛人数。参赛的既有高中生，也有空闲时间较多的资深工程师。有几个参加过机械角斗士节目《战斗机器人》，该节目的特色是遥控机器人战斗到底，直到动不了为止。无论这些选手来自哪里，他们似乎都有一个共同的目标：击败瑞德·惠特克的团队。为什么CMU团队会成为所有人的眼中钉？因为这支团队是规模最大的，成员达30名。他们也是资金最充裕的团队之一。许多人认为他们是最受DARPA青睐的团队。

瑞德的领导风格是带领一群人，告诉他们要解决的问题，为他们设定雄心勃勃而且清晰的目标，要求他们不断反馈进展——然后走开。他会定期来巡视，督查进度。巡视的氛围可能会很紧张。在《连线》杂志的一篇文章中，惠特克曾将建造机器人和建造尼罗河附近宏伟的历史遗迹相提并论。他说："如果你想建造金字塔，就必须有奴隶。"什么意思？惠特克的学生就是他的奴隶。红队的软件主管凯文·彼得森是长期跟随惠特克的学生，他毕业于普林斯顿高中，在那里他曾与安东尼·比安科辛诺博士打过交道，这位专横的音乐教师是达米恩·查泽雷2015年的电影《爆裂鼓手》中乐队指挥的原型。彼得森曾对比过惠特克与普林斯顿"比博士"的风格。"他们两人都有一种超越生命、有点神秘的精神气质。"彼得森回忆道，"如果你想加入他们的团队，你必须非常努力才能融入团队不被排斥。他们都是做大事的人，你得有股狠劲才能在团队立足。有趣的是，他们两人都愿意接纳并成就有奉献精神的人。与进来时的能力相比，更重要的是勤奋。"惠特克最喜欢用北极因纽特人的故事来激励队员，因纽特人在出去寻找食物时必须设定清晰的目标。惠特克会问他的队员，你们是打算去采集一些浆果和地衣，还是猎杀能让全村都吃饱的海象？

有时很难说清楚惠特克的故事是什么意思。彼得森将其解释为一个挑战。你是打算混日子，还是尽最大努力去做一些了不起的事情？

一些人意识到惠特克的研讨班所要求的付出要高于他们的预期，很快就退出了。留下来的人则基本上放弃了其他课程，专心为他工作。彼得森是留下的人之一。他放弃了社交生活，也放弃了陪伴家人。他甚至放弃了睡眠。几个月后，他变得极度缺乏睡眠，以至于昏倒了。他是在下楼时昏倒的，撞到了头，被送到医院接受检查，但只过了几天就回来继续工作。

将项目的成功托付给缺乏经验和睡眠不足的研究生可能会造成一些意外状况。一天早上，惠特克和厄姆森来查看学生和志愿者的进展，就遇到了一次亢奋工作会议造成的后果：他们珍爱的悍马车没有车顶了。

成员们讨论后认为悍马车的内部没有足够的空间安装电池以及自动驾驶所需的电脑和执行器。于是一名学生团队成员彻夜工作，他找来一把锯子将车柱都割断了，悍马车惨遭斩首。

这是惠特克通常会称赞的那种主动行动。当然这次冲动的截顶并不是必需的。就算悍马车内放不下这些设备，也可以拆掉一些座位，或者将装不进去的设备装在车顶上。拆除车顶的车辆在公共道路上行驶是违法的。从那以后，每当他们想把悍马车开到开阔场地进行测试，都不得不用拖车——对于一个应当自己驾驶的机器人来说，这不是一个光彩的开始。

为了让悍马具有自动驾驶能力，红队实际上对人类用来帮助驾驶的感官能力进行了逆向工程。例如，车辆需要眼睛才能有视觉——因此，红队采购了几种激光雷达。激光雷达的原理是射出激光束，并在光束反射回来时进行感知。通过精确测量光束返回的时间，激光雷达就能计算出反射光束的物体离传感器有多远。每秒重复数千次，激光雷达就能绘制出车辆周围环境的图像。

主激光雷达传感器能探测机器人前方75米范围内的障碍物。3个辅助激光雷达则以更宽的视野扫描机器人前方25米范围的情况。还有一种使用光检测物体的方式是立体视觉系统，使用两部摄像机。但是光线很难穿透沙漠道路上可能出现的尘埃云。为了在尘土飞扬的环境中探测世界，红队还购买了另一种雷达系统，利用声音探测障碍物。

控制车辆的方向和速度不能用手转动方向盘或脚踩油门，得用执行器。执行器其实是一些提供扭矩、推力或拉力的电机，可以让车辆加速、制动和转弯。

所有这些设备的中心是数台电脑，机器人的大脑。其中一台是英特尔捐赠的四核安腾2服务器，有3G内存。一些计算机负责将激光雷达、立体视觉系统和雷达传感器提供的信息融合起来，建立周围环境的模型。另一台计算机使用GPS和运动跟踪装置计算机器人的位置，精度在1米以内。一旦机器人探知了周围环境并知道自己的位置，计算机系统就只需要回答两个问题。这两个问题也是人类在开车时会问自己千百次的问题：我应该走多快？我应该朝哪走？

＊ ＊ ＊

惠特克预留了100天时间组装机器人和安装调试软件。截止日期在11月，但随着感恩节临近，还有很大部分没有完工。计算机还没有连通。传感器也没有安装。不过，机器人的名字倒是起好了：沙暴，寓意车辆将会在莫哈韦沙漠扬起沙尘云。

惠特克和厄姆森都很忌惮莫哈韦。他们担心莫哈韦赛道的越野环境，以及赛道上的车辙印对敏感传感器和芯片的影响。即使是中速行驶，莫哈韦沙漠的岩石和山脊也难免会导致震动，这种震动有可能损坏计算机的硬盘。毕竟，硬盘只不过是旋转得非常快的磁性金属圆盘，读写头悬浮在圆盘上方。极端的震动可能会导致读写头碰到旋转的圆盘，从而损坏硬盘。另外震动还有可能导致读写时产生错误。

因此，为了将计算机和传感器与悍马车穿越沙漠时产生的震动隔离开来，红队费尽心机。他们设计的保护设备的方案借鉴了汽车制造商将乘客与颠簸隔离的方法。用弹簧和减震器支撑巨大的金属箱，箱子安装在悍马车原来的车顶处。这个500千克重的箱子被称为"电子箱"，除了硬盘，里面还安装了机器人最精密的设备——计算机、GPS、雷达以及激光雷达的辅助装置。

机器人在越野赛道上行驶时的颠簸还会威胁到主激光雷达和立体视

觉设备。为此，团队又花大力气设计了一种类似老式航海平衡架的结构，平衡架由一系列复杂的相互连接的臂和枢轴组成，即使在狂风巨浪中，也能让船载罗盘保持稳定。红队部分重新设计了平衡架，让平衡架可以保护的区域比教学地球仪稍大，能容纳主激光雷达和立体视觉系统。平衡架上的小马达能驱动激光雷达和摄像机指向任何需要感知的方向。如果车载地图提示车辆将向左转，激光雷达就会"看"向左边，这样它就可以看清将要行进的方向。

作为技术主管，厄姆森要负责将所有部件组装到一起。无论在家里还是在红队，他都神经紧绷。那年9月，他和妻子的第一个孩子出生了，是个男孩。但是厄姆森不能在家里待太久。他向惠特克许诺过，机器人将在比赛前3个月——也就是2003年12月10日午夜前——实现自动行驶240千米。

为了实现这个目标，他每周工作7天，每天16小时。在一轮紧张的组装过程中，厄姆森连续40小时没合眼。感恩节前一周，惠特克增加了压力。根据记者韦特·吉布斯的报道，在与厄姆森等团队骨干的一次会面中，他说："这车还没靠自己滚过几圈。你答应过在两周内让这头野兽跑240千米……有谁觉得我们没法做到在12月10日前跑240千米，举个手。"大家沉默，没人举手。吉布斯在报道中说，惠特克笑了，用他一贯的豪言壮语宣布："现在我们正进入让这台机器诞生并开始处女航的狂野而艰难的时期。"

组装场地位于CMU行星机器人大楼的一个大车间里。这里就像你见过的那种顶级机修店。天花板有几层楼高，有工作桥和小型起重机，很适合起吊重物。车床、钻床，抽屉里工具应有尽有，还有各种计算机诊断设备——每个水平工作面都配有工具。这里几乎可以制造任何东西。

在感恩节周末，厄姆森和团队成员几乎一直都在这里。终于，计算机连通了，绝大部分传感器也装好了，沙暴初具雏形。正好这时团队也找到了测试这头怪兽的最佳地点。测试场地不能离CMU校园太远，要能让一个两吨多重、烧柴油、排废气，还可能漏油的机器人可以在不威胁他人安全的情况下发挥潜力，这样的地方并不多。想到办法的是邮递员志愿者米基·斯特拉瑟斯。米基有一天在去CMU的路上开车经过匹兹堡的热铁桥，在黄昏凉爽的空气中，他在桥上能看到莫农加希拉河两岸的灯光，但是在桥右侧有一大片河岸没有灯光。米基知道那里是工业区，曾是匹兹堡最后一家炼钢厂的焦炭厂，1998年关闭了。从那以后，这里一直处于闲置状态。

米基向惠特克建议去那里测试，惠特克很喜欢那里的便利和工业氛围。这块地有0.7平方千米，有一个扇形机车库以及许多附属建筑和设备，像是工业革命的遗存，这将团队与几十年前塑造匹兹堡的那种精神联系到了一起。惠特克给拥有这块土地的富裕家庭基金会打了几个电话，获得了在那里进行测试的许可。

12月2日，在焦炭厂进行了第一次测试。废弃的油桶和生锈的工业遗存与复古的悍马车似乎很搭，让这辆车更像是侏罗纪时代的恐龙，而不是有史以来最先进的机器。地面覆盖着雪，气温零下7摄氏度。"跟莫哈韦沙漠差不多。"在《连线》杂志的一篇文章中，一名团队成员这样调侃道。惠特克身穿棉衬衣和牛仔裤，光脚穿着靴子在附近晃悠。第一次试跑时厄姆森坐在车上，准备在机器人一旦失控时手动按下急停按钮。机器人在第一次启动时突然转向深沟，然后如预期的那样停了下来，回到正确的道路继续前进。就这样开了几圈都平安无事，晚上7点51分，厄姆森决定从车上下来，试着让沙暴自己开。团队用一连串GPS航点进行编程，绘制了一个椭圆形的点到点路径。团队成员紧张地看着机器人沿路径跑了半小时，累计运行了6千米。没有发生意外。事实上，什么事也没有。还没有跑到240千米，但是那天晚上，很难否认他们正朝着目标前进。

＊ ＊ ＊

又过了一周，12月10日晚，距离厄姆森和团队向惠特克承诺让沙暴能够独自行驶240千米的午夜截止时间只有几小时，机器人不合作了。每当自动驾驶几圈后，软件就会出错。厄姆森和队友们已经在焦炭厂露营了好几天，如果你认为在全速行驶的汽车上睡觉也算露营的话。经过一整天的调试，沙暴仍然不稳定，偶尔会有自杀倾向——突然撞到电线杆上，着火，突然接收不到GPS信号。风平浪静一阵子，悍马车绕着轨道转了一圈，一圈，一圈，一圈，又一圈，突然毫无征兆地掉头冲向一排铁丝栅栏，厄姆森都来不及按下急停按钮。根据吉布斯的报道，在将沙暴从铁丝网中解救出来后，截止时间也快到了，惠特克召集了厄姆森和周围的其他人。惠特克大声说道，虽然12月10日的截止日期已经过了，他们仍会继续工作，直到明天，如果有必要的话，甚至第二天，直到沙暴达到240千米的目标。《科学美国人》的报道里惠特克立下誓言："我们说过要做到什么，我们说到做到。"

接着开始下雨了，12月的冻雨浸透衣服，寒冷刺骨。沙暴不能防水。十几个团队成员仍然留在现场，有人在机器人的计算机上盖了一块防水布。惠特克不在。吉布斯写道，厄姆森看到队友们浑身湿透，瑟瑟发抖。他考虑到湿度太高可能会使传感器失效，或者使处理器短路。或许他也想回家看看妻子和孩子了。他决定让团队成员回家。

当第二天所有人都回到焦炭厂时，惠特克脸色铁青，吉布斯的报道将这位队长比作"中场时愤怒的教练"。他咆哮着他们为实现240千米目标所做的一切牺牲。车间里乱七八糟，机器人没有刷漆，网站也没有更新——所有这些工作都没有完成，因为每个人都在集中精力让沙暴达到比赛所需的状态。惠特克对着一屋子回避他目光的人说："昨天我们失去了内心深处的那种感觉。我们刚刚经历的是比赛日的彩排。这就像3月13日一样。我们正在进行基础训练；这一切都是为了让它提升一个台阶。3月即将到来，机器将成为我们的全部。"根据吉布斯的报道，惠特克发泄一通后，问谁愿意在接下来的4天里全力以赴，直到实现240千米不间断的行驶。房间里的14名团队成员都举了手，包括厄姆森。

＊ ＊ ＊

　　两天后，美国士兵在提克里特附近的一个蜘蛛洞里抓获了萨达姆·侯赛因，伊拉克的战争占据了头条新闻和有线新闻频道，关注度空前。每天，新闻里似乎都有更多的人因伊拉克或阿富汗的简易爆炸装置伤亡——红队成员希望机器人有朝一日能减少这种伤亡。海外的冲突也启发厄姆森产生了一个想法。

　　近年来，地图在机器人中已被广泛应用。与只依靠GPS相比，地图能帮助机器人更准确地判断自己在世界上的位置。一种名为SLAM的同步定位和地图绘制技术，通过用激光雷达扫描某个区域来绘制永久地标——比如树木、灯杆、路肩和建筑物。然后，当下一次机器人到达同一地域时，它会查询地图，与先前绘制的地标比对，以获得超精确的位置信息。问题是，沙暴没法使用这种技术，因为DARPA对比赛地点保密。

　　一天，厄姆森打开有线新闻频道观看战争报道。电视里播放的是"9·11"事件后一段时期经常出现的场景——模糊的画面里一辆SUV在遥远的沙漠公路上疾驰。一枚火箭冲进画面，直接扑向SUV，在四溅的尘土和金属中将车辆摧毁。

激光制导炸弹成功突袭的镜头是由装有摄像机的无人飞机拍摄的。无人机飞越冲突区域，拍摄伊拉克和阿富汗领土的图像。无人机也在阿富汗搜寻基地组织的据点，这些据点可能是本·拉登的藏身处。无人机还在伊拉克搜寻复兴党的残余势力。

厄姆森意识到，如果美国军方能够用无人机获取敌对和偏远地区的图像，那么全球的图像就都能得到。厄姆森认为，也许可以用这些图像来协助机器人完成任务。他们无法使用激光雷达预先扫描赛道，因为红队没有人知道赛道在哪里，但是他们至少知道赛道穿越莫哈韦沙漠——图也已经有了，不是吗？事实上，美国地质调查局和军方已经制作了莫哈韦的图像。

"我们意识到我们不需要做SLAM，"厄姆森回忆道，"因为很显然，有一个全球地图数据库可以用……为什么不用呢？"

如果红队成员能在比赛前给沙暴绘一张准确的地图，他们就能从计算任务中省略掉一个耗时的步骤。新方法重新定义了挑战。之前他们认为自己是在制造一种机器人，它能很好地感知世界，能在沙漠中辨识道路，并安全地巡航240千米。有了地图就意味着可以提前告知机器人道路在哪里，以及如何驾驶。这种方法有可能让沙暴跑得更快。

但是要这样做，红队的本科生、穷光蛋研究生和志愿者必须绘制有史以来最详细的莫哈韦沙漠地图。这是一项艰巨的任务，但是惠特克的学生习惯于完成艰巨的任务。团队准备购买整个莫哈韦沙漠的高分辨率地图，惠特克和斯宾塞·斯派克的军方背景会让这件事情相对简单一些。现在团队改为使用地图规划穿越莫哈韦的路线。他们还派了两名工程师，图鲁尔·加拉塔里和约什·安哈尔特，驾驶一辆租来的SUV在莫哈韦沙漠尽可能多的道路上行驶，摄像头伸出车窗，捕捉地景图像，这其实就是谷歌街景理念的早期实践。

下一步，红队地图小组将影像和地图进行匹配，并为每个区域分配一个值——他们称之为成本。如果机器人驶向山脊或悬崖，沙暴将会被摧毁，因此成本无穷大。平坦的道路或干燥平坦的湖床的成本可能为零。然后编程让沙暴的计算机搜索成本最低的行驶路线。

一天晚上，离比赛还有几个月，红队的核心成员在卡内基梅隆大学行星机器人大楼的阁楼开会。厄姆森回忆道："我们想把沙漠中的每条小径都绘制出来，已经取得了一些进展。"但是在会议期间，厄姆森意识到他们低估了工作量。"很明显，我们做不到。"他说。存在太多可能的路线。到比赛日期来临的时候，他们还只画了一小部分可能的路线。

这是红队的第二次顿悟时刻。为了减少参赛队提前规划路线的可能性，DARPA的工作人员要等到比赛开始前两小时——凌晨4：30——才公布路线。红队已经很擅长规划穿越沙漠的路线。改变一下策略呢？如果他们不是致力于绘制完整的地图，针对沙漠中每一条可能的小路预先规划路径，而是又快又好地教会沙暴一条路径呢？

他们想，与其绘制一幅详尽的地图，不如专注于找到一条理想的路径。他们能不能利用从DARPA公布大致路线到比赛开始前的两小时规划出一条路径呢？以前的策略是在比赛前的几个月里使用地图和路径规划软件来预先规划每一条穿越13万平方千米沙漠的路径。而新的策略则是专注于一条240千米的路径，规划小组会仔细规划这条路径，而且是在DARPA公布比赛路线后的120分钟内完成。

此后，红队专门安排了一部分人负责执行这个新策略。在行星机器人大楼里，大约12名成员演练了DARPA在凌晨4：30通过电子文档下发路线后会发生的事情。该文档将给出一串大约2500个GPS航路点，大家都称之为"面包屑"，彼此间隔大约100米，沿路线设置。红队负责路径规划的十几名成员将迅速行动起来。首先将路线文档导入一个软件，这个软件能根据莫哈韦地图的成本数据构建更精确的路径，生成的面包屑要比DARPA的路网定义文件（RNDF）多很多倍。

但是厄姆森、惠特克和他们的团队不能完全信任规划软件计算出的路径。它有可能会让沙暴穿过山脊、沟渠或铁丝网。因此，一组路径编辑人员会将路径分成几段，然后在计算机上细致检查和修正计算机规划的路径。一旦编辑人员完成了对路径的修正，他们会将它重新组合成完整的路径，再上传给沙暴执行。

尽管如此，到2004年1月，距离比赛日期只有两个月了，沙暴还没有独自走完过80千米。让惠特克和厄姆森焦虑的一个原因是沙暴的测试环境与赛道环境相差太远。他们是在匹兹堡莫农加希拉河寒冷的河岸边进行测试，而比赛将在莫哈韦沙漠举行。环境的差异会给沙暴带来问题吗？

2月，惠特克安排了团队的一些关键成员，包括厄姆森、彼得森和斯派克，带沙暴到莫哈韦沙漠进行训练。（沙暴用一辆15米长的封闭半拖车运送。）准备工作的最后一段将在内华达汽车测试中心进行，这里有大片沙漠，汽车行业各个环节的公司，从轮胎制造商到变速器公司，都在最严酷的沙漠地带测试他们的产品。

在内华达，厄姆森的团队专注于沙暴，心无旁骛。写代码，带沙暴出去测试代码，发现错误，记录错误，再写代码。不断重复这个循环，不分白天黑夜。一次连续工作两三天，不睡觉，靠激浪汽水、红牛和垃圾食品硬撑，一直到疲惫不堪无法保持站立时，才睡一觉。有时睡在租来的房车里，车里的床位无法容纳所有人，其余的人有些睡在测试中心机修车间的地板上，或者躺在折叠休闲椅上，或者在租来跟随沙暴的越野车的后仰座椅上休息。

不分昼夜的工作方式也造成了一些问题。一天晚上，午夜刚过，沙暴撞上了栅栏柱，把前保险杠撞毁了，摄像机和雷达传感器必须安装在前保险杠上。测试中心的机械大楼已关闭上锁，但是本着请求原谅比事先申请许可更方便的精神，斯派克和一名学生越过栅栏闯进了大楼，在那里他们用厚钢管焊接了一个新的保险杠。这东西质量大约有90千克，足够支撑机器人所需的传感设备。"开车撞墙可能都撞不坏。"斯派克回忆道。

他们没法经常洗澡。租来的房车的污水箱装满了，当他们开车去附近的城镇清空污水箱时，途经的搓板路弄得污水都溅到了房车内部。清理起来是如此地费劲，以至于团队宣布不准使用房车的浴室。附近只有机修车间有洗手间，没有其他地方，所以这些人大约有6周没洗澡。然后，到了2月中旬，计算机赞助商英特尔邀请红队在内华达的成员去了旧金山，请他们在英特尔开发者论坛上展示沙暴。

当时，沙暴已经能以每小时78千米的速度自主运行160千米。这些家伙对他们取得的进展感到兴奋。但是机器人仍然很呆板，它很容易看到不存在的障碍，或者无视存在的障碍，甚至误解预先编制的命令。如果沙暴在会议展示时发生类似的事情怎么办？

第二天早上，数百名观众看着这辆自动驾驶汽车慢慢驶上舞台，主旨是感谢由"Intel inside"驱动的高科技传感器、工程设计和计算机。人群欢呼回应。在场的红队成员很高兴。他们在硅谷这项高规格活动中被当作名人对待。这是对他们付出的努力和项目价值的认可。让团队感到欣慰的是，没有人发现在舞台演示期间，一名红队成员藏在沙暴的方向盘下面，准备一旦机器人威胁到舞台下的人群，就赶紧踩刹车。

* * *

2004年3月5日，星期五，比赛前8天，离资格赛还有3天，克里斯·厄姆森一大早就起床了，同往常一样穿戴着满是泥点的棒球帽、毛衣和牛仔裤，系上跑鞋，今天将是沙暴终极测试挑战的日子。

厄姆森、彼得森、斯派克和内华达小队的其他成员在他们能想象到的最恶劣的条件下测试沙暴——通常是沿着一百多年前的驿马快递古道。彼得森解释道："惠特克对耐久测试很重视。"DARPA的路线大约是240千米。沙暴持续运行的最长距离是160千米。距离比赛还有一周多一点的时间，团队中的每个人都希望能跑得更远，以增强信心。

目标和比赛一样，10小时跑240千米。这条路线大体上是一个扁平的椭圆形，长约3千米。当他们在给沙暴做准备工作时，厄姆森和彼得森给软件打了补丁，增加了一个速度设定模块，用来在机器人接近弯道时减速。新增代码的目的是让沙暴在直道上能更快地行驶。

代码的效果很明显。在前几圈热身期间，沙暴的速度陡升到每小时78千米，然后随着机器人进入弯道，新算法减慢了速度。厄姆森和彼得森在一旁观察，他们觉得沙暴的减速有些过度。在加油的间歇又对算法进行了调整，情况似乎有所改善。在第一圈，他们看到沙暴进入弯道时减了一下速，然后加速驶离弯道。然而在第二圈结束时，沙暴快速进入了弯道，厄姆森后来在他的野外测试报告中称这一段为左转的"软S弯道"。右边的轮胎从路肩滑到了深深的沙子里，沙暴试图纠正错误，回到泥土跑道，结果左转太用力了。右侧轮胎陷入了松软的沙子里。左侧轮胎悬空。在后面的跟随车上，厄姆森惊恐地看着沙暴翻滚了几下，然后倒扣过来，安装电子箱和平衡架的车顶着地，都是车上最敏感的设备。

红队在设计机器人时特意对电子箱进行了防护。前端碰撞、后端碰撞——几乎所有的常规碰撞，沙暴都能扛得住。但是机器人有一个致命的弱点：翻滚。不过悍马底盘较低而且平坦，它们的几何结构使得翻车几乎不可能发生。

除非你是在莫哈韦沙漠测试机器人悍马。

这次测试时已经有历史频道的摄制员在跟拍。他们冲上跑道，恨不得把摄像机塞到厄姆森的脸上，让他评估损失情况。厄姆森看着团队花了大半年心血的失事机器人：破碎的平衡架，压扁的GPS天线和电子箱，弯曲变形的连杆。他骂出了声，这使他成为历史频道上为数不多的几个不得不声音作处理的人之一。10多年后，当被要求解释他的反应时，厄姆森说："震惊和难以接受，但主要是难以接受。"

难以接受，是因为他们已经取得了如此巨大的进步。难以接受，还因为离预选赛只有几天时间了。更难以接受的是，事故在第二圈就发生了，沙暴本应沿着这条3千米的跑道再行驶73圈。

大多数成员认为红队完了。他们无法及时修复机器人。有人打电话给匹兹堡，向其他人通报了事故。惠特克的助手米歇尔·吉特曼接了电话。她回忆自己在听到消息时哭了。

* * *

如果不是瑞德·惠特克领导的团队，也许就放弃了。但惠特克的词典里没有放弃。

在内华达汽车测试中心，厄姆森、彼得森、斯派克和团队的其他成员用尼龙带将四驱跟随车连到沙暴上，设法将机器人翻正。机械方面最拿手的斯派克检查了发动机。发动机上到处都是柴油，但除此之外，看起来似乎一切正常。

其他人评估了电子设备。GPS模块完蛋了。平衡架受到的冲击最大，只能重新制造。主激光雷达单元无法修复。幸运的是，匹兹堡还有一套备用的平衡架和激光雷达。他们把沙暴拖回机修车间，连续3个昼夜不眠不休，尽力修复如初。他们几乎做到了。

比赛是在2004年3月13日。此前一周，在加州丰塔纳赛道的资格赛上，GPS系统工作正常，这意味着机器人可以知道自己的位置。传感器正常，沙暴能感知障碍物。计算机可以根据红队地图绘制小组设定的路线计算行驶的轨迹。唯一的问题是"我们来不及校准"，惠特克回忆。这意味着沙暴是通过扭曲的镜头观察世界。

你可以把每个传感器想象成单个眼球。你之所以能对现实形成认识，是因为你的大脑能把你两只眼睛的视角融合成一个场景。沙暴融合了来自4个独立的激光雷达以及立体摄像系统的信息。为了使机器人能对场景建立可靠的感知，需要对传感器进行校准。这是一个很耗时的过程，需要反复试验。惠特克解释道："校准就好比对齐，在汽车修理店他们也会对准你的前灯，对吗？当需要将多个传感器的数据融合进同一个模型中时，需要将它们对齐。如果你直接把数据凑到一起，你就是在制造弗兰肯斯坦[1]，也许会有点斗鸡眼。"

就这样，斗鸡眼弗兰肯斯坦怪兽一瘸一拐地走进了比赛周，尾气管喷烟，满身凹陷和刮痕，但其他方面正常。红队将与来自美国各地的其他20支队伍竞逐。首先是资格赛，21个机器人必须通过1.6千米长的障碍赛道才能进入主赛道。

到达加州赛道后不久，厄姆森四处游荡，了解竞争对手的情况。他看到了"末日马车"，唯一获准参赛的高中团队，来自洛杉矶附近的帕洛斯韦尔德。加州大学伯克利分校的本科生安东尼·莱万多夫斯基领导的团队带来了参赛车辆中唯一的两轮车，一辆机器人摩托车，能够借助陀螺仪实现自身平衡。加州大学洛杉矶分校的参赛队"泥人小组"是由理查

---

1 《费兰肯斯坦》是英国作家玛丽·雪莱创作的长篇科幻小说，主角费兰肯斯坦用生物技术创造了一个巨大怪物。

德·梅森领导的，他在《危险边缘》节目中为他的项目赢得了28000美元启动经费！

还有一些是专业团队，隶属于各大工程公司。发明家戴夫·霍尔基用丰田坦途皮卡搭建了一辆自动驾驶车，没有使用激光雷达，只依靠立体摄像机就能平稳驾驶。来自威斯康星州的卡车制造商奥什科什带来了六轮驱动、重达15吨的黄色庞然大物，名为"大地巨人"。路易斯安那州的"卡津机器人"团队也是一辆六轮车，不过要比奥什科什卡车小得多，是基于一种全地形车，路易斯安那州的猎人们常用来出入河口沼泽。

厄姆森、彼得森和惠特克都在四处游荡，与谈得来的技术极客交流。很明显，红队是最大的队伍之一。《大众机械》杂志认为他们有7对1的胜算，是所有选手中最高的。领跑者的地位使红队成为众矢之的。厄姆森在红队网站上发布了沙暴翻车的照片。结果他在集结区闲逛和与其他团队的领队交流时，在很多电脑屏幕上发现了这张照片。一些团队用它作为壁纸来给自己打气。

更令人兴奋的是，DARPA的公共关系团队安排全国各地的记者和电视制作人观赛。厄姆森和他的队友辛苦工作的几个月中一直都默默无闻。他们在英特尔的活动中获得了很好的反馈，但是对他们的工作更普遍的反应是不信任。"自动驾驶的汽车？"人们会嗤之以鼻。对许多人来说，这听起来很荒谬。记者在这里四处找人采访，这让参赛者们认识到自己的工作很重要。更不要说美国政府拿出了一百万美元的奖金。可能更重要的是，这也许能拯救在遥远地区作战的美国士兵的生命。

* * *

2004年3月13日上午，比赛开始了，这是克里斯·厄姆森经历过的最激动人心的时刻之一。机器人在各自的发车杆位一字排开。媒体和军用直升机在空中盘旋。看台上数百名观众顶着风沙观战,广播里托尼·特瑟在致开幕辞。

"我们离见证历史还有 30 秒,"DARPA 主任对着麦克风喊道,"好了,女士们,先生们,男孩们,女孩们,机器人已经启动,绿旗挥舞,闪灯开启,指挥塔发出的命令是出发!"

因为沙暴在预赛中表现最好,所以它最先出发。大型悍马车慢慢从发车台滑出。"女士们,先生们,沙暴!"特瑟喊道,"穿越沙漠的自动车辆,目标是让我们年轻的战士远离危险。"

赛道上的第一个复杂情况是左转弯。弯道内侧有一些灌木丛,外侧放置有混凝土防护墩,保护观众免受机器人碾压。沙暴沿着完美的弯曲路径行进,一出弯道就开始加速。

视野里可以看到沙暴碾到了干草堆。厄姆森的心悬了起来。但是这辆大型越野车继续前进。很快,红队就看不见他们的机器人了。赛事组织方没有向车队提供车辆的实时视频。他们所能做的就是静静等待直升机上的观察员和沿途的工作人员发布赛况。

很快,一些参赛车辆出局了:首先是名为赛奥托尼克斯 II 的团队,然后 6 个轮子的卡津机器人刚出发就撞上了防护墩。恩斯克团队基于本田全地形车的机器人刚刚经过转弯就驶离了赛道,只开了 200 米就侧翻退出了比赛。

帕洛斯韦尔德高中的自动 SUV 也撞上了防护墩。然后是最让人好奇的车辆:安东尼·莱万多夫斯基的自动驾驶摩托车。莱万多夫斯基把车停在起跑线上,启动马达,走开,然后心痛地看着摩托车立即翻倒。莱万多夫斯基稍后发现,他忘了启动保持摩托车平衡的陀螺仪。他的比赛结束了。

几分钟后,红队从一个赛事组织者那里听说沙暴出了问题。机器人在发车时碾到干草堆暴露了一个一直存在的问题。也许是因为传感器没有被正确校准，也许是因为主激光雷达的交替扫描速度比设定速度慢得多，沙暴似乎一直认为它比实际位置偏左或偏右大约半米。悍马车驶过了一个又一个护栏柱。几千米后，汽车转向了一条弯道，这是一处特别棘手的弯道，因为内缘与陡坡之间只有一条齐膝高的防护墩隔开。正如厄姆森和彼得森所预计的那样，进入弯道时，沙暴减速了。但是机器人离预想的位置偏左了约半米。结果，左边的轮胎爬上防护墩，然后从陡峭的防护墩内侧落下。沙暴被顶在自己的底盘上——厄姆森称之为"中间高"。

情况很快变得更糟。由于感应到沙暴没有移动，速度控制系统启动，将更多的能量输送到车轮。挂在防护墩另一边的一个轮胎的离地高度可以接触到沙子。摩擦使得轮胎过热，直到冒烟起火。机器人总共行进了近12千米。

媒体将沙暴的退赛作为整个赛事的缩影。二号参赛车赛奥托尼克斯Ⅱ也被困在了一个矮丘上。戴夫·霍尔的丰田坦途被一块小石头难住了。加州大学洛杉矶分校泥人小组的赛车由于一个安全防护装置阻止其引擎加速，它没能爬上斜坡，也退出了比赛。15吨重以蛮力著称的大地巨人在遇到了被其错误地认为不应移动的风滚草后停止了前进。这些都是表现最好的车辆。

比赛结果让DARPA主任托尼·特瑟很尴尬。在内华达州的普里姆，赛道终点处的帐篷里挤满了来自美国各地的记者，他们等着报道这场比赛的获胜者。特瑟认为他会被媒体喷死——这一预见是正确的。"DARPA在沙漠中的惨败"，一个标题这样写道，里面将DARPA描绘成不切实际的官僚机构，浪费金钱去做蠢事。为了分散记者们的注意力，特瑟走上指挥台，宣布下一场比赛将在一年后择期举行，奖金翻倍，达到200万美元。

第 2 章　第二次机会

证明你擅长一项运动的唯一方式就是输。

——厄尼·班克斯

在沙暴从赛场回到匹兹堡之前，瑞德·惠特克就已经开始计划第二场比赛。在再三请求赞助的过程中，惠特克与制造悍马的美国汽车综合公司建立了关系。惠特克认为他可以说服高管们给红队再捐赠一辆车，用于下一次挑战——前提是向高管团队展示沙暴的能力。

第一次挑战后的几天，惠特克、斯派克和彼得森带着沙暴来到印第安纳州南本德的悍马公司总部进行展示。斯派克和彼得森留在外面，在悍马公司向新车主展示车辆性能的障碍跑道上安装机器人。

障碍跑道上有一处水泥台面，高出地面大约半米。彼得森和斯派克想看看沙暴能不能自己开上去。启动后，沙暴没有像斯派克和彼得森所预期的那样向台面缓慢前进，而是高速驶向台面。

如果沙暴有出乎预期的行为，车上的人可以按下急停开关。问题是，急停开关有大约两秒的延迟。斯派克按下了开关，但是沙暴在命令生效前就撞击了台面。前轮从台面前端反弹到空中，后轮又撞到台面上，将悍马后端反弹起来。有一瞬间，整个车辆都在空中飞行，然后前端猛扑向台面。

这时急停开关停下了车辆。

斯派克和彼得森赶忙过去评估损失。此时惠特克正在附近的一栋建筑里向高管们介绍红队和他们开发的机器人的卓越性能。外面，斯派克和彼得森发现沙暴的机舱冷却水箱撞坏了。修复后，他们在一段畅通的道路上调试沙暴，然后启动了机器人进行测试。前轮立即向右转动。不应该是这样。"停停停！"斯派克对彼得森喊道。随着一阵声浪，沙暴从路上加速直接冲进了惠特克和高管们谈话的大楼。悍马撞在墙上的冲击力震动了整栋建筑。

后来，斯派克发现是台面撞击使得转向位置传感器从安装位置掉下来了，这反过来又导致了第二起事故。但事实证明这没什么关系。惠特克和经理们从大楼里出来查看声响的来源。斯派克心想赞助泡汤了。但是当高管们查看事故现场时，斯派克意识到自己的担心是多余的。

惠特克用"坚定的优雅"来形容高管们的反应，称他们是"淡定应对叉子掉落或水泼溅的高贵主人"。高管们认为自己制造汽车的目的是超越汽车的极限，红色团队也是以自己的方式这样做。他们当然会赞助惠特克的团队。"我们会给你们两辆悍马，"一位高管宣布，"只是要爱惜一点。"

* * *

几个月后，2004 年夏天，斯坦福大学的计算机科学家塞巴斯蒂安·特伦在一个研讨会上听了关于第一次 DARPA 大挑战的报告。特伦最近刚从卡内基梅隆大学机器人研究所的教员职位转到这里，在 CMU 他一直和瑞德·惠特克合作一个项目——一个名为土拨鼠的机器人，用来绘制宾夕法尼亚州废弃煤矿的地图。他的新工作是在加利福尼亚的帕洛阿尔托，领导斯坦福人工智能实验室，这是人工智能先驱约翰·麦卡锡

　　　　　　　　　　　　　　　　　　　　　自动时代

于1963年建立的一个曾备受尊敬的研究机构，但是自从1980年并入计算机系后就一直处于休眠状态。为了重振这家机构，特伦带来了9位卡内基梅隆大学的专家。特伦把他所有的项目都留在了原来的学校，他正致力于快速重振人工智能实验室的声誉。

特伦以观察员身份观摩了第一次大挑战，他很想参加第二次挑战，这是重启的斯坦福人工智能实验室的第一次重大活动。因此，特伦请同他一起从CMU转过来的参加过第一次大挑战的一位同事，为团队的其他成员做一次报告。

主讲人是麦克·蒙特梅洛，一位语气温和的工程师，软件才能卓越，他擅长为机器人编程，也能进行定位和绘图，这些在第一场比赛中曾困扰沙暴。蒙特梅洛的父亲梅尔文·蒙特梅洛是NASA的项目主管，曾与惠特克在多个项目上密切合作过。麦克高中时，父亲带他进行了大学前的旅行，去亲身体验备选的学校。在匹兹堡的一个晚上，他们两人往惠特克的窗户上扔鹅卵石，请求这位机器人传奇人物带这位青少年参观机器人中心。那次经历促使蒙特梅洛选择了CMU。几年后，惠特克将成为蒙特梅洛的博士导师；在同一时期，蒙特梅洛碰巧也是克里斯·厄姆森的同事。

蒙特梅洛在斯坦福的报告主要是他在加州赛道上的见闻。报告展示了各种机器人的照片，重点介绍了每个团队遇到的问题和缺陷。他花了很长篇幅介绍沙暴和它的翻车事故。倒数第二张幻灯片问斯坦福人工智能实验室是否应当参加第二次DARPA大挑战。最后一张幻灯片是粗体大写的答案"不"。

特伦身材修长，说话时声音饱满，语法严谨，带有德国口音；他出生在莱茵兰小城索林根，在德国北部长大。"为什么不呢？"他轻声问道。

"太难了。"蒙特梅洛说，他侧分的棕色头发和金丝圆框眼镜很符合好莱坞电影中对软件工程师的刻板印象。"什么都要干，"他接着说，也许是想起了厄姆森和CMU团队其他成员的经历，"人们必须日夜工作，失去社交生活。而且——根本做不到！"

其实，蒙特梅洛知道，诱使特伦做某件事最有效的方法就是告诉他这件事做不到。"我喜欢打破常规，"特伦说，这是他和惠特克共有的性格特征，"我是叛逆者，喜欢做疯狂的事情。"

特伦家有3个孩子，他排行第三。他告诉记者："我的父母没有精力和时间关注我。""我记忆里的童年很美好，但基本只有我自己。"由于只有各种装置陪伴他，他对智力项目产生了痴迷。1980年，12岁时，他痴迷于得州仪器的袖珍计算器，这台计算器可以编程求解各种方程。特伦喜欢用它来制作小游戏。后来，他又迷上了当地百货商店展示的一台C64个人电脑。这台电脑对他的中产阶级家庭来说太贵了，所以特伦天天跑到商店在电脑上编程。他逐步尝试越来越难的编程挑战。他写代码很高效，因为店员每天关门时都关掉电脑，他不得不在学校放学到商店关门的两个半小时内完成自己的预定目标。

当特伦的父母给他买了一台二手北极星地平线个人电脑时，这个年轻人已经能够编写简单的视频游戏了。他写了一个模拟魔方的程序。还有一个项目是为家人的网球俱乐部编写会员数据库。特伦在青春期留给人的印象是四处寻找挑战性问题，他用这些问题来检验自己的编程能力。在特伦的学术和职业生涯中也是同样的风格。他就读于波恩大学计算机系。人工智能吸引了他，因为与人类相比，特伦觉得他可以完全理解程序的行为方式。

1990年，波恩大学购买了一台日本机械臂作为研究工具。特伦通过使用神经网络来教机器人如何接球而脱颖而出。最终的学术论文被美国人工智能会议神经信息处理分会接受。这对22岁的特伦来说是一个转折点。他找到了自己的同类——一个"由心理学家、统计学家和计算机科学家组成的"圈子，他们都在致力于研究如何让机器学习。从此以后，特伦专注于撰写学术论文，这样他就有机会参加更多的人工智能会议。通过这样的聚会，他认识了自己的导师——CMU的传奇人物亚历克斯·韦贝尔——以及后来的论文导师汤姆·米切尔。1995年，在获得波恩大学计算机科学和统计博士学位后，特伦加入了CMU。

特伦在匹兹堡从事的最有趣的项目之一是为博物馆设计机器人导游。为了迎合大众对机器人的品位——想想1986年的喜剧《短路》、电视节目《骑士与数据》《星际迷航：下一代》中好心的安卓——特伦设计的导游机器人取名为智慧女神，有一双摄像头眼睛和一张红嘴，会翘眉头表示不满。作为展示技术能力的宣传噱头，智慧女神在华盛顿史密森尼博物馆为游客导游。

事实证明，为能在博物馆导游的机器人编程是一项复杂得惊人的挑战。智慧女神不能撞到博物馆的大量游客以及珍贵的博物馆展品。如何设计才能使它不会撞上展品或撞到小孩子？

在DARPA发起第一次大挑战的6年前，1998年，特伦为智慧女神配置了激光测距仪。然后他给机器人设计了一个机器学习算法，在晚上没有游客时把它送到博物馆。智慧女神在展品周围游走，发出激光束，并绘制了一幅环境地图。然后，当博物馆开放时，人类和机器人共处，智慧女神会使用这张地图来进行定位。智慧女神也可以利用这张地图来避免撞到游客。智慧女神会假设原始地图上没有的新障碍物是人，并安全停下来。

导游很受欢迎，特伦也因此获邀为其他项目编写软件。惠特克说服特伦加入了设计土拨鼠机器人的团队，该机器人旨在帮助阿巴拉契亚煤矿工人更安全地开采地下的矿石。当地的老旧退役矿井没有地图，这可能会造成问题。例如，2002年，宾夕法尼亚丘溪矿场的9名工人被水困住，因为他们打穿了一条邻近的矿道，这条矿道已废弃多年，有些区域已经被水淹没。矿工们在3天后获救，但是惠特克把这次事故当成了一个挑战，仅用两个月时间，由特伦负责SLAM编程，设计了一台可以放进旧矿井去扫描通道并制作三维地图的机器人。

DARPA的挑战赛令特伦着迷。1986年，特伦18岁时，他最好的朋友哈拉德受邀乘坐另一位朋友的四驱新奥迪。这是一个寒冷的日子，司机开得太快，奥迪撞上了一辆卡车。哈拉德当场死亡。撞击如此猛烈，以至于安全带都被撕碎了。这场撞车事故成了这位德国机器人学教授心中永远的痛。

特伦认为自动驾驶汽车能使汽车更安全，可以避免导致他朋友死亡的那种撞车事故。在第一次大挑战之后，他对这个问题做了一些思考。他认为，DARPA在这条路线上设立了路标，这会让问题简化。让智慧女神在史密森尼博物馆拥挤而复杂的环境中穿行，这个问题的复杂性不亚于自动驾驶汽车面临的问题。在他离开CMU之前，他曾向瑞德·惠特克请缨。特伦对这位机器人传奇老兵说："虽然我就要加入斯坦福了，但是下一次大挑战我还是很乐意帮你。"

"如果他答应，"特伦回忆道，"我会很乐意为他的团队效劳，也不会去组建自己的团队。"

但是惠特克拒绝了特伦的提议，可能是因为他想让红队完全是由CMU的人组成。蒙特梅洛的报告后，特伦开始考虑是否参加第二次大挑战。红队花了一年时间搭建了一台跑了12千米的机器人。如果特伦的新实验室能做得更好，将很有利于重振声望。SLAM将是成功的关键，而特伦和蒙特梅洛都是这个领域的世界顶级专家。特伦心里有底了，为什么不呢？

因此，8月14日，当DARPA举办参赛动员会时，特伦带来了蒙特梅洛和他团队的其他几名成员。会议在加州阿纳海姆举行。尽管媒体对第一场比赛的报道是负面的，但是这次的参赛者更多了：来自42个州和7个国家的500多人参加了2004年的参赛动员会。最终，有195支队伍报名参赛，几乎是第一场比赛报名数的两倍。

当然，红队也来了。沙漠大溃败后的第二年夏天，厄姆森博士毕业，然后在赞助沙暴的政府承包商科学应用国际公司找了一份工作。厄姆森的任务是在第二次DARPA比赛中与瑞德·惠特克和红队合作。厄姆森对第二次大挑战的期望要高得多。他们还有18个月的时间来完善沙暴的设计。他们将与更专业的团队合作，包括建筑设备制造商卡特彼勒的几名工程师。预算也更多，300万美元。气氛也不一样。第一次有年轻的热情。这一次，有近乎冷酷的决心。

惠特克宣称："我发誓要赢得大挑战，这一次，红队将更像一支军队。"

斯坦福和CMU的团队在动员会上狭路相逢。厄姆森注意到蒙特梅洛手里拿着一叠文件，是厄姆森在第一场比赛后写的技术文件。这份文件描述了红队最隐秘的技术细节。向机器人学界公开所有参赛者的技术秘密是DARPA的报名条件之一。这是一个很好的策略。学术共享会让整个领域进展得更快。但是这也让惠特克和厄姆森更加困难。作为全国领先的机器人实验室，他们在第一场比赛中领先。技术公开会使得其他人更快追上红队的水平。"叛徒"蒙特梅洛和特伦都是聪明人。他们的参与意味着这个奖项不再是CMU的囊中之物。现在，进入第二次大挑战，红队面临着迄今为止最严酷的竞争。

* * *

红队决定用两台机器人参赛来对冲风险。(这样做有先例。在第一场比赛中,赛奥托尼克斯就用了两辆车参赛。)部分原因是理顺团队软件主管凯文·彼得森和项目经理克里斯·厄姆森之间的关系,让后者更愿意投入沙暴的后期研发。也有两人各负责一台车的说法,不过数年后惠特克坚称彼得森和厄姆森在第二场比赛前为两台机器人都做了贡献。部分原因也是有条件这样做。毕竟,感谢悍马公司的捐赠,红队的车够用。

第二辆车被命名为Hlghlander,是基于1999年的H1车型,比沙暴年轻13岁。悍马捐赠的车辆配有6.5升涡轮增压发动机。自动驾驶的挑战之一是控制加速度和转向。以前大多数车辆都是机械控制,依靠驾驶员转方向盘,踩油门,换挡,这使得电脑驾驶变得复杂。在数控执行器按压例如油门踏板时,会有误差。

Hlghlander采用的新型悍马的控制器内置了电控驱动设备。它被设计成由计算机控制。例如,节气门由工厂安装的发动机控制模块操作。因此,Hlghlander可以直接接入新悍马的计算机系统,以电子方式控制油门,而不是像沙暴那样需要安装电机和推杆来按压油门踏板。这样误差就会很小,从而使得Hlghlander成为更优秀的驾驶员。

另外红队还有了更精确的定位系统。第一场比赛中使用的定位系统有大约一米的误差范围。这款来自赞助商艾普兰尼克斯的新型系统的误差范围约为25厘米,这是第二场比赛的一大改进。

红队的进步很大。但特伦的团队也是如此。在特伦的心中,惠特克是一个硬件狂人,在他那个时代,要让机器人工作,面临的主要问题是执行器和化油器、电机和太阳能充电器之间的精确配合。这在红队准备第一次挑战的过程中就有所体现,他们花在写代码上的时间与花在电子箱和平衡架上的时间一样多。但是随着技术的发展,机器人越来越侧重于软件,需要倚重计算机科学家而不是机械工程师。惠特克偏好机械,而特伦的团队则是由计算机科学家主导。斯坦福大学使用的硬件很少需要定制开发。与CMU团队自行设计沙暴的平衡架和电子箱不同，特伦只用市面上找得到的传感器，直接装配到车上，包括五个激光雷达单元、一个辅助道路探测的彩色摄像机和两个用于远距离识别大型障碍物的雷达传感器。斯坦福团队的哲学是"将自主导航视为软件问题"。

特伦意识到："你让人从车上下来，用机器人代替它，这里是有一点硬件问题。你必须想办法转动方向盘和踩刹车。但是那部分是微不足道的。你在方向盘上放一个小马达，这其实没什么难度……人工智能才是关键。重点是如何做正确的决策。所以我们把全部精力放在使系统变得智能。"

"卡内基梅隆的团队意识很强，场地充足，有各方面的专家，"蒙特梅洛解释道，"我们的团队小得多。我们大部分人都是搞软件的，完全没有机械技能。"

尽管如此，特伦还是从他为惠特克工作的经历中学到了很多。2004年9月，蒙特梅洛的报告刚刚结束，特伦就参照惠特克的模板着手准备参加第二届DARPA大挑战。同惠特克一样，特伦也招募了志愿者，要求他们报名参加课程。特伦的课名为"人工智能项目"。在大约有40名学生参加的第一次会议上，特伦发表了类似惠特克风格的励志演讲。"没有课程大纲，也没有讲座，"特伦回忆说，"我们要做的就是制造一台机器人。一台能依照设定路线行驶的机器人汽车。"

参照惠特克通过向学生提出挑战来激励他们努力学习的方式，特伦也为他的班级设定了一个清晰的目标：在为期两个月的课程结束时，他们将建造一辆可以在DARPA第一次大挑战路线上行驶一英里的汽车。"我的个性和惠特克完全不同，"特伦说，"但我努力向他学习。我跟惠特克学到的是，你要给学生一个目标，难一点没关系，因为他们没有意识到这些目标很难达成，这些学生认为他们能做到。结果，他们真做到了。"

这个班级没有买车的预算。有人联系福特，希望福特能捐赠一辆车，福特答应了，但是要求用完后归还，而且不能损坏。也许是想到了厄姆森翻车的经历，特伦没有接受。幸运的是，他有一个叫约瑟夫·奥沙利文的朋友，在谷歌担任人工智能研究员，和一个叫塞德里克·杜邦的家伙一起踢足球，杜邦在帕洛阿尔托的大众实验室担任工程师。杜邦安排大众汽车向特伦的团队提供了一辆2004年的途锐R5 TDI，并且大众工程师帮助他们接入车辆的计算机系统。"这就像上帝的礼物。"特伦说。像Hlghlander一样，途锐有电控接口，在大众的帮助下，特伦的团队很容易就能接入计算机系统。

特伦最终招募了大约20人加入斯坦福团队，他将团队分成了几个小组。一个小组负责配置硬件，也就是将传感器装到途锐上，他们给途锐起了一个绰号斯坦利(Stanley)，以彰显他们学校。另一个小组负责地图。第三组负责导航。

两个月后，学期结束时，特伦带领学生们去了莫哈韦沙漠，在第一次大挑战的赛道上测试斯坦利。他们启动了机器人，很快斯坦利超过了一英里的班级目标，特伦很兴奋，当斯坦利行驶超过12千米时，他更加兴奋了，这是CMU的沙暴达到的水平。几分钟后，在13.5千米处，斯坦利陷入了大雨冲刷出的深沟中。

特伦欣喜若狂。阻碍他的机器人前进的这种深沟在赛前会被DARPA抹平。如果今天是正式比赛日，斯坦利可能会走得更远。"这简直令人难以置信，"特伦回忆道，"那一刻我明白了，这的确有可能做到。"特伦想知道，如果一个新手团队在短短两个月就能超过最好的卡内基梅隆团队，那么在第二场比赛前的一年里，这支团队能做到什么程度？

　　　　　　　　　　　＊ ＊ ＊

　　红队这次的策略同第一场比赛类似，不过是一个更大更好的版本。

　　他们对第一场比赛感到有点受骗。DARPA提供的讯息让团队认为机器人必须在崎岖的地形和恶劣的越野条件下行驶。实际的路线的确有一些难点，比如隧道和狭窄的栅栏门。但是这条路本身并不难。那是一条平缓的等级沙漠大道。普通的微型车都能在这条路上行驶。回顾上次，红队耗费了大量时间来确保他们的机器人能够应对越野路况，而且不仅仅是应对，还要快速应对。这也是为什么他们使用避震和弹簧来悬挂电子箱和平衡架，以确保计算机设备能承受由此产生的震动和冲击。如果红队无须在最艰难的路况下测试机器人，而只是专注于开发能从一个GPS航点行驶到另一个航点的车辆，许多团队成员都认为他们应当能完成第一场比赛。他们本可以赢的。

　　所以这一次，惠特克专注于提升红队已经具备的能力，包括在第一次挑战中使用的出发前流程。2005年8月，惠特克将沙暴和Hlghlander送到内华达。机器人工程师认为DARPA会加大第二场比赛的难度。美国最艰难的道路是内华达汽车测试中心的M1坦克路线。因此，红队在离比赛还有3个月的时候来到这里，让机器人和红队进行一系列模拟正式比赛的演练，就连扮演DARPA工作人员的人穿的服装都是一样的。

　　红队准备用两条不同的路线测试车辆。其中一条被称为"猪排"，是一条48千米长的环路，有土路、人行道、防畜栏、高压电线和铁路道口之类的所有东西。另一条"胡德井"路线是一条85千米长的单行道，沿着驿马快递驿道行驶，有干涸的湖床、砾石路和狭窄的峡谷。

　　测试难免出意外。斯派克有一张与卡内基梅隆大学账户关联的信用卡，每月有10万美元授信，在沙暴和Hlghlander测试运行受损后，他购买维修备件时经常会超支授信额度。例如, 8月26日, 就在他们到达内华达后12天, Hlghlander行驶在一条特别危险的越野小道时, 右前轮突然脱落。9月15日, 沙暴被一棵树刮伤, 造成了明显伤痕, 好在可以修复。

撇开这些挫折不谈, 测试还是进行得很顺利。

沙暴和Hlghlander第一次完成了比赛长度的行驶, 包括团队能想到的最艰难的一些地形。每辆车行程超过1600千米。而且, 他们用不到7小时就完成了比赛要求的里程。红队对前景很看好。

尽管如此, 惠特克还是一如既往地努力工作。凌晨4: 00大家就起床。比赛演练在早上6: 30开始, 一切就好像正式比赛一样, 演练结束后, 团队会把机器人带回车库, 在那里程序员和机械师会进行改进和维修直到深夜。第二天, 还是四点钟起床, 重新开始。这是令人疲惫的循环往复。惠特克回忆道: "每个人都脱了一层皮。"

为了让大家都振作起来, 确保团队在比赛当天精力充沛, 惠特克准备在2005年9月28日的加州赛道全国资格赛前放一周假。然后, 43支队伍将接受DARPA的评估, 竞争2005年10月8日正式比赛的23个席位。

测试的最后一天是9月19日。惠特克的目标是让沙暴和Hlghlander在48千米长的跑道上跑10圈, 累计480千米, 大约是比赛路线的两倍长。一旦完成就冻结软件, 封存机器人, 团队解散准备赛前休息。

19日下午, 沙暴已经为比赛做好了准备, 只差换胎和换机油了。与此同时, Hlghlander离完成最后一次测试也只差几圈了。跟在Hlghlander后面的是坐在副驾驶座上的彼得森和负责开车的软件工程师杰森·齐格勒。齐格勒尽力跟着Hlghlander, 不停地打方向和踩油门。Hlghlander已经行驶了430千米, 即将开始最后一圈, 彼得森给在匹兹堡的惠特克打电话, 惠特克在处理一些最后的细节。彼得森告诉他: "车开得很好, 但我们真的逼它逼得太狠了。"如果发生点事情怎么办? 彼得森建议惠特克

　　　　　　　　　　　　　　　　　　　自动时代

取消最后一圈。彼得森回忆:"感觉就像我们已经预感到了将要发生的事情。"

取消团队的预定目标这不在惠特克的选项中。他要求完成测试,然后结束了通话。他们只能继续前进。刚过一会儿,Hlghlander照常掀起了尾尘。从跟随车的副驾驶位上,彼得森看不到机器人,但是他的笔记本电脑有Wi-Fi连接,他可以看到Hlghlander通过摄像头看到的东西。接近左拐的曲线时,机器人按照算法设定的方式减速,然后加速进入了弯道。它稍微向右晃了一下,偏离了轨道——彼得森的整个显示屏都变红了。灰尘飘散后,彼得森看到道路右侧有一片尘土痕迹,看起来就像特技车手让汽车用双轮行驶时的那种痕迹。只是这次特技跳跃的后果是Hlghlander翻了个底朝天。机器人以每小时50千米的速度右轮抓地,腾空而起。

又一次翻滚。

事故发生后,团队立即开始行动。这一次没有人流泪——斯派克已有准备。修理Hlghlander所需的许多备用零件都在内华达汽车测试中心基地的机械仓库里。其余的,斯派克安排从匹兹堡运到内华达。

那一周的假期,本来所有人都准备第二天就走的,结果却是红队成立以来最辛苦的一次赶工。

* * *

作为斯坦福人工智能课结课项目的13.5千米测试一结束,特伦就对团队成员进行了筛选,只留下了4个关键人物。特伦本人和同样来自CMU的校友麦克·蒙特梅洛是前两位。在参加机器人课程的人中,特伦发现了一位德国同乡是计算机视觉专家和编程奇才,名叫亨德里克·达尔坎普。还有一位是研究生，叫大卫·斯塔文斯。

四重奏很适合这项任务，途锐车刚好坐得下，不挤。特伦一行4人每周前往莫哈韦沙漠测试一次。一开始，他们将车带到一条小道上，让它自己行驶，直到机器人遇到一些无法应对的情况。然后编码改进程序。这个过程重复了几十上百次后，机器人变得越来越复杂，并且能够自学。到了这一阶段，特伦就驾驶斯坦利穿过沙漠，人工操纵控制器，当道路变得崎岖或陡峭时减速，在平整的直道上则加速。这样做几天后，特伦就回到学校，斯坦利会彻夜计算，回溯数据，自己学习。面对各种地形，斯坦利会分析，特伦选择这样开，我照着做。特伦说："机器人在晚上几乎都是在分析数据，从混乱中建立秩序。"

斯塔文斯的贡献是一种教机器人控制速度的算法。莫哈韦沙漠的道路上有各种雨水潭和坑洼。在这种路况下高速行驶会让车辆散架。所以斯塔文斯写了一个程序，根据振动传感以及道路的坡度和宽度来控制斯坦利的车速。程序被加载到机器人后，麦克·蒙特梅洛驾驶斯坦利采集数据，然后程序就可以分析数据来学习控制规则。

问题在于蒙特梅洛过于谨慎。他非常注重细节。"我们常常在麦克的车窗上贴纸，"特伦回忆道，"这样他就不知道我们走得多快。"蒙特梅洛曾经向团队成员抗议说，他永远不会坐时速超过8千米的自动驾驶汽车。开着斯坦利，蒙特梅洛会在沙漠中蜗行，在平缓的山丘上，在瓦砾和小石头间巡游。然后，等车回到家里，机器学习算法就会观察蒙特梅洛的驾驶方式，总结规则指导斯坦利将来的行为。习惯了德国高速公路的特伦不喜欢斯坦利在学习蒙特梅洛的数据后的慢腾腾。所以有一周，趁着蒙特梅洛去度假，特伦将斯坦利的速度提高了20%。

然后在2005年的一天，特伦在斯坦福办公室里等来了一位意外访客。他抬头看见门口站着一个人。这个人走上前来自我介绍："嗨，我是拉里·佩奇。"

特伦当然知道佩奇是谁。让他吃惊的是佩奇对这个项目的兴趣。"佩奇一直对机器人很着迷",特伦解释说,如果佩奇没有创办谷歌,他可能会攻读机器人学博士学位。佩奇被特伦的项目迷住了。他提了无数个问题。他想知道这项技术能不能实用——无人驾驶汽车还有多远?一个世纪?几十年?几年?特伦怎么认为?佩奇极为感兴趣,以至于他告诉特伦自己也想参加第二次大挑战。基于对无人驾驶汽车的共同热情,特伦和佩奇建立了深厚的友谊,两人都喜欢挑战别人认为不可能完成的任务。当时特伦还不知道,佩奇将会改变他的人生轨迹。

* * *

2005年10月8日,比赛日,凌晨4:30,DARPA工作人员交给红队一个USB加密盘,里面的计算机文件存储了第二次大挑战路线的2935个航路点。这条路线全长212千米,始于内华达州的普里姆。

之后的流程与第一次比赛很类似。拿到U盘的成员冲回红队指挥中心。另一名成员将路网定义文件上传到红队的共享盘上。计算机程序马上分析航路点,并增加了数千个点,从最初的每75米一个点增加到一两米一个点。然后,算出来的路径被分成几段,路径规划小组每人负责一段,检查路径的所有细节,确保新增的航路点能让沙暴和Hlghlander在赛道上正常行驶。

在路径规划小组忙得焦头烂额的时候,惠特克、厄姆森和彼得森在制定策略。18个月前第一场比赛的经历让每个人都记忆犹新。那次,他们过于追求速度,也许对沙暴并不利。

因此,3人决定让红队的两辆车采取龟兔赛跑的策略。其中一辆车开得慢，以确保能完成比赛。这样，如果其他车辆都没有完成比赛，至少红队会有一辆车越过终点。

沙暴一直比Hlghlander慢10%，工程师们认为，这是电子箱悬挂方式导致的，这使得机器人很难准确定位。所以Hlghlander当红队的兔子，沙暴当乌龟。

在路线规划小组归类为中等难度的路段，Hlghlander将比沙暴快20%。在很安全的路段，惠特克决定让沙暴的配速为43千米每小时，让Hlghlander的配速为48千米每小时，高12.5%。惠特克说，Hlghlander的目标是6小时19分内完赛，平均时速34千米每小时。作为保险的沙暴，应该在7小时1分内完赛。

厄姆森和其他红队成员在斯坦福的帐篷里观看比赛，因为斯坦福团队占据了最好的视野。Hlghlander第一个从发车槽出发。在最初的几千米，它保持领先。然后，在接近27千米的地方，Hlghlander的发动机熄火，车停了下来，随后又重新启动。在攀爬一座小丘时，它又停了下来，这个机器人还向后退了一段。在随后的再次尝试中它爬上了坡顶，但是在测试中从未发生过这种发动机故障。

红队在DARPA沿赛道设置的观赛点安排了人员。传回的消息说它行驶到87千米时，可能又发生了一次发动机失去动力的事故。失去动力会导致发电机无法为传感器供电。备用电池能够提供一些电力，但是无法驱动主激光雷达单元。根据直升机传回来的画面，安装在平衡架上的主激光雷达与机器人的行进方向成90度，显然已经失效了。

缺少了眼睛的机器人速度太慢，第二位发车的斯坦利很快在118千米处追上了Hlghlander。DARPA向参赛者保证，他们的机器人将在静止的环境中行驶，也就是说在参赛车辆视野中不会有移动物体。为了防止斯坦利和Hlghlander相互干扰，DARPA使用无线电遥控"暂停"了斯坦利

2分45秒，让两个机器人之间保持一定距离，让Hlghlander继续前进。但是斯坦利被重新激活后不久，又再次追上了Hlghlander。这次DARPA暂停了斯坦利6分35秒。但是斯坦利第三次追上了Hlghlander。最后，在163.5千米处，出发后5小时24分45秒，DARPA暂停了Hlghlander，让斯坦利先走。"斯坦利已经超过了Hlghlander"，特瑟在观赛帐篷中宣布，特伦兴奋得跳了起来。

斯坦利成为第一台自主完成DARPA大挑战的机器人，用时6小时53分58秒。斯坦利通过终点线时，特瑟挥动方格旗。

沙暴大约在早上6点50分出发。伴随着柴油机特有的轰鸣声，机器人冲出了发车点。尽管一个软件漏洞导致激光雷达无法探测墙壁，它还是通过了一号、二号和三号下穿隧道。事实上，直到发车后6小时30分，漏洞才暴露出来，它在路线最窄的地方擦到了峡谷壁。沙暴在发车7小时4分后越过终点线——与工程师设定的目标仅相差1%。它完全按照设定的方式完成了比赛，耗时排名第二。排第三的是蹒跚进入终点的Hlghlander，耗时7小时14分，比红队设定的时间长55分钟。总共有五个机器人完成了比赛。

当然，特伦心花怒放。那天晚些时候，他和他的团队聚集在舞台上，领取了一张200万美元的支票。但同样令人欣慰的是，这场胜利也是对整个机器人领域的肯定。十多年后，公众对机器人专家的态度发生了显著变化。在2005年时，一说起机器人，公众就会联想到特伦1998年的智慧女神博物馆导游这样的项目，更多是出于猎奇，对日常生活几乎没有影响。自动驾驶汽车则不一样。当然，第二次DARPA大挑战是一个不同于现实世界的可控场景，因为场景中不允许有移动物体。但是这是走向真正的机器人汽车的重要一步，每个人都意识到，如果机器人汽车成为现实，将会改变我们的生活。特伦和他的队友站在记者面前接受采访，记者们疯狂地记录他们说的话，摄影师捕捉他们的影像，人们为他们的成就欢呼，他们很享受这种关注，这表明公众终于认可了他们的专业领域的潜力。

特伦在获胜后很有风度。特伦说："重要的是我们大家研发出了5辆能完成比赛的车辆，这是我们共同的胜利。"

红队没有这种感觉。他们花了几个月的时间在地球上最艰难的道路上测试沙暴和Hlghlander，而且在比赛当天发现，这次的赛道甚至比第一次大挑战的等级道路的路况还要好，最后却是这样的结果。并且基于Hlghlander在资格赛中的表现，它参加比赛时似乎是处于最佳状态。而且就算Hlghlander出了问题，如果红队允许沙暴发挥出能力，而不是为了保险而限制其速度，红队这台老款机器人也可能打败斯坦利。特伦也明白这些。"斯坦利赢得很侥幸，"他后来说，"卡内基梅隆大学的引擎故障让我们赢得了胜利，这是事实。"

十多年后，厄姆森回忆："这完全是一个赢家通吃的赛事，真糟糕。第二名没有奖金。3年全身心投入，最后却是一场空。太残忍了。我记得赛后看到惠特克，那是我见过他最失魂落魄的样子。"

"那是我生命中最灰暗的时刻，"惠特克说，他仍然认为自己应当为失败负全部责任，"我让团队失望了。我让很多人失望了。在更大的方面，我也让社会失望了，我没有向世界展现出最好的技术进步，以及对未来的美好愿景。"

"这种感觉很怪异，"厄姆森说，"那天有5辆车做到了曾被认为不可能的事情。我们的团队齐心协力完成了不可能完成的任务。我们做到了不可能的事情——但我们输了。"

　　　　　　　　　　　　　　　　　　　　　自动时代

第3章　在胜利谷见证历史

内向的工程师在和你说话时会看自己的鞋子。外向的
工程师看你的鞋子。

——佚名

第二次DARPA大挑战大获成功。区区200万美元就大力推进了移动机器人领域的发展，吸引了大量参赛者，还有公众的热情和媒体的关注，更不要说总共有5辆车完成了艰难的212千米沙漠赛程，所有这些都让军方感觉钱花得很值。

但是DARPA并不满足于此。最初组织比赛的目的是制造能在伊拉克或阿富汗混乱的街巷环境中自主行驶的机器人，而目前还没有团队能做到这一点。继续举办类似的比赛能不能刺激机器人领域取得更大的进步？

这个思路的结果就是DARPA城市挑战赛，它的比赛地点将不再是沙漠，而是城市。2006年4月，特瑟宣布将在2007年11月3日举办城市挑战赛。很快就有来自全球的89支队伍注册参赛，数量不到上次比赛的一半，可能是因为大家都认为太难了。

这次的规则也变了。一些变化似乎是针对惠特克团队在前两场比赛中率先采用的策略，即依靠地图技术人工预先规划机器人的行驶路径。这次DARPA将在赛道上设置移动障碍物——由好莱坞特技演员和职业

司机驾驶的汽车。并且，参赛车辆将同时在赛道上行驶。

　　这次比赛的关键是让机器人做到DARPA设定的一些任务。DARPA直到开赛前五分钟才会公布具体的信息。在筹备过程中DARPA一直都非常神秘，他们甚至一度不肯透露比赛将在哪个州举行。"我们只知道比赛时是冬天，室外很冷，所以猜测可能会在气候温暖的地方举行，"一名参赛者回忆，"但其他的就不知道了……他们不想让参赛者预先规划路径。他们想要机器人的路线规划和控制有一些智能元素。"

　　这次比赛要求机器人6小时内在城市中行驶100千米，并遵守加州驾驶员手册的规定。机器人要能在标准北美停车场行驶，并找到空车位停好车。赛道上不会有行人和自行车，但机器人得做到对人类驾驶员来说也很困难的一项任务，在全停车路口遇到有其他车辆同时到达时判断该如何通行。[1]

　　厄姆森回忆道："从对机器人的要求来看，城市挑战赛要困难得多。在前两次挑战赛中，我们设计算法时是假设环境是静态的。如果有移动物体，难度会大得多。"

　　这是针对在战场用自动驾驶车队运送物资的要求。在阿富汗或伊拉克用军用卡车向偏远村庄运送物资，前方简易炸弹爆炸，自动车队要能在混乱中穿行，并且不能碰到医护人员、平民、车队和其他车辆。面临的环境复杂多变。

　　毫无疑问卡内基梅隆大学团队会参赛。有人怀疑惠特克是否还会领队。之前惠特克的红队来者不拒，团队成员有本科生和志愿者，也有研

1　译注：在美国有很多路口没有交通信号灯，而是在一些车道设置停车标志，车辆遇到停车标志应当在停车线停车，观察确认安全再通过路口。有些交叉路口的所有方向的车道都设有停车标志，在这种全停车路口，车辆应按到达路口的先后顺序通行。当两车同时到达时，如果两车位于侧向车道，应右车先行；如果位于对向车道，应直行车先行再左转车通行。

究生和惠特克的机器人中心的全职员工。但这一次，DARPA会挑选一些最好的团队为他们提供100万美元的研究经费。卡内基梅隆团队入围。而且，这一次的赌注更高，奖金还是200万美元，但卡内基梅隆团队正在争取成为全国顶尖的机器人研究中心。它志在必得。厄姆森回忆道："那将带来大量经费，所以大学行政部门想确保我们能赢。"最终，城市挑战赛团队还是由惠特克领导，但是这次的团队将召集机器人研究所的其他资深专家，是代表大学的超级团队。

学校里一些人认为这个新团队与以前的不同，应该取个新名字。过去叫作红队，是因为它是惠特克的孩子。但是参加城市挑战赛的团队是囊括了卡内基梅隆团队的顶尖高手。红队的一些老队员对改名不满。"这对我们毫无意义，"惠特克当时的助手米歇尔·吉特曼回忆道，"大家都知道红队，已经形成了品牌。我们有专属的帽子、T恤和夹克。"不过，为了展现全新的面貌，并得到学校的全力支持，卡内基梅隆团队将名字改成了格纹呢车队，与大学运动队的昵称相呼应，也是向学校创始人安德鲁·卡内基的苏格兰血统致敬。

要准备这一次比赛，100万美元还远远不够。所以在2006年，惠特克到通用汽车技术中心来找我。"你凭什么认为你会赢得比赛？"我问他。"灰尘。"惠特克回答说。他向我解释，其他许多团队的机器人将灰尘云视为不可穿过的障碍物，无法穿越，而卡内基梅隆团队的软件和传感器已经能够做到正确识别出灰尘不是障碍物。虽然灰尘在城市挑战赛中的影响不大，但这项技术让我信服他们的能力。我和惠特克一见如故。他的军人气质和他美国式的积极态度很有感染力，他相信只要坚持不懈，就能凭聪明才智和努力解决任何问题，他让我想起一百多年前汽车拓荒时代的那些技术创新者。我决定安排通用汽车以多种方式支持格纹呢车队。通用汽车最终将向惠特克的团队提供了200万美元的资助，是团队的主要赞助商。我们还安排了顶尖工程师为他们服务，并让其中一位工程师张文德到匹兹堡加入了格纹呢车队。格纹呢车队的车辆将采用2007款的雪佛兰太浩车型，并冠名"博斯"，以纪念也曾担任过通用汽车研发副总裁的一位汽车业先驱，查尔斯·博斯·凯特林。还有一些赞助商也为他们提供了资助，包括建筑设备制造商卡特彼勒、汽车零部件供应商大陆公司和GPS系统制造商艾普兰尼克斯。

格纹呢车队有一位新成员是布莱恩·塞勒斯基，领导软件小组。塞勒斯基在CMU机器人研究所的分支机构国家机器人工程中心工作。这家机构是由惠特克和NASA共同出资250万美元在1994年成立，目的是将CMU机器人系的技术成果商业化。机构设置在匹兹堡劳伦赛维尔地区，位于阿勒格汉尼河畔，这里原来是19世纪的一家铸铁厂。机构的工作是与约翰迪尔和卡特彼勒等公司合作，开发自动驾驶收割机和自动挖掘机之类的商业项目。在参与城市挑战赛的准备工作之前，塞勒斯基正在为美国陆军开发一个自动导航系统。但是项目进展缓慢，塞勒斯基对此感到沮丧，他认为这是与政府合作项目的通病。

让只有26岁的塞勒斯基在惠特克团队担任这么重要的职位似乎有些奇怪。像斯宾塞·斯派克、凯文·彼得森和克里斯·厄姆森这些人既能调试激光雷达传感器，也能熟练地使用焊枪和空气扳手。而塞勒斯基则更喜欢待在计算机实验室而不是机修车间。但是他和惠特克的人特别是厄姆森很合得来，可能是因为这两人都有点美国中西部性格，不喜欢拐弯抹角。

* * *

2006年，随着全国各地的团队开始备战城市挑战赛，后来的出行革命中一些主要人物开始相互接触。例如，戴夫·霍尔和安东尼·莱万多夫斯基。霍尔当时55岁，是一位资深工程师和自学成才的发明家。他最初出名是在高端音响领域，4岁时就制作了第一台功放。霍尔出生在康涅狄格州一个有科技传统的家庭——他的父亲曾设计过核电站，他的祖父是物理学家——当他进入大学学习机械工程时，已经知道如何阅读电路图。大学时他发明了一种转速计，用于测量车轮和螺旋桨等物体的转速。这项发明的专利授权给他带来了丰厚利润，让他大学毕业后可以不用找工作，霍尔搬到波士顿开了一家小科技公司。有一段时间，他靠为政府研究合同和为大型防务公司建造原型系统挣钱。20世纪70年代，霍尔发明了低音炮，一种在立体声系统中提供更清晰低音的扬声器。然后霍尔向祖父借了25万美元，搬到加州和他的姐夫一起成立了一家公司来生产低音炮。

那是在1979年。到2000年时霍尔的公司已经有60名员工，年销售额几百万美元。霍尔过得很好，但他觉得无聊。他一度沉迷于参加《战斗机器人》，在这个电视节目中机器人相互搏斗"杀死"对方。（他建造的"钻孔怪兽"用钻头作为武器。）他用丰田坦途参加了第一次DARPA大挑战，用立体摄像机而不是激光雷达来感知道路。在第一次和第二次比赛之间，霍尔开始着迷于激光雷达的潜力。同他以往的风格一样，霍尔在一台车上装了64个激光传感器，比任何人都多。但最大的创新是霍尔的激光雷达会旋转。以前的激光测距仪静止不动，因此只能获得有限的视野，就好像人类只看得到前面。霍尔将测距仪安装在车辆顶部，让其每秒旋转10圈，这样就能完整扫描车辆周围区域。这项新技术实际上实现了对世界的三维扫描。它帮助霍尔的机器人在第二次大挑战时比大多数竞争对手行进得更快，虽然最后机械故障阻止了它完成比赛。

在DARPA宣布举办城市挑战赛后，霍尔意识到他的激光雷达将会更有价值，因为他的设备提供的360度视野能让机器人探测到周围各个方向行驶的车辆。因此，他在他的低音炮公司威力登（Velodyne）设立了这项业务，并聘请了极具天赋的安东尼·莱万多夫斯基担任推销员。莱万多夫斯基是加州大学伯克利分校的研究生，身材瘦削，身高2米，前两次大挑战中的幽灵骑士摩托车就是他设计的。

这也是为什么在2006年末的一天，莱万多夫斯基会来到匹兹堡的焦炭厂，这里现在被很多人称为机器人城。现在离比赛还有一年，格纹呢车队购买了威力登的激光雷达，花了75000美元，一笔大投资，因此莱万多夫斯基飞到宾夕法尼亚州来帮厄姆森和团队安装雷达。他把激光雷达装在雪佛兰太浩车顶的金属框上，和其他传感器装在一起。装好后，启动测试，周围的计算机专家和工程师看到设备飞速转了起来。旁边一台计算机的屏幕上开始输出若隐若现的点阵，百米范围内的停车杠和人都能看得到，让人印象深刻。

随后，激光雷达出现了松动，快速旋转中一个配重块甩了出来，力度很大。幸好没有伤到人。大家都吓呆了，接着传来了莱万多夫斯基的声音。

"我们会弄好的。"瘦削的工程师说。

* * *

几年后，莱万多夫斯基成为慧摩和Uber之间一场重要诉讼的核心人物。莱万多夫斯基才华横溢，雄心勃勃，他表现出一种让自己置身利益冲突的倾向。他还展示出一种天赋，能让自己融入从事最有趣项目的最聪明、表现最好的团队中，他很善于利用这种优势。威力登最终将它的激光雷达卖给了至少7支城市挑战赛参赛队，其中包括卡内基梅隆团队和斯坦福团队。与此同时，莱万多夫斯基还尽可能向更多的团队出售这项关键技术，另外，他也为斯坦福团队的备赛提供建议。目前没有迹象表明他做了任何不道德的事情；斯坦福团队显然知道他在威力登扮演的角色，这个身份要求他向斯坦福团队的竞争对手出售尖端技术，这肯定存在利益冲突。而谷歌的街景项目则让事情变得更加复杂。

2006年，特伦打算创业。一方面是受硅谷的氛围影响，另外与谷歌联合创始人拉里·佩奇和谢尔盖·布林的交往也促使他创业。但是，这家创业公司应该做什么呢？

特伦对他和蒙特梅洛在测试斯坦利时收集的数据非常着迷。在莫哈韦沙漠附近教斯坦利开车时，特伦和他的队友们曾想过在车顶安装几台指向不同方向的固定摄像头。不是作为传感器，而是利用这些图像重现斯坦利出现错误时的环境。此后，特伦意识到通过多方向车顶摄像机收集图像是很有趣的事情。

那一年，特伦正好在斯坦福大学开了一门计算机视觉课。他指导班上最优秀的学生乔金·阿维德森设计一个可以将照片拼接在一起的程序，能让人感觉视角仿佛不受限，特伦认为，这能让人感觉身临其境。"乔金用程序处理了旧金山一条街道的照片。"特伦说。程序能给人一种仿佛置身现场的感觉，"你可以向上看，向下看，很神奇"。

特伦给了阿维德森A+成绩。2006年夏天，特伦在指导斯坦福城市挑战赛团队的同时，又组建了另一个团队开发一款可以在手机上运行的街景软件。团队包括亨德里克·达尔坎普、安德鲁·卢金比尔和阿维德森。特伦安排了他的好朋友阿斯特罗·泰勒担任公司CEO，泰勒在CMU攻读人工智能博士学位时认识了他。

2007年初，莱万多夫斯基也加入了团队。为了融资，特伦准备向风投基金展示这项技术，他希望能进行一次令人印象深刻的演示——他希望能让风投经理置身于旧金山的任何街道，这需要带着摄像机驶过城市的每一条街道。莱万多夫斯基想出了快速做到这一点的办法。他发现如果按月租车，租金很便宜。接下来，他通过在分类广告网站上做广告找来了许多司机。完成地图只花了大约两周时间。特伦回忆道："我想说，他真是非常出色，能够把事情做好。"

2007年3月是特伦争取融资的时候，非常耗费精力。特伦回忆："仅仅与风投家们一起制定战略就很紧张。""我的生活被完全占据了，没有社交生活，妻子认为我是白痴。"尽管如此，努力还是获得了回报。硅谷的两家顶级风投红杉资本和基准投资都有意向。2007年4月8日星期天投标。种子基金的出价攀升很快，500万美元，1000万美元，然后又变成了1500万美元。

那天，在考虑选择哪家风投时，特伦主动约了拉里·佩奇一起吃晚餐。谢尔盖·布林也来了。他们讨论了特伦的技术，他取名为VueTool。佩奇曾资助过类似的项目。以前，他和布林还有玛丽莎·梅耶尔拍过一些素材然后拼接在一起。（事实上，根据特伦的说法，沉浸式拼接图像以及通过点击游览的想法是麻省理工学院科学家安德鲁·里普曼在1979年发明的。）佩奇和布林在谷歌也有类似的项目，由一个叫克里斯·尤立科的人负责。晚餐后，特伦带布林和佩奇去斯坦福的办公室演示旧金山的街景。谷歌的两位创始人印象深刻；他们发现特伦的团队比他们的员工取得了更大的成就，更便宜，时间也更短。根据马克·哈里斯在《连线》杂志上的报道，谷歌内部的街景团队使用的是定制的摄像机，每台成本25万美元，而特伦和莱万多夫斯基用市售的全景网络摄像头就拍出了类似质量的图像，价格15000美元。

第二天，谷歌的并购主管打电话给特伦，谷歌同意收购VueTool。作为交易的一部分，特伦、莱万多夫斯基和团队其他成员也加入谷歌推进街景项目。"我们得到了相当丰厚的奖金。"特伦解释道。仿照瑞德·惠特克设定宏大目标来激励团队的做法，特伦与谷歌达成了一项协议，如果特伦、莱万多夫斯基和团队能够为街景绘制100万英里（1英里 = 1.61千米）道路，就能再获得一笔奖金。特伦和他的团队使用莱万多夫斯基开创的方法，再加上大量的汽车，仅用了7个月就达成了目标。

* * *

特伦一心推进街景项目，因此斯坦福团队备战DARPA城市挑战赛是由蒙特梅洛领导。在美国的另一边，CMU团队的备战则是由蒙特梅洛的前同事克里斯·厄姆森领导。厄姆森对这场比赛全力以赴。他时常想起4年前与妻子珍妮弗的谈话，当时他承诺，等第一次沙漠挑战赛结束，他就会离开学术界去找一份正式工作以支撑日益庞大的家庭。（他和珍妮弗又生了第二个男孩。）沙暴在第一场比赛前的翻车让他感到，如果不是因为那次事故，他本可以赢得比赛。Hlghlander在第二次DARPA挑战赛中神秘的机械故障也让团队有类似的接近胜利的感觉。厄姆森知道，这次城市挑战赛可能是他最后一次获胜的机会。最后一次，一击必中。

赛前，格纹呢车队经常讨论比赛规则。DARPA的这次挑战赛会有多难？ DARPA想不想要有人获胜？要让比赛困难到没有哪支团队能完赛是一件很容易的事情。这也是最具性价比的选择。如果政府的意图是外包自动驾驶技术的开发，用最少的钱证明自动驾驶的可行性，有一个方法就是举办一场比赛，促使全国各地的大学和研究中心致力于解决这个问题，同时让比赛很难，这样就不必发放奖金。

现在，建造一台自动驾驶机器人几乎已经程序化了。从某些方面来看，将雪佛兰太浩变成自动驾驶的博斯就像是一个人的成熟。一开始，这辆车又盲又哑，无法感知、导航、独自行驶。厄姆森和团队给它装上传感器——激光雷达、常规雷达——以及计算机。在测试中，团队让机器人行驶得越来越快，并给机器人提供一份GPS路标列表，类似之前在沙漠挑战赛中使用的那种。一旦机器人能够循线行驶到旧钢厂周围一两千米范围内的点，团队就开始用更大范围的航路点测试。2006年11月，离比赛还有整整一年，博斯完成了80千米的路线，达到了45千米每小时的速度。

在博斯进行机械测试的同时，塞勒斯基的编程团队致力于将感知和路径规划系统整合进来，让机器人可以理解从它的眼睛——威力登激光雷达和常规雷达——得到的输入。12月，博斯实现了夜间沿着寒冷的匹兹堡河行驶到多个指定点的任务。格纹呢车队还编制了一些规则，这些规则规定了车辆在行驶中遇到一些情况时的行为。交叉路口处理是程序员较早编制的一个模块，这个模块指导机器人应对在全停路口可能遇到的各种情况。如果博斯先到达十字路口，然后右边路口有其他车辆到达，该怎么办？如果是博斯后到达该怎么办？塞勒斯基的团队为每种场景都创建了规则。

与此同时，格纹呢车队还将行为软件与硬件集成到一起。用一块同步板对不同传感器的时间进行调整，这样博斯的计算机集群就能建立三维现实模型，就像人类司机根据眼睛和耳朵的信息在头脑中建立世界模型一样。另一个模块预测其他物体的行为。为了让汽车能真正自主，它们必须能预测各种不同类型的交通参与者的行为，行人、自行车、滑板、摩托车，等等。但是DARPA告诉参赛队，比赛将在非常简化的环境中进行；赛道位于郊区，仅有的移动物体是其他汽车。这大大简化了程序员的工作，因为这意味着博斯只需要理解一组行为——沿曲线前进和后退的趋势。对博斯来说，其他一切都是静止不动的。

2007年新年刚过，我飞往匹兹堡机器人城探访惠特克、厄姆森、塞勒斯基以及格纹呢车队的其他成员，包括与车队合作的通用工程师。当时是冬天，在这片后工业时代的废墟中，铁路机车库、冰冻土地上的拖车，以及办公室的寒冷都让我印象深刻。所有人都穿着冬装，戴毛线帽子。你可以看到自己呼出的气。我想，这些家伙真是艰苦。他们没有把预算花在物质享受上，而是用于研究和技术，这让我感觉很震撼。

尽管有种悲壮感，格纹呢车队的总部还是让我觉得有种特殊的魅力。虽然我是大公司高管，在通用管理着数十亿美元的预算，但我内心却很羡慕这些年轻人。他们不是那种在象牙塔里捣鼓数字的人。他们是在泥里摸爬滚打，不怕弄脏手的工程师。他们目标单纯，相信自己能改变世界。惠特克保护他们不受大学官僚机构干扰，也不受通用汽车公司的繁文缛节束缚，他们正在做通用汽车永远做不到的事情。

我观看了惠特克、厄姆森和格纹呢车队测试博斯，所测试的情形在几周前已经用电脑模拟过。程序员在博斯的数字大脑中编码规则引导机器人让行先到达的车辆，当轮到博斯的时候，机器人顺利通过——团队绷紧的弦都放松了下来。为防意外，该团队将糟糕的驾驶行为也纳入了考量。在机器人城的一次类似测试中，博斯在一辆白色美式轿车后面到达十字路口，随后又来了一辆车——悍马公司在第二次大挑战前捐赠的第二辆车。白色轿车先行。博斯缓慢前行——然后悍马车快速穿过路口，完全没有等待。博斯没有撞悍马，而是停了下来——这正是恰当的行动。

我看了很高兴，所以请求试乘一下博斯。团队似乎不觉得这是个好主意。但是我坚持，我把自己挤进仅剩的没有被设备占据的驾驶舱内部空间。很快我就明白了这个机器人与我的团队在通用汽车公司设计的车辆有多么不同。博斯向停车标志加速，并在最后一刻刹车。它歪歪斜斜开了一圈，轮胎不断压过坑洼和石块，毫不减速。每个动作都很猛。坐了一两分钟后，我多年来第一次感到晕车。现在我明白了他们的犹豫。惠特克在我下车后解释说，博斯不是为载人而设计的。它的设计是针对DARPA的第三场比赛。机器人被编程为快速加速，并尽可能用力刹车。这种鲁莽驾驶会让人类不舒服——但可以让博斯开得更快。

在邀请公众参观博斯自动驾驶的演示后，格纹呢车队将博斯装载到一辆平板拖车上，将其送往亚利桑那州，在那里由我的员工安排在梅萨的通用汽车试验场对机器人进行测试。那里气候温暖，通用汽车试车跑道开阔，博斯可以学习如何在停车场驾驶——DARPA曾说过这将是城市挑战赛的一个关键环节。团队将会模拟左转进入繁忙的道路，这对许多人类司机来说都很困难。等春天气温回暖，博斯再次回到匹兹堡，准备接受DARPA的现场考察，城市挑战赛项目主管诺姆·惠特克（与瑞德·惠特克没有任何关系）将考察机器人在一系列测试中的表现。机器人的表现将决定格纹呢车队能否入围DARPA下一轮的淘汰赛。最终入围名单将在半决赛产生，也就是2007年10月底的全国预选赛。

在现场考察期间，博斯必须通过4种不同的测试。测试在机器人城400米跑道上进行。诺姆·惠特克和包括媒体和赞助商在内大约100人观看了测试。厄姆森和团队演示了博斯的紧急停车按钮可以在收到指令后立即停车。然后让机器人穿过一个十字路口，路口同时还有其他车辆通行，它成功了，没有发生碰撞。另一个挑战是在街道上行驶，避开路旁停放的车辆，也没问题。"博斯像一个优秀的新手，"诺姆·惠特克称赞道，"表现很棒。"

8月初，DARPA主任托尼·特瑟公布了35支入围车队名单，他们获邀参加10月下旬的全国资格赛。其中包括惠特克、厄姆森和塞勒斯基的格纹呢车队。他们没想到的是，特瑟告诉记者，博斯不是表现最好的前五名机器人之一。

因此，在资格赛前的最后几个月，厄姆森和塞勒斯基对博斯进行了详尽的测试，以找出程序员构建的算法中的任何缺陷——让博斯像人类一样安全和能干。测试包括将一辆汽车的充气模型藏在路边。就在博斯即将通过的时候，团队成员将充气车推到车道上，观察博斯能否及时做出反应。

在机器人成为处理这种情况的专家后，厄姆森将挑战升级为使用真实汽车。夏季快结束的一天，他们在亚利桑那州进行测试。塞勒斯基在博斯前面驾驶一辆出租车。"注意，"厄姆森坐在机器人内部的急停按钮旁，通过对讲机对塞勒斯基说，"我要测试车辆的速度控制是否正常。急刹车。"

塞勒斯基第一次猛踩刹车时，博斯放慢速度停了下来。但是厄姆森觉得这还不够突然。"猛踩刹车。"厄姆森告诉塞勒斯基。过了一会儿，塞勒斯基在机器人前面突然转向，然后踩下刹车。"还要再难一些，"厄姆森恳求塞勒斯基，"要有刹车痕迹。"

这是瑞德·惠特克的工作方式。惠特克常说，只有在极端条件下，测试到失败的情况下，你才能了解机器人的能力。

塞勒斯基耸耸肩——猛踩刹车。

博斯撞到了出租车的尾部。塞勒斯基爬了出来，查看后保险杠。出租车的尾部皱成了一团废纸。博斯的损坏更严重，因为它的许多最敏感的设备，包括一对中程雷达，都是安装在前保险杠上。塞勒斯基回忆道："碰撞损毁了价值约一万美元的传感器。"厄姆森和塞勒斯基站在那里，手叉着腰，对着损坏的地方摇着头。"我们干吗这么干？"塞勒斯基问道。

"我的错。"厄姆森说。

"不，我应该知道不要那么猛。"塞勒斯基说。10年后，他笑谈往事，

"我们都知道这是完全不现实的。跟车距离太近了。有时候，你在现场测试得太久了，思维都不清晰了——这就是例子。"

* * *

在测试过程中，DARPA的代表会不时到访，了解车队进展和资金使用情况。在一次探访中，DARPA代表问厄姆森和塞勒斯基："你们怎样确保不翻车呢？"

厄姆森被这个问题问呆了。这个问题有点荒谬。DARPA代表有点刁难格纹呢车队的技术主管。城市挑战赛没有越野赛道，因此厄姆森并没有在可能导致翻车的环境中测试过博斯。例如，在松软的沙子中急转弯，沙暴就遇到过这个问题。博斯也没有在像Hlghlander被挂在路肩上那种恶劣的路况下测试过。"我们不会翻车。"厄姆森自信地说。

他们也的确没翻过车。事实上，最严重的事故就是撞到塞勒斯基出租车的尾部。厄姆森和塞勒斯基花了几周时间在各种极端情况下测试算法，这些情况在现实生活中都不太可能发生，更不用说城市挑战赛了。比如说，全停路口的所有4个方向都同时有车辆到达，博斯会怎么处理？再比如规划一条路线，然后在路上制造一个意想不到的障碍，可能是交通事故把道路完全堵塞，博斯必须搜索替代路线。有些时候险些失手，有些时候在最后一刻转向，但大部分情况下，博斯都表现完美。"那是一段神奇的时光。"塞勒斯基回忆道。

请记住这是在2007年。以前还从没有人做到过让机器人汽车以常规速度在公共道路上行驶。随着时间推移，格纹呢车队意识到他们已经做到了。"它就是这样平平常常地启动起来然后正常行驶……这直到今天仍让我吃惊，"塞勒斯基回忆道，"真是太神奇了。"

厄姆森在格纹呢车队的博客上发布了展示博斯能力的视频。不久他接到了通用汽车公司联系人的电话。这位中层经理看了厄姆森发布的视频，他很震惊——事实上他吓坏了，以至于要考虑建议通用汽车撤回赞助。厄姆森惊呆了。这对格纹呢车队来说将是灾难，因为他们需要通用汽车的赞助资金。这对团队士气也是很大的打击。

这是一个很有象征意义的时刻——底特律与致力于实现自动驾驶的计算机科学家和工程师之间脱节的典型例子。这种脱节将在底特律和硅谷之间长达数年的裂痕中显现出来。尽管打电话的通用汽车经理在我手下工作，但我是几年后才通过厄姆森知道这件事。我了解双方的情况。通用汽车有严厉的工作场所安全文化，我们的测试非常厌恶风险。通用汽车的联系人担心格纹呢车队的测试会对路人造成伤害。他也可能是想保护我，以及我做的赞助车队的决定。上传视频中的危险情况很容易被认为是博斯程序的严重缺陷。通用汽车对格纹呢车队的赞助在金融动荡时期是一笔很大的投资。毕竟这是在 2007 年，正在金融危机之前。我也不得不努力争取可能得到的每一笔研究经费。除非格纹呢车队获胜，其他任何结果对我来说都是一种尴尬，并且会损害我在战略委员会中的信誉。

厄姆森意识到他需要顾及一些利益相关者的关切。"不，不，"他说，"你们不明白——我们进行的测试远远超出了城市挑战赛的难度。我们只是想测试一下博斯的极限——我们认为它在决赛中会有很好的表现。"

这让通用汽车的中层经理放心了。2007 年 10 月，博斯的外壳上已经安装了 18 个传感器，车内有 10 台计算机，30 万行代码，每秒可以做 20 次驾驶决策。就在几个月前，博斯还只能以 24 千米每小时的速度在复杂环境中行驶。现在博斯能以两倍的速度进行同样的操作。它可以在拥挤的停车场停车。如果前方道路被堵，博斯可以执行三点掉头，并完全自主地规划通往目的地的新路线。

所有这些都让卡内基梅隆团队和厄姆森本人极具信心。第一场挑战赛，厄姆森认为他们很可能无法完成比赛。第二场比赛，他和惠特克还有彼得森也认为没有人能完成，因此他们把沙暴的速度定得很低，结果只获得了第二和第三名。在2007年的现场考察中，特瑟认为CMU甚至没有排进前五。但是在最后的两个月博斯进步很大。这一次，厄姆森和团队的其他成员对全国预选赛都感到很有信心。

* * *

2007年10月25日，比赛在加州胜利谷开幕。赛场是乔治空军基地，这里具有普通城镇的所有特征，建筑、道路、住宅、公寓和停车场。各种标志一应俱全，只是没有人，因为乔治空军基地在1992年关闭了。

从最初的89支报名队伍中，DARPA判定有35支已制造出能参加预选赛的机器人。来到胜利谷对每支参赛队都是激动人心的时刻，因为参赛队员们即将目睹角逐。第一天晚上，特瑟和项目主管诺姆·惠特克在一个大帐篷里举行了欢迎会，会上有许多熟面孔。毕竟，参赛者中有许多人参加了之前的比赛。除了斯坦福和格纹呢车队，麻省理工、加州理工、康奈尔大学和普林斯顿大学也都来了。还有机器人爱好者格雷队，他们白天为保险公司工作，在之前的大挑战中排在斯坦福和红队之后，名列第四，尽管没有得到DARPA的资助，还是参加了这次比赛。总部位于威斯康星州的国防承包商奥什科什团队也同样出现在了赛场，带来了引人注目的大地巨人，基于中型战术卡车的四轮变体。

预选赛有三场考核。A区是密集的交通场景，要求车辆左转进入繁忙的道路，道路双向都有人类驾驶的车辆在行驶。B区是一条4.5千米长的环路，特色是"两面夹击"，要求机器人在两边都停了车的狭窄道路上行驶。有些路段甚至对人类司机都很难。这个区域的另一部分要求参赛车辆在停了很多车的地段找到一个停车位，并安全地进出停车位，不能撞到任何东西。（B区没有其他移动的车辆。）C区则是与其他车辆一同通过一系列全停十字路口。C区的最后一部分要求机器人行驶到一个目的地，在目的地前设置了意想不到的路障，要求机器人在路障前停车，执行三点掉头，并完全自主地规划出通往目的地的新路线。

DARPA指定格纹呢车队首先开始B区资格赛——4.5千米障碍环形赛道，比赛暴露了博斯程序中的一个错误。雪佛兰太浩机器人在赛道上突然停止前进，并开始倒车，DARPA的竞赛官员看了很担心，以至于发了无线电信号暂停车辆运行。这不是一个好的开端，不过格纹呢车队很走运，暂停后重启的博斯消除了程序错误的影响。尽管存在问题，博斯还是比第一天完成B区资格赛的其他机器人表现更好。

随后，格纹呢车队前往C区观看斯坦福团队的进展，他们认为斯坦福是最具威胁的竞争对手。斯坦福2006年版的帕萨特旅行车，绰号"初中生"，在十字路口表现良好，并很好地执行了U形掉头。但是在通往指定地点遇到道路被堵塞的情况时，初中生无法规划出新路线——观赛的格纹呢队员指出，博斯在几个月前就已经能做到了。

第二天，博斯在A区也出现了问题。A区要求机器人左转进入有很多车辆行驶的道路。这项任务给其他团队带来了很多问题。弗吉尼亚理工的机器人没有左转，而是直接撞上了水泥护栏，把前保险杠撞凹了。麻省理工的机器人汇入车流太慢。加州大学洛杉矶分校的团队"泥人小组"——他们通过参加电视节目《危险边缘》赢得了第一场比赛的资助——他们的机器人由于反馈错误导致加速失控，DARPA按了急停。

考虑到这些失败，厄姆森和塞勒斯基认为这个区域对博斯来说是一个挑战。博斯进入A区后，顺利地进行了左转。但接下来出现了一个严重的问题。面对迎面驶来的车辆，博斯停下不动了。持续了20秒。这又触发了错误恢复模式。

不过，错误恢复模式是博斯最有趣的特性之一。这项工作大部分是由克里斯·贝克、约翰·多兰和戴夫·弗格森编程小组完成的。在自动驾驶车辆开发的早期阶段，程序员们还在摸索如何校准激光雷达和常规雷达来帮助机器人感知世界，像博斯这样的机器人和喝醉的人有些相似。有时，博斯的感知是错误的。机器人看到了一些不一定反映真实世界的东西。当喝醉的人看到重影，他可能会把头转向右边或左边。他可能会摇头、眯眼或睁大眼睛。他也可能会闭上眼睛，摇摇头，然后再睁开。他还会看到重影吗？也许不会。也许所有这些摇晃、闭眼和眯眼的动作会让他的视力恢复正常。

贝克、多兰和弗格森打算让博斯在错误恢复模式中做同样的事情，这被称为"抖动和摇晃"。当博斯遇到不确定的存疑情景时，就像看到重影的醉汉，它会尝试重新评估形势。它可能会停下来，然后来回转动前轮。它可能会后退一点，向前蠕行。或者反过来，前进一点，然后稍微后退一点。所有这些寸动都是为了让博斯能从另一个角度分析情景。

在资格赛A区的情景中，问题在于博斯错误地认为车道太窄，不能容纳雪佛兰太浩通过。在资格赛之前，DARPA向各参赛队提供了赛道数字地图。与前两场比赛的做法类似，卡内基梅隆团队浏览了比赛路线的细节，并标注了地图，为机器人提供了详细的引导，并且还预先在最没把握的区域进行了测试——斯坦福团队也做了同样的事情。在标注赛道时，一名团队成员大意地将车道定义得太窄，无法容纳两辆车。这样当对向有车辆出现时，博斯认为没有足够的空间通过，所以它进入了"抖动和摇晃"模式，慢慢地向前移动到它认为太窄而无法通行的区域。用醉酒类比，博斯缓慢地前进就有点像喝醉了的人伸出一只胳膊来试探是否真的有第二个门把手。当然没有，当博斯发现它有把握时，它又开始继续行驶。博斯在C区也表现得很好，但是有一阵子车辆短暂地困在了一根低矮的树枝和一团灰尘之间，它显然认为这是一个坚硬的障碍物。（与惠特克早先对我的夸口相反，博斯并不擅长应对灰尘。）"抖动和摇晃"模式再次拯救了这一天的比赛。

在A区，斯坦福团队的初中生排在博斯后面。大部分格纹呢队员都好奇他们的竞争对手会有怎样的表现，因此留下来继续观看比赛。初中生的软件问题导致机器人在A区后侧停了下来，浪费了宝贵的几秒，然后神秘地再次出发。初中生成功地完成了左转，但是显得没什么把握，花的时间也远远超出了DARPA允许的10秒。在2007年的大部分时间里，特伦一直专注于街景，初中生的大部分研发由蒙特梅洛负责。斯坦福机器人的谨慎可能反映了蒙特梅洛厌恶风险的个人风格。

资格赛结束后，厄姆森和格纹呢车队其他成员认为他们的表现非常好。他们是否是最好还取决于DARPA如何为赛事评分。更重要的是安全还是性能？如果DARPA更重视安全，初中生的谨慎策略和笨拙的左转可能会占优势。如果速度、信心和最短的时间更重要，那么博斯会远远领先。格纹呢车队的计算机专家约翰·多兰在给家人的邮件中写道："比赛的主观性让人抓狂……现在很明显，我们应该都会通过资格赛，除非发生灾难性事故……如果速度和应对各种情景的能力是决定因素，我们最有可能获胜；如果DARPA最关心的……是安全，我们的防护有一些漏洞，斯坦福或其他团队可能会利用这些漏洞。"

* * *

各种事故层出不穷。弗吉尼亚理工大学杰斐逊车队的车在C区资格赛表现出色，但最后撞上了铁路道口的栏杆——因为机器人的传感器只能探测到地上的物体。奥什科什的卡车大地巨人在停车场撞到了一辆车，拖着车行驶了大约2.5米，DARPA才停下机器人。另一个团队的车撞到了限高杆，基本摧毁了它昂贵的威力登传感器。

博斯刚跑完这3个区域，托尼·特瑟就告诉克里斯·厄姆森，格纹呢车队的资格赛结束了，因为博斯表现出色，足以晋级决赛。斯坦福则被要求在A区再考核一次左转。斯坦福增强了初中生驾驶的积极性。最后，初中生尝试了3次，终于通过了A区的考核。

11月1日，特瑟召集剩下的35支队伍宣布进入下一轮也就是决赛的名单。DARPA本来预计会有20支车队能够晋级决赛。"嗯，进入决赛的没有20支，"特瑟在麦克风上说，"只有11支。"

斯坦福、奥什科什、麻省理工、康奈尔和弗吉尼亚理工大学都成功入围。另外还有来自德国的两支车队，以及费城的本·富兰克林车队，来自中佛罗里达大学的一支队伍，以及德尔福、福特和霍尼韦尔组建的一支名为智能车辆系统的队伍。最后，第十一支队伍是格纹呢车队——当特瑟宣布惠特克的团队入围时，还指出博斯是排名最靠前的机器人。这场比赛卡内基梅隆团队只能赢不能输。

* * *

第二天，我来到城市挑战赛观看博斯的比赛。场面比我想象的更热闹。大约有3000名记者、团队成员亲属和爱好者前往胜利谷观看比赛。其中包括拉里·佩奇和谢尔盖·布林，他们用一架飞机载来了一些高管为他们赞助的斯坦福团队欢呼，更重要的是来了解这项技术的潜力。我想了解其中详情，因为我认为这很重要。与谷歌高管的热情相比，底特律的兴趣没那么高。通用汽车公司只有我来了，CEO没来，也没有派战略委员会的其他任何人来。我是通用公司唯一一位参与城市挑战赛的高管，这说明了当时的关注程度。谷歌对软件的潜力有更深刻的认识，他们已经意识到自动驾驶汽车成为现实比大多数人想象的要快得多。而专注于硬件的通用汽车还在认为这项技术是遥远的科幻。

11月2日，比赛前一天，DARPA要求入围的11支队伍把他们的机器人带到发车槽，轮流进行赛前试驾。斯坦福的初中生出发时，毫不犹豫地冲了出去，然后突然掉头，差点撞到了发车槽。在11辆车中，博斯是唯一一台完全没出问题并成功完成测试的机器人。

发车槽是用水泥护栏隔开的停车位，横跨停机坪一字排开。因为博斯排名第一，它获得了比赛时第一个发车的资格，这是一个优势，因为赛道上的车越少，自动驾驶软件要处理的障碍就越少。

开幕式很精彩。直升机在头顶盘旋。唱国歌时看台前有骑马游行。博斯的发车位最靠近大型显示屏，观众可以在显示屏上看到参赛车辆在赛场上的表现。最后，47名戴头盔的专业司机开着车进入了赛道。

发车槽里博斯车顶的激光雷达转了起来。塞勒斯基穿着参赛人员的蓝色背心，很醒目，他从电脑屏幕前抬起头来，看到他的偶像——苹果联合创始人兼传奇程序员史蒂夫·沃兹尼亚克踩在两轮踏板车上经过。"嘿，伙计们。"沃兹向塞勒斯基挥了挥手。塞勒斯基没反应过来他的偶像在跟他打招呼。离8：00开赛只剩几分钟了，塞勒斯基和厄姆森正忙着对照清单检查，以确认机器人的所有设备都运转正常。在第一次DARPA大挑战上莱万多夫斯基的窘态让这些家伙很注重赛前检查。那次是在辛苦了18个月之后，莱万多夫斯基看着他的幽灵骑士摩托车在起跑线上翻倒，因为忘了打开最关键的设备——让它保持直立的陀螺仪。

"软件版本正确吗？"厄姆森问道。

"正确。"塞勒斯基回答。

"引擎启动了吗？"厄姆森问道。

"确认。"

"警笛接通了吗？"

"确认。"

"GPS没信号，"厄姆森说，"怎么回事？"他发现连到机器人上的笔记本电脑没有检测到GPS信号。

GPS对博斯在赛场上的定位极为重要。没有它，博斯很可能无法知道准确方位坐标，因此有可能会撞车。博斯需要GPS才能正常工作。如果小组不能解决GPS问题，那将是一场灾难，和翻车没区别。

这种情况还没发生过。昨天测试时还是正常的。在资格赛期间也是正常的。GPS系统依靠在大约2万千米高度绕地球运行的24颗卫星。在任何时候，博斯的GPS模块都应该能够接收到来自多颗卫星的信号。

厄姆森认为这个问题出在GPS模块本身。他大声对团队的设计负责人喊道，"再去拿个GPS来！"

团队成员赶忙跑去拿备用模块。厄姆森把问题告诉了团队其他成员，几秒内，6个人开始快速检查GPS接收的各个环节，从天线到电脑。

塞勒斯基不是搞硬件的，所以他除了坐在那里思考，什么也做不了。"这辆车在过去的两个星期里状态都非常好，"他回想道，"事实上，在过去的一个月里都没改动过。"

"克里斯，"塞勒斯基说，"这不可能是硬件问题。"

厄姆森看着他："还能是什么问题呢？"厄姆森冲向一名穿着荧光黄色背心的DARPA竞赛官员。"我们无法在早上8点准时发车。"厄姆森告诉这位官员后，他用无线电向同事们传达了信息，包括托尼·特瑟。很快博斯的每一扇门都被打开了，格纹呢车队维修站的工作人员围着汽车检查，试图发现问题出在哪里。穿着黄色和蓝色马甲的团队成员和DARPA官员站在博斯的车尾商议。

"本来一切正常，大家都开开心心的，"厄姆森对赛事官员说，"突然，砰，我们失去了GPS，失去了所有信号，3个接收器都出了问题。"

一名官员指出："其他团队的GPS都正常。"

厄姆森的手机响了。是他的妻子珍妮弗，她和厄姆森的父母以及其他数千名观众一起站在看台上等待比赛开始，看到卡内基梅隆团队的发车位上很热闹，想知道发生了什么，为什么还不开始？"怎么了？"她关心地问丈夫。

"我们不知道，"厄姆森回答，声音紧张，"我们正在查找原因。"

* * *

博斯没法发车，DARPA安排弗吉尼亚理工的团队先开始比赛。几分钟后，格纹呢车队的GPS故障还是没有进展，DARPA又让斯坦福团队的初中生发车。

看到竞争对手的大众帕萨特从发车槽驶出，厄姆森感到一阵反胃。"我们努力了这么长时间，我们知道我们是夺冠热门。"他回忆道。而现在，就在这位年轻的技术总监认为自己即将取得历史性胜利的时刻，他感觉到胜利正在从身边溜走。

我为队员们感到难过。博斯和队员们显得很孤独，孤零零的一辆车停在开阔的停机坪中间，几个身穿蓝色马甲的卡内基梅隆团队成员站在车旁，心里越来越慌。看台上的观众能感觉到出了大问题。没有人知道是什么原因，至少格纹呢车队的所有人都不知道。

厄姆森聚拢了一些高级团队成员和竞赛官员，包括布莱恩·塞勒斯基、托尼·特瑟和诺姆·惠特克。"有什么改变了？"这些人不停地问自己，这是最有效的寻找工程问题根源的策略。

特瑟抬起头来，看到了巨大的屏幕，由于博斯的位置排第一，它比其他任何机器人都更靠近屏幕。

"嘿，"特瑟指着上方喊道，"要他们把那个关掉！"

巨型屏幕关掉后几秒，博斯的GPS信号回来了。

好了吗？格纹呢车队的维修人员屏息观察，GPS信号保持满格。显然，是巨型屏幕的电磁干扰影响了博斯接收GPS信号的能力。从赛前检查开始到现在，整个格纹呢车队终于松了口气。

"再给我们一两分钟时间检查，看是否恢复正常了，"厄姆森对特瑟说道，语气舒缓了下来，"谢谢你。"

当厄姆森和队员们解决完问题时，已经是8：30了，11支队伍已经有8支发车了。先发优势没有了，但是GPS故障的排除让厄姆森和团队放松了下来。"伙计们，现在我们来看看博斯会有怎样的表现。"厄姆森喊道。

当博斯从发车槽驶出时，看台爆发出欢呼声。

"那次我差点尿裤子了。"塞勒斯基后来回忆说。

* * *

卡内基梅隆团队开始体验真正的比赛。因为不准与车辆进行任何无线电联系，格纹呢车队无法将现场实况回传。一些团队成员坐在看台上眺望模糊不清的赛场。其他人则蹲着竖起耳朵听博斯独特的警笛声，只要机器人继续在赛道上行驶，这个声音就会响起。（其余的机器人也都有自己标志性的声音。）塞勒斯基回忆："我跪在那里，双手捧着脸，听着那声音，差不多6小时。"

博斯还是遇到了状况。雪佛兰太浩在从土路走向铺装路面时停了下来，显然是把道路边的过渡识别成了某种障碍。遇到的第二个状况是当和博斯在同一条路上的另一个机器人切换到博斯的车道时发生的。博斯反应过度，同时转弯和刹车以避让附近的对手，结果贴近了道路边界的隔离墙。博斯认为它离隔离墙太近，无法安全行进，所以停止了前进。

遇到的这两次状况，"抖动和摇晃"错误恢复模式都成功地将机器人移到了一个新的视角，从而改变了感知。在第一次状况中，博斯认识到从土路到人行道的过渡不是障碍。在第二次状况中，前后转动前轮使得博斯移动到了离水泥墙几厘米远的地方，这足以让机器人认为它现在可以安全地行驶。

第三次状况显得最奇怪，也是最可能影响卡内基梅隆团队比赛结果的一次。博斯在一辆刚刚停在停车标志前的汽车后面开了过来，停在了前面那辆车后面一两米处，就像人类司机一样。但是，当前面的机器人向前行驶，穿过交叉路口后，博斯却还是不动。几秒过后，博斯突然掉头了。

发生了什么事？

队员们后来发现这是路径规划软件的一个错误。博斯将前方的竞赛机器人感知为障碍物，但是当那个机器人驶离路口后，博斯的软件忽略了这一事实。因此博斯认为障碍物静止不动，挡住了道路。博斯掉头是因为它已经计算出了通往目标的另一条路线。替代路线增加了不必要的2.7千米——但重要的是，博斯到达了目的地。

首先越过终点线的是斯坦福团队的初中生，用时4小时29分28秒。看台上响起了热烈的掌声——几乎所有支持CMU的人，包括我在内，都很沮丧。接着博斯进来了。然后我们意识到博斯比初中生发车晚了许多。博斯的比赛用时实际上比初中生还快了将近20分钟。博斯只花了4小时10分20秒。但是完成比赛的时间只是比赛表现的一个方面。所有机器人还必须遵守加州驾驶员手册的规定。迅速完成比赛不会减小获胜的机会，因为这表明机器人有能力规划线路和在乔治空军基地导航。不过，机器人遵守道路规则的能力同样重要：不越过中心线；遵守交通信号灯和停车标志；不在禁止左转的十字路口左转。机器人能到达终点很重要，但机器人在比赛中的表现也很重要。

当天晚上，厄姆森、塞勒斯基和团队其他成员都睡了一个好觉，因为他们知道博斯的表现很好，他们获胜的机会很大。第二天早上，所有11支队伍都聚集在一起，看着托尼·特瑟登上活动闭幕式的舞台。当他踩着楼梯走向舞台时，塞勒斯基回想起了参与这个项目的经历以及在他生命中占据的位置。团队的核心成员，像厄姆森、塞勒斯基、彼得森这些人，连续一年每个周末都在工作。塞勒斯基回忆道："我感觉2007年不存在，这一年里，我的弟弟高中毕业了，父母搬家了，这些重大的生活事件我几乎都没印象。哦，好吧，我弟弟要毕业了？太好了，恭喜你，扎克利，不过，我在工作。"

特瑟在舞台上做的第一件事是将博斯在比赛开始时的延误归因于巨型显示屏的电磁辐射干扰。虽然博斯是在斯坦福团队的初中生后面完赛，但是特瑟说，博斯在城市挑战赛上的用时比其他所有选手至少要快二三十分钟。

在观众中，厄姆森舒了一口气。如果博斯不是第一，特瑟就不会花时间解释这个，对吗？

"正如大家所知，我们只能给前三名发奖，"特瑟说，"但是我希望你们知道，无论有没有获奖，你们都是胜利者。我想说，你们的表现都太棒了。"

接下来，特瑟解释了评委对机器人的评分标准，评分依据包括整个比赛中直升机拍摄的视频。特瑟补充说，排名前三的选手都没有发生任何重大安全事故。

听到这个消息，厄姆森的精神大振。他推断，如果博斯和初中生都没有违反交通规则，那么最快的机器人就会排第一。

特瑟宣布，第三名是弗吉尼亚理工，队长走上舞台，从诺姆·惠特克手里接过一张50万美元的超大版支票。

第二张支票被棕色包装纸盖着。"谁拿到了100万？"特瑟喊道，在透露第二名之前故意卖关子。"初中生！"特瑟扯下包装纸，露出支票。

这意味着博斯和卡内基梅隆团队是第一。厄姆森、惠特克和塞勒斯基感觉更多的不是兴奋，而是松了口气。他们做到了。他们终于赢了。我跑上舞台，拍了一张格纹呢车队接受支票的照片。惠特克、厄姆森、塞勒斯基和团队所有成员都高兴地享受着成功的喜悦。

"真正的赢家是技术。"当人群平静下来后，特瑟说道。他是对的。那场比赛是一个转折点，从此联网、共享和无人驾驶的汽车成为可能。赛后我问特瑟下一场比赛什么时候举行。"不会有了，"DARPA负责人回答道，"任务完成了。"

所有参与者的感觉都很好。活动结束后回家的路上，在拉斯维加斯机场，瑞德·惠特克正在等航班，一位少年看到了他戴着DARPA城市挑战赛的帽子。小孩问他："你参加了那场比赛吗？"

"是的，我们赢了。"惠特克说。

厄姆森被邀请和博斯一起出现在《今日秀》节目中，让电视观众可以近距离观看赢得城市挑战赛的汽车。不久，2008年初，我带博斯去拉斯维加斯参加了通用汽车在消费电子展上的展览。瑞德、厄姆森、塞勒斯基和团队其他成员都给我留下了深刻印象。为了表达对他们的感谢，我特意安排了一个颁奖仪式，给每个团队成员送了一个DARPA授予卡内基梅隆大学的大奖杯的小复制品。"祝贺卡内基梅隆大学格纹呢车队，以及通用、大陆、卡特彼勒和我们其他合作伙伴团队成员取得的杰出成就，"我说，"你们和博斯创造了历史。这场比赛非常重要，因为博斯和其他参赛车辆代表了汽车的新DNA——一种最终将取代今天汽车的新DNA。"

我为这个团队感到骄傲。在过去的一年里，我对他们有了深入的认识，并越来越尊重他们的能力、性格以及对比赛的热情。我也为通用汽车感到高兴。我们正进入为生存而战的艰难时期，任何积极的消息都能鼓舞我们的士气。

回到拉斯维加斯，在通用汽车的员工向媒体展示博斯时，一名记者问我在美国道路上出现自动驾驶汽车还需要多长时间。

"10年。"我脱口而出一个数字。

记者认为我疯了。但那是在2008年1月——10年后，我的即兴预测被证明是准确的。

第 4 章　脱胎换骨

不墨守成规的人都是相似的。

——佚名

　　从胜利谷回到底特律，我很兴奋。DARPA 的 3 次自动驾驶挑战赛培育了一个工程师和计算机科学家的摇篮，这将有力地推进自动驾驶技术。DARPA 通过吸引特立独行的专家学者和爱好者们参与竞争，引发了波澜壮阔的社会变革。2005 年的竞赛花了大约 980 万美元，规模更大的城市挑战赛花了 2500 万美元，托尼·特瑟推动 DARPA 投资这 3 次竞赛的决定将在数年后带来显著的倍增效应。这是最划算的政府支出，因为这些竞赛将催生一种新的出行方式。这项投资将改变我们的出行方式，我们可以随时随地去往我们想去的地方，更安全、更便宜，也更高效，同时最大限度地减少对环境的影响，并节省数万亿美元的成本。

　　这个新市场的产生不是仅仅依靠无人驾驶技术。另外两种趋势也将发挥同样重要的作用。其中一个趋势是电动化。电动汽车的制造更简单，而且不依赖石油。第二个趋势是将出行和运输作为服务(优步、Lyft，等等)，消费者将从私人拥有汽车转向共享汽车服务，用户可以按里程或月租等多种方式付费。

　　由于这些力量的汇聚，我们正处于一个转折点，一个百年一遇的机会，不仅重新定义汽车行业，也重新定义出行本身。

到那时候，人们会认为20世纪和21世纪初的生活方式极其浪费。当我们的后代通过艺术作品了解到我们现在的生活方式时，他们会感到震惊。以2016年音乐剧《爱乐之城》为例，开场是一个长镜头，在洛杉矶开车的人很熟悉的场景：四车道的高速公路上停满了汽车。无聊的司机探出车窗，听收音机，好奇地打量其他汽车。然后一个女人开始唱歌，她从车里出来，在高速公路上跳舞。很快其他司机也加入了她的行列，突然这里变成了一个喧闹的聚会。当以后的人们看这个电影时，他们不会对卡车厢里的鼓手、路上的极限自行车手和滑板手、朗朗上口的歌曲和动感的舞蹈感到奇怪，让他们感到奇怪的是人们居然会被堵在高速公路上。"什么是交通堵塞？"他们会问。他们从未经历过，因为未来的机器人汽车能更高效地参与交通。"为什么那些车那么大？为什么一个人要开这么大的车？"他们可能会使用手机程序召唤一辆无人驾驶的双座电动车，最高速度约为70千米/时，一两分钟后车就会来，然后送他们去想去的地方。

我积极参与这场变革。当CMU和斯坦福的团队参加挑战赛时，作为通用汽车公司负责研发和规划的副总裁，我提倡让汽车运输变得更理性和具有可持续性。我在引言中提到的统计数据激励了我。个人拥有的车辆有95%的时间被闲置，在使用时，这些车辆有70%的时间只搭载一名乘客，大部分由化石燃料推动，而其中只有1.5%的能量用于运送。这个系统完全不合理。为了理解我们是如何陷入这种境地的，有必要回顾过去。

1876年德国的尼古拉·奥托发明了四冲程内燃机，他当时的雇员戈特利布·戴姆勒在1885年成功对其进行了改进，变得足够紧凑和强劲，能够推动一辆马车。同年，卡尔·本茨在德国制造了一辆汽车。1893年，在马萨诸塞州的斯普林菲尔德，查尔斯·德利亚和弗兰克·德利亚兄弟俩驾驶了第一辆在美国公路上行驶的汽车。很快，美国各地的发明家都开始投入其中。根据哈罗德·埃文斯的《他们创造了美国》一书："在1895年至1905年的10年间，美国成立了3000多家汽车公司，其中数百家将汽车实际投放市场。"

起初这些车很贵，所以它们一开始还很稀罕，富人专属，他们喜欢四处兜风炫耀。因此，第一批汽车被新兴中产阶级视为身份和财富的象征——就像今天的司机看待兰博基尼或迈凯伦超级跑车一样。

想象一下，如果汽车对于中产阶级一直都这么贵会怎么样，这会是很有意思的事情。公共交通可能会比现在更发达。共享出行可能会更受欢迎。中产阶级的汽车拥有者可能仅限于出租车车主，他们可能投入大量资金拥有一辆汽车，每天大部分时间都在开车，在城市中心运送人员和货物。如果汽车一直是奢侈品，它们的使用效率可能会更高。

亨利·福特的出现改变了一切。福特成为世界上最著名和最富有的人之一，在美国大众文化中占有一席之地，就像今天的沃伦·巴菲特、埃隆·马斯克和比尔·盖茨一样，都被塑造成了某种象征。在奥尔多斯·赫胥黎讽刺工业社会的作品《美丽新世界》中，福特被描绘成广受崇拜的社会救世主，人们尊称"我的福特"而非"我的主"，并将公元年（"圣主的诞生年"）改为福特元年。就像现在科技巨头经常创造新词一样（比如"谷歌"之类的），这位汽车大亨创造了"福特化"一词来描述大规模工业生产以及由此导致的大规模生产产品的价格下降。

亨利·福特1863年出生于底特律郊外的一个农民家庭，他在1890年27岁时第一次见到了汽油发动机。当时他在底特律西屋公司担任蒸汽机技师。在给一家工厂上门维修时，福特看到了一台奥托发明的四冲程发动机。受到启发，福特围绕奥托发动机构思了汽车的设计，但他几年内都没有付诸实施。1896年6月4日凌晨4点，福特完成了他的第一辆车；制造汽车的工棚的门太小，福特不得不用斧头拆掉门框，才把车开了出去。

有一段时间，福特为公司工作，致力于以尽可能高的价格一次生产一辆精心制作的豪华汽车，满足客户的个性化需求。但他有一个远大的目标：以低廉的价格制造面向大众市场的汽车，每辆都一样，几乎人人都买得起。

1903年6月16日，福特汽车公司成立，并以850美元的价格将第一辆A型车卖给了芝加哥的一位牙医。业务迅速扩展。不到一年，福特就雇佣了125名员工，售出了1000辆汽车。1907年，福特召集他的顶尖工程师，要求他们设计一辆结实的汽车，能够载5人，同时还要足够轻以达到高速。1908年9月27日，福特的底特律工厂推出了第一辆量产T型车，采用当时最新的北美钒钢，配置20马力发动机，轴距2.5米，高轮胎，可以在美国农村行驶，在那里只有20%的道路是铺装路面。

接下来的一个月福特只生产了11辆车，但是产量迅速增加，在1909年组装了10 000多辆。福特改进了组装方法，他借鉴了芝加哥肉类加工业的方法，肉类加工业在加工牛肉等肉类时，将肉悬挂在沿高架轨道滚动的钩子上，让屠夫在动物经过时切割特定的部位。福特公司将这个方法应用于制造T型车，首先从底盘开始，底盘沿着装配线移动穿过车间，工人在固定工位上用螺栓、焊接、缝合和胶粘安装零部件，直到最终生产出完整的T型车。福特公司不断改进创新，到1914年，组装一辆T型车已经只需要93分钟。T型车的价格随着福特生产效率的提高不断下降。5年后，美国公路上一半的汽车都是福特生产的，部分原因是T型车的售价仅为440美元——按今天的美元计算约为11 000美元——是最初售价的一半。

伴随大规模生产的是大规模消费。根据福特的自传，他的梦想是制造一辆"价格如此之低以至于没有一个高薪的人会买不起一辆"的车。我一直觉得福特的措辞将汽车所有权描述成了某种必需品，这很有趣。他帮助塑造了美国，在美国不仅是每个人都想要一辆汽车，而且是每个人都必须有一辆。这理性吗？把你收入的很大一部分花在一辆能坐5人的汽车上有意义吗？你可能一天只开车30分钟，大部分时间都只载着你一个人在车流中缓慢前行。当汽车都像福特T型车这样便宜时，谁在乎呢？

福特的另一项创新是狂热追求效率的直接后果，它帮助我们实现了平均每个美国人拥有一辆汽车。制造T型车的工厂对工人来说不是愉快的环境。福特汽车生产线上的员工会感到非常无聊，需要在一个地方待一整天，一次又一次执行同样的动作。因此，福特工厂的员工流失率非常高。

怎么办？福特选择向工人支付更高的工资。情况大为改观。1914年1月5日，在詹姆斯·库岑斯的推动下，福特汽车公司宣布将"开创工业界工人报酬的伟大变革"。其中包括利润分享，将工作时间从每天9小时减少到8小时，最大的措施是将工资翻倍至每天5美元。争议随之而来。《华尔街日报》称福特是罪犯，而《纽约时报》出版商阿道夫·奥奇惊叹道，"他是不是疯了"。

尽管受到了批评，新的工资还是在许多层面上发挥了作用。员工流失率降低。利润分享为福特员工提供了高效和尽职工作的动力。对福特T型车的需求增加了，因为现在他自己的工人购买力增强了，这反过来又有助于推广每个家庭至少有一辆车的观念。

对廉价汽车无与伦比的狂热改变了美国的面貌。在T型车之前，石油工业主要是生产家庭和城市照明用煤油。汽油被认为是没用的副产品，以至于炼油厂将汽油直接排入河流，而不是出售。然后，就像爱迪生的灯泡减少了对煤油的需求，从而减少了对石油的需求一样，亨利·福特的汽油驱动的汽车让炼油厂维持了运转。为了将它们的油箱加满，加油站越来越多；为了让它们有地方行驶，城市规划者建设了大量道路；郊区的发展、日常通勤、高峰时段也随之出现，最终造就了世界历史上最大的工程项目之一，美国州际公路网。拥有汽车成为美国中产阶级象征的重要组成部分。除非你拥有自己的汽车，否则就不算真正在美国成功，不管这是多么浪费和不合理。

汽车的DNA是由卡尔·本茨、戴姆勒、德利亚兄弟、亨利·福特以及后来的创新者如通用汽车公司的查尔斯·博斯·凯特林创造的，它非常强大，因为它提供了廉价的自由：你可以随时去你想去的地方，成本控制在可接受的范围之内。1885年至1925年，汽车工业奠定基础的时代和今天的相似之处让我惊叹不已。汽车工业的萌发是一个转折点，在廉价石油和公路网快速扩张的背景下，新兴技术自我催化。今天，新兴的技术创新——自动驾驶技术、新的驱动方式和共享出行商业模式——将对人们的出行方式产生类似的变革性影响。

* * *

汽车是在何时成为美国的象征？第二次世界大战汽车厂开足马力为战争生产飞机和坦克时？20世纪50年代人们开着大马力肌肉车和尾翼车探索新的州际公路网时？还是60年代中产阶级家庭从市区搬到为汽车量身定制的两车库郊区房子时？每一次转型都将汽车更紧密地融入了美国文化。"对国家有利的事情也对通用汽车有利。"通用汽车首席执行官查尔斯·威尔逊在担任艾森豪威尔内阁国防部长的国会听证会上这样说。媒体则将这句话反过来，"对通用汽车有利的事情也对国家有利"。也许这两种说法都是对的。当时，通用汽车是美国最大的雇主，雇员数量比特拉华州和内华达州人口总和还多。不仅如此，有人认为，对底特律有益的东西也对美国有益。有时候似乎底特律就是美国，美国就是底特律。

要了解底特律，得了解让城市繁荣起来的人。这座城市和工业由汽车人主导。他们喜欢开车，喜欢汽车、马力、发动机和机油，喜欢内燃机的轰鸣声，喜欢踩下油门时的推背感。汽车人喜欢闻汽车尾气，他们的手被机油染黑。其中一些是经理或生产线工人，一些是业余爱好者，他们认为对底特律的产品系列如数家珍是身份的象征。一些人喜欢开着大马力肌肉车兜风，保险杠上贴着彰显个性的贴纸。

在大卫·哈尔伯斯坦的汽车工业史著作《罪恶》中，一位观察家这样说道："所有这些人的问题，如果你打开他们的头颅，你会发现里面不是大脑，而是化油器。"这些人——大部分是男性——一直梦想着能在引擎盖下塞入更多马力，用更多的铬装饰汽车，给司机提供更多的舒适和操控，虽然这意味着更高的油耗，但只要汽油便宜，道路畅通，又有什么关系呢？哈尔伯斯坦指出："美国知识界热衷于驾驶小型、省油、紧凑的外国汽车，经常嘲笑底特律产品的粗俗浮夸。""对许多自由主义知识分子来说，底特律象征着美国生活中过度的物质主义……这些嘲讽并没有让底特律感到困扰。"

在那个时代，典型的汽车人是像鲍勃·鲁兹这样的人，鲁兹是通用汽车高管，作风率性，一头银发，爱抽雪茄，曾当过直升机飞行员，他曾主导通用汽车的产品开发，很受媒体关注。如果增加5亿美元预算，像鲁兹这样的汽车人会用这笔钱制造一辆超大马力的16缸凯迪拉克。汽车人不会有动力用这笔钱来减少排放或提高发动机的燃油效率。他们绝不会考虑将这笔钱用于资助研究新能源驱动技术。

底特律还有其他角色。例如，财经专家，其中最著名的可能是罗伯特·麦克纳马拉，他曾担任国防部长，加深了美国对越南战争的介入，他曾担任福特汽车的总裁，也是第一个不是福特家族成员的总裁。像大多数财经专家一样，麦克纳马拉是一位金融奇才，除了赚钱，他对汽车并不关心。汽车人不喜欢财经专家，但是汽车人真正鄙视的是改革者。

改革者希望约束汽车工业的过度铺张，希望降低汽车油耗，减少尾气排放，希望停止用推土机推平农田以修建高速公路，希望通过立法要求汽车不那么致命，从而减少死于车祸的人数。至少最具开创性的改革者之一拉尔夫·纳德是这么想的，他是华盛顿特区同时也是康涅狄格州的律师，他在1965年出版的里程碑式的著作《任何速度都不安全》中，呼吁汽车业让汽车更安全，并意外成为畅销书。这本书批评了底特律生产的车辆的缺陷，例如制动性能差、方向盘柱僵硬以及缺乏碰撞保护等。纳德的书促使了美国国家公路交通安全管理局的成立，该局的目标不仅是减少汽车导致的死亡，更是将防止碰撞发生放在首位。根据交通安全管理局的数据，纳德的书出版时，每1.6亿千米行驶里程就有5人死亡。现在，这个数字大约是1人。这种变化很大程度受益于纳德的呼吁。由于他对汽车工业的批评，纳德受到底特律的敌视，以至于通用汽车雇佣私人侦探跟踪他，希望发现能有损纳德公信力的证据。从那以后的几十年里，纳德在底特律再也没有朋友。然而，他倡导车辆安全的效果是不容置疑的。《任何速度都不安全》首次出版以来的50多年里，纳德的呼吁在美国拯救了数百万人的生命，因此在2016年入选汽车名人堂。

在纳德之前也有一些汽车业改革者，但他的影响最大。改革者擅于分析当前形势并向前推演，然后指出现有趋势如何站不住脚，导致全球变暖、能源危机或其他灾难。汽车业改革者的另一个共同特征是，他们一般是站在汽车行业之外来反对这个行业。（并且倾向于无视汽车工业带来的好处，例如汽车给用户提供的自由。）

身为里克·瓦格纳汽车战略委员会成员，我是底特律的业内人士。我是汽车业高管，但我也不看好底特律不可持续的趋势。我跨越了两个世界——一方面，不断努力让这个行业摆脱石油和臃肿的汽车设计，转向更小的"城市"汽车和电力驱动技术，如燃料电池和锂电池驱动的电动车；另一方面，与鲍勃·鲁兹这样的典型汽车人共事。与鲁兹相比，我似乎和纳德有更多共鸣。我的角色有点特殊，这与我的个人经历有关。

我在底特律地区长大。在密歇根州，汽车文化占主导地位。虽然环境和背景应该能让汽车融入我的生活，但我从未感觉自己像个汽车人。我爸爸和他叔叔在底特律郊区庞蒂克——曾是通用汽车公司的一款品牌汽车名——的萨吉诺街经营一家24小时餐馆。这家餐厅为附近庞蒂克汽车厂的三班倒汽车工人提供服务。从1962年我11岁时起，在上学时的周末和暑假每周5天，我都会和哥哥、父亲、叔公一起擦桌子和准备食物。我的轮班一般是从早上5点到下午1点。周日早上是最有意思的。我和我哥会去上班，头几小时来的是那些在庞蒂克罗斯福酒店通宵喝酒赌博的人。然后是夜班汽车工人。那时我还没有进入汽车行业，但我觉得我和这个行业的关联很紧密，因为我为这些辛勤工作的人们服务。

我的另一个人生经历是棒球。我父亲是当地的美国军团棒球队的教练，指导16至18岁的男孩。因为我们上早班，下午我们可以去训练。我的哥哥吉姆是一名优秀的棒球运动员。我表现一般。但是我喜欢这项运动，所以我父亲让我担任三垒教练，负责管理装备和记分。我是他管理球队后勤的得力助手。我们两次赢得密歇根州冠军，第一次是在1969年，第二次是在6年后的1975年。赢得第二次州冠军的队员中包括柯克·吉布森，他的父亲是我父亲的助理教练。吉布森1984年在底特律老虎队获得了世界职业棒球大赛冠军，1988年在洛杉矶道奇队再次获此殊荣。

在我十几岁时，我的许多朋友周五晚上会驾驶庞蒂克GTO或福特野马在底特律伍德沃德大道上兜风。我承担了修理发动机的任务，这主要归功于邻居朋友的父亲，他在一家汽车经销公司担任首席机械师，他会把零件带回家。我喜欢把这些设备拆开，然后再装回去。但是我从没有觉得改装发动机以使它们加速更快或者提高极限速度有什么意思。让这些大马力发动机更强劲似乎只会让他们的司机更快倒霉。鲍勃·鲁兹经常开玩笑说："杀死你的不是速度，而是突然停止。"嗯，我觉得两者都是。

1969年我高中毕业，那时我哥已经去了东密歇根大学，我姐则去了中密歇根大学。我们家并不穷，餐馆给了我们稳定的中产阶级生活。但是家里已经有两个孩子在上大学，负担不起第三个孩子上大学的学费。所以我选择了弗林特的通用汽车研究所（GMI），不是因为我渴望进入汽车业，而是因为它是半工半读模式。那里的学生上一个半月的课，然后在接下来的一个半月里为通用汽车公司工作，工资不菲。GMI现在被称为凯特林大学，它给了我上大学的机会，并且毕业时银行账户里还有存款。在那里，我爱上了数学。我喜欢GMI传授的解决问题的方法和工程思维的美妙之处：如何明确问题，以及如何分析数据并解决问题。此外，这种模式还能让我在上学的同时获得实践经验。我在这里仅用4年就完成了5年的课程，在1973年以全班第二的成绩毕业。

在我毕业时，局势比较复杂。我的征兵号码是283，这意味着我不太可能被征召去越南打仗，但是战争依然给我们这一代的许多人带来了沉重的负担。1967年骚乱后，底特律陷入困境。水门事件引发了对美国政府机构的普遍不信任。那年秋天，阿拉伯石油禁运使得油价上涨了4倍，从每桶3美元涨到12美元。更严格的排放法规也给底特律带来了麻烦，纳德的书也带来了类似的影响。在这样的背景下，汽车行业并不是最受欢迎的职业选择。

GMI的许多优秀毕业生选择去哈佛攻读工商管理硕士，通用汽车会为他们支付学费。但我当时思考的不是如何卖汽车赚钱，我想研究交通系统，以及为什么这么多人选择汽车出行。在通用汽车公司奖学金的帮助下，我去了密歇根大学学习公共政策。我修的课程是为有兴趣学习经济和政治的工程师量身定制的。1975年获得硕士学位后，我全职加入了通用汽车公司的研发团队，担任工程师。但我很快意识到，如果你想在通用汽车公司研究自己感兴趣的问题，需要获得博士学位。所以我又去了加州大学伯克利分校。我打算从工程、经济和政策的角度来研究交通系统。不仅是人们如何出行，而且是如何能使这个系统更有效率。

当时我的车是一辆侧面涂绘有鲜花的大众甲壳虫。为了去伯克利，我买了一辆适合野营的雪佛兰面包车。1975年秋天，我一路向西开行，留着胡须，头发蓬乱，不完全是嬉皮士，但非常接近。我从通用汽车公司休了教育假，只需在暑假回去工作。他们慷慨地支付了我往返加州的旅行费用，我将机票钱兑成了现金自己开车去，这样我就可以沿途游览：落基山国家公园、黄石公园、大提顿公园、优胜美地和大峡谷——你猜对了，我在那里露营过。1978年我从伯克利毕业后，麻省理工学院给了我助理教授的职位。但是通用汽车也给了我一份工作，我觉得我有义务为通用工作，自从高中毕业后，这家公司就一直雇佣我。所以我离截止时间不到一小时的时候提交了论文，跳上我的面包车，驱车返回密歇根。1978年7月，我开始在通用汽车研究实验室工作，打算干几年就走，没想到一干就是30年。

* * *

为当时世界上最大的汽车制造商工作让我有机会近距离观察汽车工业的不合理之处。作为通用汽车公司的研究人员，我可以创造性地用数学解决棘手的问题。1988年，负责管理通用汽车所有技术人员的鲍勃·伊顿把我叫到他的办公室，问我是否考虑过自己的职业生涯想做什么。我说："嗯，我受的教育是做研究——这是我真正喜欢做的事情。"伊顿说："嗯，我们还有其他想法。"

伊顿让我负责别克、奥尔兹和凯迪拉克集团的资源规划和生产控制，在一位话不多但善良的高管唐·哈克沃斯手下工作，他将成为我在公司内最好的朋友之一。

我认识到我们在产品开发方面是多么没有成效，以及我们的质量与竞争对手相比是多么差。第二次世界大战后，汽车工业迅速发展，利润丰厚，社会对汽车的巨大需求掩盖了低效率和低质量的问题。接下来是1973年和1979年的石油危机，人们对汽车尾气污染也越来越关注。20世纪80年代的经济繁荣使得我们能够在没有解决浪费和低效的情况下对抗进口车。但是，当消费需求在20世纪90年代早期经济衰退中放缓时，底特律陷入了困境，通用汽车公司大失血。根据我为哈克沃斯所做的计算，通用汽车雇佣的工人数量是所需的两倍，而通用汽车和美国汽车工人联合会的就业保障协议让这个问题很棘手。哈克沃斯让我加入了一个秘密委员会，讨论关闭哪些工厂。这件事情非常有争议性，因此我们只手写了一份候选名单。我一直把这张纸放在身上。一天，有媒体报道，我们计划关闭特拉华州威尔明顿的一家工厂。报道把我们描绘成冷酷的公司，不顾底层工人的生计。第二天早上，当我见到哈克沃斯时，他显得很沮丧。我问是不是媒体报道让他困扰，他说："不，拉里，不是这样。昨天晚上，消息传出后，我们在威尔明顿的一名临时雇员自杀了。"我也很沮丧。怎么才能避免这样的事情？通用汽车的处境真的很难。如果不关闭工厂降低成本，我们就会破产。

事实上，我认为我们应当在20世纪90年代初经济放缓时破产。我们与汽车工人联合会签订的协议就好像我们是一家医保公司，只是碰巧生产汽车。破产会让我们有机会谈判新的劳动协议，并摆脱医保和养老金的沉重负担。结果是，我们一瘸一拐地渡过了危机。90年代中期我在里克·瓦格纳手下担任规划主管，他当时是通用北美公司的总裁，正在致力于提高通用汽车的效率。我们应当怎样开发产品？我们应该如何提高产品质量？里克向我提出这些挑战。回想起来，我的一些做法似乎有点疯狂。例如，我们有一个年度流程制订十年计划，要花53周时间完成。（我把它改成了五年计划，因为计划6年甚至10年似乎是浪费时间。我还设计了一个流程，如果有必要可以随时更新计划，而不是非得等一年。）

在同一时期，我遭遇了一场个人危机，改变了我对科技力量的看法。在我20岁时，我的右耳失去了听力。有点令人不安，我去看了医生，但是没有人能弄清楚原因。我很快适应了只有一只耳朵能听到声音，几年过去了，我没有多想。在1993年的一个星期四晚上，看完一集《宋飞传》后，我上床睡觉，但那天晚上醒来时却完全聋了。我的妻子茜茜开车送我去医院，医生还是搞不清是什么原因。周五晚些时候，她打电话给哈克沃斯，告诉他这个消息。哈克沃斯告诉她，他周一会在办公室见我。我很害怕我听到的最后一件事是《宋飞传》中角色们的争吵。哈克沃斯给了我最大的支持，他让我明白我不能一直聋下去，也不能为此沮丧，我应当立即积极应对残疾问题，继续我的生活。当我周一早上上班时，我发现哈克沃斯已经迅速在周末找好了速记员陪我一起参加会议，他记下谈话内容，这样我就能明白发生了什么。他也让我的秘书做好了应对变化的准备，并将我的情况告诉了职员们。我还参加了学习识读嘴唇的课程。这有助于我与人交流，除了我的同事汤姆·布雷迪，他主管通用所有的冲压厂，他的胡子很浓密，我几乎看不清他的嘴。有一次午餐会议，汤姆在嚼口香糖和用牙签剔牙，我开玩笑地告诉他，胡子还只是让他的嘴唇难以读懂，但是夹杂了口香糖和牙签就完全不可能了。他笑了，然后把它们全部扔进了垃圾桶。第二天来上班时，他的上嘴唇干干净净的。为了方便我识读他说的话，他把胡子刮掉了。

让我成为今天的技术乐观主义者的是在我聋了12个月后做的耳蜗植入。我应该是全世界前一千个接受这项手术的人之一。设备的激活让人印象深刻。逼真度并不好。声音质量跟没调好的收音机差不多。在一年的沉默之后，世界似乎是一片不可识别的嘈杂。5分钟后，我离开了妻子和听力医生去洗手间。我真正识别出的第一个声音是我站在马桶前发出的声响。我回到房间告诉妻子："这会起作用。"接下来的一个月，1994年6月，我第一次听懂的门语是汽车收音机广播的一部分，内容是辛普森开着他的白色野马车逃跑。这种非凡的技术让我的听力恢复了，这使我认识到科学可以解决人类遇到的问题，包括与汽车有关的不合理现象。这加强了我对技术改善人类生活潜力的信心。而且，耳聋的经历让我更好地理解了为什么残疾人如此努力地争取自立。同所有人一样，他们珍视自己的自由——自主。

* * *

1998年，我在通用汽车公司工作了20年后，公司当时的总裁兼首席运营官里克·瓦格纳让我负责研发，指导大约7亿美元的年度预算。这次晋升出乎意料。我很喜欢之前负责北美规划的工作，瓦格纳告诉我这个还是由我负责。我的新头衔是主管研究、开发和规划的公司副总裁。我很激动，这个职位负责描绘公司的未来，而通用汽车是当时世界上最大的汽车制造商，这让我有机会对行业发展方向施加影响。

要理解我开始担任通用汽车研发主管时面临的局势，得注意到当时的通用汽车即将因为关闭电动汽车EV1项目而元气大伤。EV1是突破性的产品，是第一款由主流汽车制造商发布的量产电动汽车。关于EV1已经有很多报道，甚至有一部很诙谐的纪录片《是谁杀死了电动车？》专门讲述它，所以我会尽量避免重复。

EV1是应对加州排放政策变化的产物。20世纪90年代初，加州立法者准备要求在该州销售的车辆中必须有一定比例的零排放车辆。通用当时的首席执行官杰克·史密斯为此与加州协商：我们会尽力生产纯电池电动汽车，但能不能推迟零排放汽车的要求，让我们能做更充分的准备？

加州同意了。通用汽车公司的先进技术车辆集团推出了一款引人注目的两座轿车，采用铅酸蓄电池，充电8小时可行驶80千米。这个数字在今天看来很一般：雪佛兰Bolt充电9.5小时可续航383千米；如果使用特斯拉专用插座并使用双充电器，特斯拉S型充电6小时可续航549千米。但是在当时EV1很突出。1996年，在我领导通用汽车研发的两年前，我们开始提供EV1租赁。驾驶它的人都很喜欢，我也喜欢。当时传统燃油汽车空气阻力系数做得比较好的也有0.3，而EV1的空气动力学一流，阻力系数仅为0.14，这会让它行驶得更平稳和快速。前灯和冷暖空调都必须非常高效，以尽可能多地将能量用于驱动车辆。传统燃油汽车的油门响应会有一个短暂的滞后，电动汽车没有这种滞后。EV1让许多人第一次体验到了电动汽车的超快响应。只要轻轻踩下加速踏板，它就会在路上飞驰。

问题是生产成本太高。从1996年到1999年，我们花了10多亿美元设计、加工和制造了1000多辆用于租赁的车辆，每辆车将近100万美元的成本。而就在几年前，1991和1992年，公司还濒临破产。这使得公司的许多人认为EV1花费过大。他们认为我们需要为那些能立即赚钱的业务留出预算，至少在未来一两年内是如此。如果一种车型每年会带来数亿美元损失，我们就无法继续生产，更不要说续航80千米的两座电动车的需求又是如此之少。因此，瓦格纳决定停止EV1项目。在他提升我为研发副总裁的同一次谈话中，他要求我将先进技术车辆集团重新部署到其他项目中。

瓦格纳后来认为裁撤EV1项目是他在通用汽车犯的最大错误之一。里克现在和我仍然是好朋友，我经常见到他，也非常尊敬他。我也同意他的看法。在我们停止EV1之前，通用汽车公司很可能比其他公司在电动车方面领先5年。我们有两代改进的电池正在开发，包括已进入产品开发阶段的镍氢电池和更先进的处于技术研发阶段的锂电池。（镍氢电池的重量只有铅酸电池的一半，储能密度是铅酸电池的两倍。）

停止EV1项目还造成了新的困难。在上市的汽车中，还从未用铅酸电池来驱动过电动引擎。我们确信电池是安全的，但为了稳妥起见，我们采用了租赁方式，而不是直接出售车辆。当停止项目时，出于安全和负责的目的，我们应当在租约到期时回收车辆。但是在加州，很多知名人士，包括梅尔·吉布森、汤姆·汉克斯和小埃德·贝格利，都是这辆车的粉丝，因此当我们通知召回时，引发了公众强烈抗议。更棘手的是，在召回这1000辆车后，该如何处理它们。通用汽车研发部门之外的一些人决定将这些车辆摧毁，回收利用。结果有人拍摄了这些被摧毁的车辆，镜头出现在我提到的纪录片中。这使得公众认为通用汽车有意密谋扼杀电动车。这是一场公关灾难。我们花了大量的钱发展这项技术，然后由于我们停止了这个项目，我们为自己树立了一个不关心环保的反面形象。

事后看来，我们应该把EV1项目转向混合动力汽车。几年后，混合动力汽车普锐斯问世，据说丰田已经做好了第一代车赔钱的准备。如果我们认可未来几代车不会盈利，如果我们认为这是一件值得长期做的事情，那么我们本应当设计一套混合燃油电动系统，将其放在EV1平台上，增加后座，并领先普锐斯几年进入美国市场。结果却是，丰田领先了我们几代，并且树立了绿色汽车制造商的形象。

我们搞砸了EV1项目。坦率地说，很大一部分原因来自为股东创造利润的短期压力，20世纪90年代早期的医保和养老金成本拖累了我们，而且为了维持生存我们还需要在基本业务上投入大量资金。特斯拉的第一款车Roadster在EV1问世15年后才问世，并且很多技术还不如EV1。如果通用汽车将这个项目坚持下来，电动汽车技术将会比现在更进一步。

* * *

通用汽车曾是行业的技术引领者。在放弃EV1后，1999年，里克·瓦格纳认为我们应当想办法重获这一地位。千禧年即将到来，汽车已有一百多年的历史，通用汽车公司也将在2008年迎来百年诞辰。我们挺过了90年代初的低潮期。由于SUV和皮卡的销量强劲，利润的回升掩盖我们的效率低下。里克开始考虑如何重新恢复通用汽车公司的历史地位，引领行业的发展方向。

一天午餐时，里克和我谈起汽车自诞生以来几乎没什么变化。烧燃油，内燃机驱动，4个橡胶轮胎，乘客由挡风玻璃和4扇门保护：T型车就是这种模式，今天我们还是这种模式。里克想知道能否摆脱汽车所有权的负面影响，同时又保留汽车移动性的绝对本质：自发性、响应性、自由和个人使用，也就是拥有汽车所带来的自由。我们如何才能给顾客保留所有好的东西同时又去除负面影响呢？

里克问我：100年后的汽车会是什么样子？如果要用最新的技术来制造汽车，如果汽车是今天发明的，那它会是什么样子呢？

这开启了我职业生涯以来最激动人心的研究计划——标志着出行革命第一步的车辆的研发。这让我有机会重新构想美国人出行和互动的方式。在私下抱怨行业的低效和浪费多年之后，我终于有机会把通用汽车的资源用于我关心的问题。这对于一个关注出行问题的人来说，是职业生涯中难得一遇的可以与汽车人和财经专家相抗衡的机会。

第5章 革新

这不是幻觉。看起来就是这样。

——史蒂文·赖特

"9·11"事件后4个月，底特律2002年北美国际汽车展，我们重新定义的汽车首次亮相。对通用汽车来说，这是最重要的事件。这是面对最重要观众的最隆重发布。有媒体，有行业高管，也有普通公众。我将在那里介绍汽车工业有史以来最奇怪的概念车之一。

里克·瓦格纳走上舞台面对拥挤的观众时，我站在幕布后面，身旁是两年的攻关和多年研究的成果。同大多数汽车一样，它有4个轮子，但这是它与传统汽车仅有的相似之处。4个轮子之间是一个扁平光滑的平板，大约15厘米厚。轮胎比常规汽车轮胎窄，略高，大约0.6米高。这个底盘和长板滑板有点相似，只是很大，可以支撑SUV。

我的老板在幕布的另一边对观众说："今天，我们在此发布的概念车是我们认为有史以来通用发布过的最重要的概念车之一。"

幕布前的大多数人都在期待我们推出某种新版的马里布，或者更具未来风格的克尔维特。我能感觉到观众的胃口被吊起来了。世界上最大汽车公司的CEO居然做出这样的声明？我们来看看他怎么兑现承诺。

我伸出手，滑过底盘光滑的表面。

里克说："接下来，我们将展示一种革命性的概念车，如此具有革命性，可以毫不夸张地说它重新定义了汽车。"

里克又说了几段。我仔细检查了我的耳蜗电池，并确保裤子拉链拉上了。然后我听到他说："请允许我向大家介绍……Autonomy（自主）。"

底盘穿过幕布，紫色的灯光打在灰色的复合材料外壳上。

沉默，然后是窃窃私语，好奇，观众就是这样。他们在等待，等待我们解释这个奇怪的汽车大小的滑板是干什么的。我大步走上舞台。

"我们称这台概念车为Autonomy，"我停顿了一下，感觉喉咙有点干，我清了清嗓子，"因为自由是汽车的全部。"

"我说的是随时去你想去的地方的自由，带着你想带的人和东西……为了基于最新的技术重新定义汽车，我们从一块平板开始，"我说，"我们有机会从头开始进行全新的、合理的和令人兴奋的设计。"

我站在随平台旋转的概念车底盘旁介绍："我们将基于这个15厘米厚的类似滑板的底盘建立全新的车辆结构。它的4个轮子都配有电机，燃料电池、储氢系统、控制器和热交换器都嵌入其中。"

然后我说了什么是Autonomy没有的。"没有内燃机，没有传动系统，没有车轴，没有尾气排放系统。没有散热器，也没有机械转向、制动和加速连杆，"然后我停顿了一下，"事实上，除了电子、质子、水和空气之外，唯一动的东西是车轮和悬挂装置！"

这是这款概念车最突出的特点。它是围绕氢燃料电池设计的。Autonomy是最早充分利用新能源技术潜力的车辆设计之一。新的技术让从事原型研究的工程师和设计师可以大胆创新，包括常驻通用的燃料电池专家拜伦·麦考密克，以及Autonomy的项目经理克里斯·博罗尼伯德和通用的设计团队。我们称之为"滑板"的底盘容纳了所有的机械和动力系统部件。我们想办法将所有组件都布设在板内。底盘上面没有任何机械装置，因为我们已经将汽车所需的大部分零件都数字化和小型化了，并且全都塞进了那块15厘米厚的三明治里。在里面，有一罐纯氢给燃料电池提供能量，氢原子和氧原子结合，产生电能和水。里面还有4台电机，每个车轮一台，驱动车辆前进。

过了一会儿，Autonomy概念车的另一个版本出场了。这一辆看起来更像一辆汽车。在底盘上，我们设计了平滑的灰色车身，看起来有点像前面有进气口的一级方程式赛车。然后我们演示了如何将轻型车身从底盘上抬起来，替换为另一种车身。这样一来，当外出就餐时，车主可以选择运动型跑车，第二天送孩子们去足球训练时，又可以换成容量更大的SUV型车身。

1842年，英国律师和业余科学家威廉·格罗夫爵士发明了氢燃料电池技术。通用汽车公司对燃料电池技术的应用有悠久的历史，1966年就设计了地球上第一辆采用氢燃料电池的电动车。问题是当时使用的是碱性燃料电池，这种电池体积太大，没有空间容纳乘客。据麦考密克说，通用电气的科学家为双子座和阿波罗太空任务发明了一种体积较小的碱性燃料电池替代品。

在底特律车展的舞台上，我介绍了燃料电池的优势。车辆行驶的唯一副产品是纯水和热量，没有二氧化碳，也没有氮氧化合物，不会产生一丁点烟雾，你甚至可以喝从排气管滴落的水。滑板式的车辆构造让通用汽车可以简化生产流程。我们只需要几种版本的Autonomy滑板就够了。也许一种用于两人车，一种用于4至6人乘用车，还有一种用于重型皮卡车和大型SUV。安装在滑板上面的乘客舱可以有无限种可能。

"今天，在汽车发明一百年后，"我说，"世界上只有12%的人享受到了个人交通的自由……Autonomy能让更多人享受到这种自由。"

观众似乎很喜欢Autonomy概念车的想法。媒体也喜欢。《纽约时报》和《经济学人》的报道称其为"未来的汽车"，认为这可能是"自卡尔·本茨1885年首次将汽车开出车库以来汽车技术的最大革新"。也是在这次车展上，布什政府公布了一项名为自由汽车的计划，旨在通过投资燃料电池技术来减少美国对外国石油的依赖。第二年，乔治·布什总统在2003年的"国情咨文"中将氢动力汽车列为关键点，这使得Autonomy获得了更多关注。总统说："我们的科学家和工程师将克服障碍，将这些汽车从实验室带上陈列台，这样今天出生的孩子驾驶的第一辆车就可以由零污染的氢气驱动。"他还在Autonomy原型车前摆好姿势拍照。

《纽约客》的环保作家伊丽莎白·科尔伯特对燃料电池车不吝赞美之词。她写道："氢燃料电池车可能是有史以来最激进的汽车革新。它甚至可以作为一种电力来源：晚上车主可以用汽车给家庭照明。"

正如科尔伯特所写的，Autonomy原型车是我对"蛙跳式"技术的尝试，这种技术"不仅仅是对现有的东西进行改进，而且是竭尽全力发明全新的东西"。我喜欢"蛙跳"的说法，我后来在主持类似的激进项目时，经常会想到这个词。

* * *

2002年底特律车展后，我安排Autonomy的项目经理克里斯·博罗尼伯德与拜伦·麦考密克的团队合作，设计一款更实用的汽车。结果便是通用Hy-wire，这是第一款将燃料电池和线传操控技术结合起来的可驾驶原型车，使用电动执行器和计算机来控制转向、制动和速度。我们在2003年9月推出了它。这款车是以滑板为基础设计，在底盘上安装乘客舱，底盘内嵌了所有主要的动力系统部件。这意味着客舱的设计限制很少。挡风玻璃很大。没有反光镜，改为由摄像机提供360度视角，这种设计在10年后变得司空见惯。转向装置更像是街机驾驶游戏的控制器，在

9点钟和3点钟方位有两个手柄，其中一个可以通过旋转控制车速。Hy-wire的腿部空间宽敞，可以很舒适地搭乘4名职业篮球运动员。车厢中间没有凸起，坐在车内感觉就像坐在设施完善的房间里的凹背椅上一样放松。

至此，我对燃料电池汽车已非常着迷。几乎每个月拜伦·麦考密克都会邀请我去他的实验室展示一些新的成果。在短短几年内，他的实验室将燃料电池堆的功率密度提高了7倍，这意味着燃料电池堆可以更小，同时还能提供更多能量。起初，燃料电池在低温下很不稳定，在密歇根州这样的地方，这很成问题。但是麦考密克在不断改进燃料电池能正常工作的温度范围。这项技术的成本也在迅速下降。

我提倡燃料电池技术和新能源汽车，这让我在底特律显得有点异类。汽车人鲍勃·鲁兹坚持认为全球变暖是"一堆狗屎"。而我则是少有的承认气候变化的汽车业高管。"伯恩斯在整个汽车业被公认为通用汽车公司实现具有竞争力的可持续性出行目标的支持者。"2003年的一篇文章这样介绍我。在2002年《纽约时报》的采访中我说："如果真是这样，（气候变化的）影响太大，不解决这个问题是不负责任的。"

我的口无遮拦在通用汽车公司内部招致了一些批评，公司的最畅销产品是燃油经济性低效的大型SUV。媒体喜欢关注这种争议。可能考虑到我是底特律新能源汽车的主要倡导者，《经济学人》邀请我在他们2004年的石油和天然气圆桌会议上发言，这次会议吸引了休斯敦石油行业的高层人士。

我觉得自己有点像是单刀赴会。我整理了一份言辞委婉的演讲稿，介绍了彻底改革汽车工业的必要性，在接下来的几年里我将多次讲到这个主题。"通用汽车公司认为有许多令人信服的理由尽快转向由氢燃料电池驱动的未来个人交通。"我这样开始，"目前全世界只有12%的人拥有汽车，因此未来有很大的增长空间，"我说，"通用汽车希望其余88%没有汽车的人也能享受到汽车带来的便利——随时带着想带的东西去想去的地方。"我告诉面前这些石油人，为了实现这一目标同时又不至于对全球变暖造成重大影响，我们需要具有可持续性的车辆。"在这种趋势下，"我说，"开发新的交通能源至关重要。"

当我在休斯敦石油会议上发言时，麦考密克和博罗尼伯德的团队正忙于研发一款名为Sequel的新型汽车——一款设计用于公共道路行驶的燃料电池原型车。这款车也是基于滑板设计的，但是在其他方面，它更像一辆传统汽车。Sequel很像是超大版本的雪佛兰Bolt，汽车记者称之为"运动旅行车"。它结合了两种新能源技术，既有锂电池组也有燃料电池。一台电机驱动前轮，后轮还各配置了一台功率较小的电机，可以在加速时提供额外的动力。当Sequel制动时，动能会被转化为电能回收到电池中，为未来的加速提供动力——这项技术现在已相当普及。

当时的世界局势动荡。"9·11"事件余波未消，全球变暖，阿富汗和伊拉克战争，以及石油泄漏威胁脆弱的海洋生态系统——所有这些都以某种方式关联到我们泵入汽车的汽油。电动车似乎是汽车工业面临的诸多问题的答案。然而，通用汽车的一些同事批评我在新能源汽车上花的钱太多。有几年时间我一直觉得，我们离预算被削减甚至取消只差一次董事会会议。与此同时，通用公司还在努力研发提高内燃机的燃油效率和减少排放的技术。所有这些研发都很费钱——通用汽车2005年的先进技术预算将近7.5亿美元。但是它也带来了一些重大的革新，比如Autonomy、Hy-wire和Sequel的滑板车结构。这与特斯拉今天制造汽车的方式非常相似。

从我们的先进技术研究中产生的另一个革新对通用汽车和整个汽车行业来说可能令人不安，但是对购买和使用我们制造的汽车的普通人来说则很棒。

拜伦·麦考密克是第一个向我展示这种革新意义的人。2005年前后，他的团队正在开发一种叫作E-Flex架构的东西，我们试图创造一种能适配任何种类电动汽车的滑板，无论是电池动力、油电混合还是燃料电池。拜伦的团队构想出一个原型后，他请我去看。我欣然前往。只要是拜伦找我，我总是有时间。

但他安排的地点有点不同寻常。地点在汽车评估中心，那里是一个巨大的车间，大约有5个足球场那么大，在那里我们的工程师把我们感兴趣的任何汽车拆解成零件。评估中心帮助我们了解想要知道的一切，不仅了解我们自己的车辆是如何制造和工作的，还了解我们竞争对手的汽车是如何制造和工作的。假设宝马的Mini Cooper刚刚上市，我们会从他们的经销商那里买一辆，把它开到评估中心，然后我们的机械师会对它进行拆解——彻底拆解，直到最后的螺母和螺栓。当机械师工作时，他们会围绕车辆的车架整齐地排列零件。拆解完的车就像是在世界上最规整的爆炸中被炸开了。

当我拜访拜伦时，他在评估中心一片有3个隔间的区域。他解释说，第一个隔间展示的是一辆彻底拆解的雪佛兰迈锐宝。我可以看到前后保险杠、座椅和4扇门，以及更小、更机械的部件，比如拆开的散热器和每个单独的活塞。一辆雪佛兰迈锐宝大约有一万个零件，现在几乎每个零件都展示在我面前。

"好吧。"我说。我很了解迈锐宝。我想知道拜伦想表达什么。

他给我看的下一辆车是一辆拆解开的第二代丰田普锐斯混合动力车。从某些方面来说，这辆车比迈锐宝更复杂，因为它不仅有一台传统的内燃机，还配备了电机和电池组为其提供动力。普锐斯的零件比雪佛兰迈锐宝的还要多。

"很好。"我对拜伦说。我的意思是，任何对混合动力背后的技术有所了解的人都知道，普锐斯的零件要比迈锐宝多。

"先别急。"拜伦说。然后他带我去了第三个隔间。我立刻明白了他想表达的意思。只要看一眼我面前展示的零件，就能明白拜伦为什么把我叫到评估中心。

"一定要让里克也来看看。"我说。

"我也这么认为。"拜伦说。

我去把里克·瓦格纳请了过来，带里克走了一遍同样的过程。当我们到达第三个隔间时，里克和我一样简短。"很好——拆解开的E-Flex架构，"里克说，"怎么呢？"

瓦格纳认出了这辆车是E-Flex，它被设计成可以适配电池动力、燃料电池，以及混合动力等多种不同的动力系统。评估中心的E-Flex版本采用的是氢燃料电池和线传操控技术。像雪佛兰迈锐宝这样的传统汽油车有一万个零部件。燃料电池原型车大概是一千个，是迈锐宝的十分之一。麦考密克向我们展示了新能源车的零部件要比传统汽车少一个数量级。这对通用汽车公司以及地球上几乎所有汽车制造商和零配件供应商都有巨大的影响。

汽车工业体系是一个层级结构。位于前列的是那些在每个人驾驶的汽车上有标牌的公司——比如通用和福特，以及菲亚特-克莱斯勒、大众、本田和丰田等。这些公司设计和组装汽车，但是这些汽车品牌实际上并不生产他们所组装的汽车的所有零部件。他们的后面是汽车零配件供应商，比如博世、电装、德尔福、伟世通、大陆和麦格纳国际，这些公司的规模可以和汽车制造商相提并论。再往后是小型的区域供应商，他们为大型供应商提供零件。这是一个由相互关联的供应链组成的庞大网络。

这些品牌名列前茅，因为它们主导了车辆设计和工程规范，这既取决于顾客的喜好也取决于车辆的制造工艺。组装像现代汽车这样机械复杂的产品，并且要确保它在10年后仍能正常运转，是极其复杂的过程。传统汽车有数千个运动部件，因为它们大多数操控都是机械式的。加速、转向、制动、变速，这些都需要许多不同的运动部件。每一个运动部件都需要研发、产品测试、加工、材料和工程设计，并保证在工作数万次后还能像第一次使用时一样可靠。这需要很多专业知识。

很少有其他行业能做到这一点。当然，航空业制造的飞机零件更多。造船业也是如此。但是他们生产的庞大交通工具数量少得多。汽车制造业是唯一制造如此多且复杂机器的行业。调校燃油发动机使其响应灵敏和推力强劲，同时还满足排放法规、燃油经济性标准和安全法规，以及将数千个零件精确装配到一起，是极具挑战性的工作。关键是，你需要很多很多工程师来制造一辆设计良好的汽车，是他们的大脑设计了汽车，是他们的大脑引领了创新，也是他们的大脑将有驾驶乐趣的汽车与感觉像一桶螺栓和零件的汽车区分开来。

麦考密克所意识到的，以及我们向里克展示的，是这些新型电动汽车比传统汽车简单得多。只有十分之一的零件，电动汽车更容易制造。电动汽车不仅零部件少，而且运动部件也比传统汽车少得多。不用汽油，你不需要沉重的发动机缸体来控制气缸内发生的爆炸。你不需要带有消声器和催化转换器的排气系统来处理尾气。你不需要火花塞、化油器、阀门或风扇皮带来冷却它。你也不需要燃油喷射系统或自动变速器。

E-Flex架构在汽车前部有一台电机，它有电磁铁、滚珠轴承和旋转轴。在后面，每个车轮都配有轮毂电机，它们有相似的部件。中间有燃料电池堆、储氢容器和热交换器，它们的运动部件相对较少。如果是采用电池动力，中间就是电池和充电设备。有一个我们称为"控制器"的东西，主要是执行程序的计算机芯片，负责让所有这些部件协同工作。

"这是它所有的零件吗？"里克问道。

"没错。"我说。

里克低声吹起了口哨。

里克·瓦格纳在那一刻认识到了制造电动车和燃油车的巨大差异。

组装电动汽车所需要的员工数量将会更少，可能只需要原来的十分之一。因为制造车辆更简单了，所以会有更多厂商进入美国的汽车制造业。底特律将优势不再。

不仅如此。我早期在通用汽车研发部门的一些研究证实，决定汽车成本的最大因素，抬高价格的真正原因，是零部件的数量。采用新能源技术的车辆一旦实现大规模生产，产量达到燃油车的水平，电动汽车将会便宜得多。也许还更可靠。

里克马上认识到的另一件事是新能源车的关键专业知识。他看着面前拆解开的汽车，看着摊开的零件，意识到很少有零件像他以前熟悉的那些汽车零件。

对于电动汽车，关键的专业知识不再是机械，也不是电动引擎，也不是线传操控。

电动汽车的关键专业知识是软件。所以转向新能源技术可能需要一个完全不同的通用汽车，一个小得多的通用汽车，不再需要那么多供应商，销售的产品也更便宜。这些车辆不再是由资深的内燃机专家设计，而是由设计你的电脑、电视和各种智能设备的程序员来设计。

"你向我展示的东西，"里克缓缓说道，"意味着我们所熟知的整个汽车产业的终结。"

麦考密克、瓦格纳和我意识到，技术正使我们接近底特律的一个重要转折点。类似IBM在20世纪80年代面临的情况，当时计算机行业从企业使用和拥有的小型计算机转变为私人使用和拥有的个人电脑。在行业转变的时候，IBM将芯片和软件外包给了两家公司：英特尔和微软。IBM没有意识到计算机的核心技术就是芯片和软件，这使得IBM自身被边缘化。

对于电动汽车，通用汽车不能将核心技术外包给供应商。继续沿用以往的经营模式有可能会让通用汽车变成包装工和协调器，变成仅仅是从其他公司购买核心技术重新包装成消费者购买的车辆的销售渠道。在评估中心的那一刻，我第一次感受到了未来，感受到了科技将给底特律和整个汽车业带来的变革。

* * *

然而，在2007年，新能源技术还需要通过无数里程碑，才能威胁到内燃机在底特律的主导地位。其中一个标志性文件发生在5月15日上午。纽约罗切斯特的天空出现了不祥的乌云，我召集了6名汽车行业记者和几名通用汽车工程师，试图打破一项世界纪录：氢燃料电池驱动的全功能汽车的最长续航里程。为了消除公众对新能源车续航里程的担心，我一直告诉我的团队，我们要能在不加燃料或充电的情况下续航500千米，大致等同燃油汽车一箱油的续航里程。(虽然现在更省油的车辆可以行驶得更远。)

这可能需要5年时间，但是拜伦·麦考密克、克里斯·博罗尼伯德和他们的团队已经做到了。他们设计了一辆全功能汽车，雪佛兰Sequel原型车，他们的计算表明，一罐氢的续航里程能达到我设定的标准。我们在2005年北美国际车展上推出了Sequel。"虽然Autonomy和Hy-wire是概念车，但Sequel证明我们的愿景是能够实现的，虽然目前还负担不起，但绝对可行。"我告诉观众。

现在，在纽约，我们将检验拜伦和克里斯的成果，从罗切斯特南面霍尼欧耶瀑布的通用汽车燃料电池活动中心行驶约500千米到威斯特切斯特县的塔里镇。

大约有100人聚集在活动中心大楼外，我发表了与每次展示Sequel时类似的演讲。"我们的愿景是将汽车目前的DNA——内燃机、石油和大部分机械系统——替换为新的DNA……我们相信，从机械车到电动车的转变，与从马车到汽车的转变一样重要。"

8.5小时后，我们到达了塔里镇的林德赫斯特大厦，续航里程490千米，到达目的地时氢罐里还有1千克燃料，足以让车辆再行驶七八十千米。

"我提议以水代酒庆祝一下，这是我们500千米行驶过程中产生的唯一排放物。"我对迎接我们的人群说。

在Autonomy于2002年首次亮相后不久，我曾说过，通用汽车预计将在2010年前让燃料电池汽车上市。我其实知道这个目标有点夸张，这是我作为高管为了激励研究这项技术的研究人员而说的话。如果一些有重大影响的事件没有发生——比如2008年的经济衰退，以及奥巴马政府将资金从资助燃料电池技术转向电池电动车——我们将会更加接近这个目标。据我所知通用汽车最接近这一目标的举措是2007年的"车行道项目"，该项目部署了100辆氢动力雪佛兰Equinox，由真实的用户使用，用于研究真实世界中燃料电池汽车的使用情况。在我预测的时间内，在美国已有一些燃料电池汽车可供消费者选择。2008年本田开始在美国租赁其Clarity燃料电池汽车。梅赛德斯-奔驰在2010年开始租赁F-Cell四门轿车。现代汽车和丰田汽车也在一些有加氢站的地区向消费者提供自己的车辆。

尽管如此，我们在那几年开发的大部分技术也可应用于其他电动汽车的开发，比如2010年末上市的插电式混合动力汽车雪佛兰Volt，由于有汽油发动机，续航里程更长；也许更值得注意的是通用汽车在2016年末发布的全电动汽车雪佛兰Bolt，这是第一款续航里程与燃油车相当并且价格合理的电池电动汽车。

新能源汽车在北美仍未发挥出潜力。前期成本对车辆的第一位车主来说仍然太高，他们一般只会持有车辆两到三年。但随着交通变革的到来，我们即将迎来一个新能源车前期成本不再成问题的时代。很快，个人出行将被交通即服务模式主导，类似于现在的优步或Lyft拼车服务的自动驾驶版本。车辆在50万千米的使用周期内都归车队运营商所有。未来的到来比我们想象的要快，这可能意味着内燃机主导地位的终结。

第6章　黎明之前

> 拳击手最难的事情是戴着拳击手套捡牙齿。
>
> ——弗兰克·哈伯德

2007年10月，DARPA城市挑战赛前一个月，我和通用首席执行官里克·瓦格纳出去吃午饭。里克心情很好。公司刚刚度过了一段艰难时期。强大的汽车工人联合会（UAW）将通用汽车作为最新一轮谈判的底特律龙头公司。谈判的主题是如何解决通用汽车的医保义务。20世纪60年代以来，外国汽车制造商开始在美国市场上与美国品牌竞争，底特律一直抱怨丰田、日产、本田和大众这些公司的竞争优势，这些公司不像底特律那样面临同样的工会义务。以2007年为例，丰田的人工成本约为每小时50美元，包括养老金和医保。通用汽车的人工成本是每小时80美元，这一每小时30美元的差额乘以通用汽车的73 000名美国工人，拉低了我们开发新产品的能力。这也给通用汽车的定价增加了数千美元。在过去的两年里，我们损失了120亿美元，裁员数万人。里克受够了。在2007年9月最后一周的谈判中，他指示他的团队将医保义务从通用汽车剥离。我们将尝试与UAW合作建立医疗信托，一个自愿的员工福利协会。通用汽车将向一个由工会管理的新实体支付数十亿美元，以后就无须再为每小时人工支付医疗费用。这会将通用从沉重的负担中解脱出来，从而专注于卖好车赚钱。

劳资谈判如此艰难，以至于UAW总裁罗恩·盖特尔芬格命令通用汽车工人自1970年以来第一次罢工，并威胁长期停工，这有可能导致公司瘫痪。3天后的深夜，达成了协议，通用汽车将支付385亿美元现金和股票来建立医疗信托。同时协议还将通用汽车新员工的起薪减半，从每小时28美元降至14美元。媒体称之为里程碑式的协议。"向前迈出了一大步。"一位评论员评价。

在通用内部，我们也有同样的感受。这项协议使我们的股价上涨了9美元，达到3年来的最高水平。在下一次汽车战略委员会会议上，我看到我的一些同事从未像现在这样欢欣鼓舞。里克在一份声明中表示："这项协议有助于我们缩小业务中存在的根本竞争差距。"吃午饭时，他情绪很好。里克告诉我："我认为从现在开始，我们会更顺利。"里克在担任公司高管期间一直致力于阻止通用汽车市场份额和销售的长期下滑。现在里克觉得不仅下滑势头止住了，公司的轨迹还会有一个陡峭的上升。汽车战略委员会的大部分成员都与他持有相同的乐观态度。现在，我们中的许多人都觉得，我们终于可以增加一些销售额，创造一些真正的利润，并发挥里克团队的潜力。从我的角度来看，最重要的是，我终于有了能让我们积极参与出行变革的预算。

然而汽车业面临的却是更具讽刺意味的局面。就在困扰美国汽车业的可持续性问题逐步得到解决时，底特律却面临着有史以来最大的危机。进入2008年，电池技术越来越成熟，足以使电动汽车变得实用。卫星地图使汽车能在地球表面定位。智能手机将很快使共享汽车服务变得可行。传感技术也越来越先进，可以为车辆准确描绘周围环境，并且计算能力是如此之强，以至于车辆可以自动驾驶。普及个人出行变革的技术已经准备好了。我们只需要把这些积木块拼到一起。就在我们准备这样做的时候，底特律开始受到历史性高油价和次贷危机的影响。随着消费者对汽车的需求下降，汽车行业的工程师们发现自己在与时间赛跑。

这场赛跑将占据我在通用汽车度过的最后两年时光。

在我和里克共进午餐的几周后，艾伦·格林斯潘提到了"房地产泡沫"。房价下跌，抵押赎回权被取消，普通人开始意识到华尔街的次贷危机可能会对整个美国经济造成损害。但是，虽然汽油价格已经超过了每加仑3美元，还是很少有人知道经济动荡即将来临，以及它对汽车业会产生怎样的影响。

因此，当里克的哈佛商学院同学打电话给他，询问通用汽车有没有兴趣收购赛格威公司时，里克很好奇，给我打了个电话，让我了解一下这笔交易。"我们不想收购这家公司，他们生产一种单人交通工具，戴着头盔站在上面，像个书呆子，"我说，"但也许有另一种方式可以和赛格威合作。"

同大多数对个人交通感兴趣的人一样，当时我已经注意赛格威一段时间了。发明家迪恩·卡门在2001年推出的这款个人交通工具引起了民众极大的好奇心，这款设备在科技时尚圈很受欢迎，并且前景很被看好。硅谷风险投资家约翰·多尔将赛格威的发明与互联网相提并论，史蒂夫·乔布斯也表示，赛格威的意义将超越个人电脑。卡门自己说，他相信赛格威"相对于汽车就好比汽车相对于马车"。卡门告诉《时代周刊》："汽车对于长途旅行来说很棒，但是对于城市居民来说，用2吨重的大铁块载着他们75千克重的身躯在镇上逛是很荒谬的事情。"他的说法与我多年来宣扬的观点相符，因此引起了我的注意。

赛格威推出以来的6年时间里，事情的发展显然远远超出了迪恩·卡门的预计。利用传闻中的9000万美元风投资金的一部分，赛格威建造了一座7000平方米的工厂，据说每月可以组装4万辆赛格威。卡门的目标是在第一年卖出5万辆赛格威，2007年我们与他们会面时，他们还没有发货。然而，他们的公司仍然让我着迷。我尊重他们改善个人交通的尝试。通用汽车和赛格威解决的都是出行问题，只是方式不同。我们以大型SUV闻名，这些SUV可以搭载一个完整的家庭以及他们的行李在全国高速通行。而赛格威则是以微型交通工具闻名，这种交通工具能搭载一个人穿行于拥挤的市中心。我意识到，也许我们可以合作开发一种介于两者之间的新产品。

当里克和我谈论赛格威时，通用汽车已经与中国的合作伙伴上海汽车工业公司一起成为2010年上海世博会的独家汽车赞助商。中国通用汽车集团总裁甘文维请我为展馆设计一些东西，展示通用汽车在全球的技术领先地位。他想要像通用汽车在1939年纽约世博会举办的未来展一样的东西，那次展览被认为给美国的州际公路网奠定了基础。

上海世博会的主题是"城市，让生活更美好"。城市化也正是我一直以来关注的主题。当时地球人口已接近70亿。其中有一半以上居住在城市，而且随着时间推移，会有越来越多的人口迁移到拥挤的城区，导致交通拥堵和空气质量恶化，并加剧全球气候变化。我很关注汽车使用给城市带来的问题，因此我联系了全球顶尖的城市汽车问题专家，麻省理工学院建筑学院的前任院长比尔·米切尔，他现在在该学院的媒体实验室负责智能城市项目。通过与米切尔、克里斯·博罗尼伯德和我手下的其他人集思广益，构想通用汽车的展览应当为未来20年上海这样拥挤的城市所面临的交通问题提供怎样的解决方案。但是直到2007年秋季我们还没有确定具体方案。时间不多了，但我认为我们当时的想法还不足以吸引中国观众。

我希望参观赛格威会带来新的灵感。那年秋天，我和一群通用汽车工程师一起乘坐专机飞往赛格威位于新罕布什尔州的总部。着陆后不久，我们见到了赛格威总工程师道格·菲尔德，他和卡门一起工作。菲尔德曾在福特工作过6年。他了解汽车业，但他已深深扎根于创新科技文化中。菲尔德也有典型的中西部性格，谦逊、自信、坦诚。我们介绍了通用汽车的Autonomy概念车，菲尔德则向我们展示了赛格威的个人交通车是如何建立在类似的设计原则之上，每个模块都是一个轮子配一个电机，很像是我们的Autonomy滑板被分成了两半。

然后我们转到一个会议室，我在这里做了一个演讲，主题是技术有潜力解决汽车工业的可持续性问题。我请赛格威的团队构想一种新型的交通工具，像赛格威一样电动但是能在城区运送两人的小型载人交通工具。这个想法是为了展示通用汽车参与开发的最前沿技术。这种车辆是能够相互通信的自动车辆，类似某种更大版本的赛格威个人交通车。设计这种车辆的目的是用于人口稠密的城区。

道格·菲尔德喜欢这个想法。他说赛格威的工程师们一直在研究类似的实验样机，稍加修改应该就能符合我们的要求。

* * *

当赛格威和通用汽车公司的商务人员达成协议时，已临近圣诞节。我和菲尔德进行了一次简短的交谈，表达了我的兴奋之情。菲尔德将继续开发合作的原型车，等他准备好时就会打电话给我。我估计自己要等好几个月，我已经习惯了通用汽车公司的节奏。但是菲尔德的动作要快得多。

赛格威一直在创造古怪的原型车。他们甚至专门安排了一些日期来研究古怪的工程概念，他们称之为"青蛙日"，因为赛格威创始人迪恩·卡门将他们比作童话中亲吻青蛙并找到王子的公主。赛格威工程师被鼓励去做他们觉得有趣的事情。这就是菲尔德创造通用概念车的方式。他让他的顶尖工程师参与其中，并向他们提出了一个挑战：这个充满活力的小科技创业公司雇佣的数千名工程师们能给这个世界上最大的汽车制造商的高管留下深刻印象吗？

仅仅六周后，还没到2008年的春天，菲尔德打电话给我，告诉我他已经做好了一些东西。我第一时间飞往新罕布什尔州。我真不知道自己在做什么。我怀疑这么短的时间菲尔德能做出什么来。

我看到的是一辆外观奇特的车。它只有两个轮子，像赛格威，与迪恩·卡门的个人运输车具有同样的平衡能力。为了创造这辆概念车，菲尔德拆分了一辆赛格威踏板车，拉宽轴距，可以容纳并排坐着的两个人。他在胶合板底座上安装了一对桶型座椅。操控装置看起来像是街机手柄，司机将手柄向前倾就前进，往后拉则后退，转动控制手柄是转弯。菲尔德用白色PVC管做了一个支撑挡风玻璃和车顶的保护框架。

菲尔德递给我一个黑色自行车头盔，自己戴了一个荧黄色头盔，示意我坐在驾驶座上。自平衡机制令人紧张了一分钟，然后感觉变得很自然。转向也一样。它的反应非常灵敏：只需快速转动手柄，小豆荚车就会左右转动。一开始保持直线行驶都很困难，但很快我就掌握了诀窍。经过一段时间练习，我就能在赛格威的实验室里操控自如了。我开得很快，以至于车轮在光滑的水泥地板上发出刺耳的声音。

我很激动。菲尔德的进展速度超出了我的想象。仅仅列出这辆概念车所需的零件采购清单，在通用汽车就要花上6周时间。菲尔德已经造出了完整的可操作的设备，并在测试中表现完美。我让他继续完善，回到底特律，我告诉里克·瓦格纳他必须试试这个。当我和里克回到新罕布什尔州时，菲尔德已进一步完善了这台概念车。这一次，他带我们去了赛格威进行高速测试的场地，一个废弃的旧仓库，支撑屋顶的工字钢梁用胶带缠绕固定。里克穿西装打领带。六名穿着牛仔裤的赛格威工程师围在一个塑胶小屋旁。菲尔德递给里克一个掌上电脑，告诉他该按什么按钮。里克按下按钮，一阵电机嗡嗡声从塑胶小屋里传来。过了一会儿，一辆没有坐人的小型豆荚车开了出来，和我之前测试的豆荚车非常相似，但这辆是用金属框架支撑挡风玻璃，能更好地保护乘客。桶型座椅则被一对摇椅取代了。

"座椅看起来眼熟吗？"菲尔德问。

的确眼熟。

菲尔德咧嘴一笑："它们是克雷巴洛连锁店的摇椅。"

奇思妙想的赛格威工程师从连锁餐厅前廊找来了一对摇椅，把它们和豆荚车的控制器诨到一起。现在要让它前进非常简单：你只需要在摇椅上往前倾。往后靠就是减速。转方向仍然是用街机手柄控制。菲尔德提高了电池功率，豆荚车的最高速度能达到每小时 55 千米。一旦掌握了诀窍，你就可以开着车在仓库里活动自如。无论是开车围着柱子转，还是倒车进入塑胶小屋，都感觉操控自如。

里克握了握菲尔德的手。"干得漂亮。"他说。

"这就像是交通版的 iPod。"我大声说。我的意思是，这个豆荚车很小，很电动，也非常有趣和实用。那天里克和我离开赛格威后，深入探讨了豆荚车的潜力。用它作为上海世博会的亮点太合适不过了。后来我回想了与 iPod 的类比，意识到这两项发明可能还有另一个共同点：iPod 彻底改变了音乐行业，而像菲尔德这样的发明也可能会引发汽车行业的类似变革。

* * *

在同一时期，次贷危机和高油价让包括通用汽车在内的汽车业处境越来越艰难。零部件供应商德尔福在10年来最糟糕的市场环境中挣扎着逃避破产保护。通用汽车也在苦苦挣扎。在赛格威开发双人车的同时，我与战略委员会的同事一起在努力让通用免于破产。委员会每月在底特律市中心文艺复兴中心300大厦35层举行一次会议。通用汽车领导层的13名高管聚集在椭圆形会议桌旁，就公司运营的各个方面进行讨论和思考。2008年，随着经济危机抑制了消费需求和购车信贷，这些会议的氛围越来越沉闷。

2007年，通用汽车出售了936.9万辆汽车，连续第76年全世界领先。但丰田紧随其后，在全世界的销量仅少3000辆。随着汽油价格攀升至每加仑3.50美元，通用侧重SUV的产品组合显得更加脆弱：我们在美国的市场份额在短短几个月内从26%下滑至23%。丰田雅力士等小型车的销量增长了50%，皮卡车销量一个月下降了17%。分析师称这是几十年来消费者偏好最剧烈的转变。

在2008年初的一次战略委员会会议上，通用汽车首席销售分析师保罗·巴罗预测今年的业务放缓。在过去10年里，美国消费者每年购买1500万到1700万辆新车。在2007年的最后几个月，次贷危机的影响开始减缓销售。巴罗认为2008年美国的汽车销量可能会下降到1500万辆以下，接近1400万辆，这将是10年来最低的销量。还没过一个月，他又将销量预测修正为1350万辆。这让委员会的所有人都忧心忡忡。当时我们每个月亏损10亿美元，现金储备下降了约250亿美元，并且还在迅速下降，当时我们至少需要100亿美元来支付零部件供应商的款项。我问巴罗年销量会不会下降到1200万辆。巴罗表示，降至1200万辆将是美国汽车销量有史以来最严重的下滑。事实上，2009年，美国轻型汽车的年销量下降到了1040万辆。虽然我们当时预计不到，但注定在劫难逃。

财务部门开始审查我们的预算，试图省出可以用来支付运营成本的每一分钱。2008年3月，当弗里茨·亨德森从首席财务官晋升为总裁兼首席运营官时，他指出，在过去3年里，我们已经削减了90亿美元的成本，他还想再削减40亿至50亿美元。我们裁减了30%的白领员工，要求国内许多装配厂暂时停工，并停止了几款新车型的研发。在此期间，通用汽车工程副总裁吉姆·奎因提到了我与赛格威一起开发的我们称为PUMA的原型车项目。（PUMA是个人城市移动性和可达性的首字母缩写。）"我们将不得不关闭PUMA，"他说，"我们不能把钱花在这上面。"

里克不想削减我的研究预算。里克告诉战略委员会："我们可能会因为资金耗尽而破产，也会因为技术落伍而破产。"但是通用汽车的状况越来越糟糕，以至于在政治上让人避免感觉他不想削减任何预算。到2008年第三季度，我们的现金储备下降到了大约160亿美元——当现金储备降到100亿美元时，破产就迫在眉睫。我理解削减成本的必要性。但是我也感觉到有必要向美国公众展示创新的可能性。为了给我们与赛格威的研发尝试争取机会，我打电话给甘文维。甘文维告诉汽车战略委员会，就算不是为了全世界的利益，我们也需要在2010年上海世博会上展示与赛格威合作开发的车辆。如果我们现在退出世博会，中国通用汽车将会很尴尬，中国的销量也肯定会下降。甘文维指出，当时通用汽车在中国的销量是公司为数不多的亮点之一。

在这种保护下，PUMA项目得以保留。然而，每天的头条都是汽车业的坏消息。为了降低成本，通用汽车的土星、萨博和庞蒂克品牌也许会永远消失。对于底特律来说，一切似乎都很糟糕。2008年底特律雄狮队赛季成绩16场0胜，让人感觉这座城市已穷途末路。市长基尔帕特里克在承认了两项妨碍司法的罪行以及其他不当行为后，在这年秋天辞职。通用汽车不得不与福特和克莱斯勒一起向联邦政府申请资金，以帮助我们度过经济低迷时期。里克、福特首席执行官艾伦·穆拉利和克莱斯勒首席执行官鲍勃·纳尔德里不断往来华盛顿游说，接触美国财政部和参众两院的领导人。《纽约时报》的一个报道标题写道："通用汽车在破产中摇摇欲坠，请求救助。"随着股价跌至65年来的最低水平，情况变得更加令人羞辱，因为恰逢通用汽车成立100周年才过去两个月。

2008年11月18日，里克与穆拉利和纳尔德里一起来到参议院银行委员会，请求资助250亿美元以免于破产，关于汽车业救助的舆论达到高潮。委员会不同意，在ABC新闻批评3位首席执行官乘坐专机飞往华盛顿特区后，华盛顿的气氛变得不友好，新闻中报道通用汽车的专机花了3600万美元。《纽约时报》的社论写道："如果首席执行官们希望勤劳的纳税人帮助他们，就应该把奢华的交通工具留在家里。"在这种氛围下，福特决定在不请求政府拨款的情况下渡过难关。接下来的一个月，布什总统在他的任期结束之前为通用汽车和克莱斯勒安排了174亿美元的过桥贷款。但这笔钱不足以拯救两家公司，联邦贷款旨在让我们维持到下届政府上任。许多人认为下一任总统会要求汽车公司更换领导层才能换取更多资助。如果里克·瓦格纳不再是通用汽车公司的首席执行官，我不知道我还能坚持多久。

如果我离开，我担心这个行业会错失为城市生产更合理的零排放汽车的机会。我不想错过这个机会，所以我加快了和赛格威联合开发的汽车的发布。幸运的是，我的好朋友斯科特·福斯加德当时正在主管通用汽车的展览。福斯加德想改变通用汽车制造耗油量大的大型汽车的公众形象。也许我们和赛格威联合开发的这款车可以体现通用汽车公司对环保的关注？福斯加德的论点为PUMA参加2009年4月纽约国际汽车展争取到了少量预算。我知道我们的小双轮概念车还没有完全准备好向公众展示，但我别无选择。

* * *

在我们努力为PUMA的亮相做准备时，奥巴马总统就职了。2009年2月发布的数据给出了汽车业28年来的最低销量，年销量910万辆。与去年2月相比，整个行业下降了41%，通用汽车公司下降了53%。一位分析师的话反映了行业共识："现在的市场可怕得令人震惊。"

通用汽车希望奥巴马政府再提供166亿美元；克莱斯勒要求追加50亿美元。3月底，据说奥巴马的汽车业工作组即将决定是否提供资金，以及如果提供资金，应该设定什么条件。奥巴马宣布，他将于3月30日星期一正式宣布他对通用汽车和克莱斯勒的长期计划。

3月的最后一个星期六，我在底特律西北部富兰克林村的家里，收到里克·瓦格纳的行政助理薇薇安·科斯特洛的紧急邮件。她说，第二天早上9点，汽车战略委员会要进行电话会议。星期天开会，这种事情从未发生过。我一看完电子邮件就转向了我的妻子茜茜。

"里克有麻烦了。"我说。

茜茜安慰我，"也许不是坏消息，"她说，"也许他会告诉你们所有人你们得到了贷款。"

星期天早上，我接通了会议电话，电话里可以感受到其他与会者的焦虑。里克刚上线就宣布了他的消息："我需要通知你们所有人我已经辞职了，弗里茨是代理CEO，"他说，"还有，嗯，我很感激能和你们一起工作。我现在把电话转给弗里茨。"

我沮丧极了。我知道里克离开的可能性很大。作为救助计划的条件，奥巴马总统希望迫使通用汽车和克莱斯勒更换领导层。但是当它真的发生时，我还是很难过。在过去13年里，里克一直是我的直接领导。在此期间，我每年要到国外出差20到25次，其中许多时候是和里克一起。里克不仅是我共事过的最好的老板，我们也是真正的好朋友。

电话会议结束时，我很沮丧。"我也必须离开。"我一挂断电话就告诉茜茜。

"不要冲动。"她说。

* * *

纽约国际车展于2009年4月10日至19日举行。4月7日，也就是里克辞职一周后，我们在车展媒体预先参观的前一天发布了PUMA。

福斯加德在车展所在地曼哈顿贾维茨中心附近租了一个活动场所，我们和克里斯·博罗尼伯德一起为PUMA的首次亮相做准备。我对发布会的效果感到担心。PUMA还不是一辆完整的概念车。我们计划让它具有互联和自主的能力，这样它就可以从停车场被召唤出来，在无人干预的情况下通过十字路口和参与交通，不会撞车。但是这些在我们展示的版本上都还没有实现。挡风玻璃的周围用黄色警示带包裹着，这让PUMA看起来完全是工程样车。

在正式发布的前一天，我前往《纽约时报》，向汽车编辑和记者讲述PUMA所展示的愿景。我预料到会有一些棘手的问题。我没想到的是，有些人会对通用汽车公司的任何行为都怀有敌意。我想指出，PUMA是一件好事。这是通用汽车试图改善世界的一个例子。但是人们对我们是如此愤世嫉俗，以至于在看待PUMA时也戴着有色眼镜。

为什么通用汽车公司要做PUMA？一位记者想知道为什么一家以SUV为主要利润来源的汽车制造商会突然转向生产这种小巧的一个标准停车位停得下6辆的两人豆荚车。我的回答是因为我们可以。因为技术已经发展到了这一步：这样的豆荚车是可以实现的。我们不仅可以做到，我们还应该做到。PUMA的充电续航里程为55千米，仅花费35美分，最高时速55千米，可以作为城市中的主要出行选择。与独自驾驶过度设计的五座车堵在路上相比，坐这种车是更合理的选择。

我告诉他们，通用汽车打算在几年内把它推向市场。（稍后，我补充说在2012年之前。）当一位持怀疑态度的记者问及PUMA的开发成本时，我告诉他，PUMA只占我们整个工程预算的0.5%，并尽力解释开发原型车并没有加剧我们的财务问题。"它的售价呢？""传统汽车的三分之一到四分之一。"我说。

周二上午我就上台演讲。站在台上，我可以看到观众中有些怀疑的表情。"PUMA的意思是个人在城市中的移动性和可达性，"我解释道，"它代表了为我们的城市重新发明汽车的第一步……致力于应对人们在城市居住和工作的全球趋势。"

我说，PUMA的愿景是让豆荚车在曼哈顿这样的区域自动行驶，"司机"——更准确地说是"乘客"——可以做自己想做的事情。发短信，在社交媒体上发帖，浏览最新的新闻，阅读，看娱乐或体育节目。"我们是SUV公司，我们承认这一点，"我对记者说，"我们想成为USV公司——以超小型车闻名。"

赛格威首席执行官吉姆·诺罗德介绍了车辆的全电动特性。PUMA的运行成本仅为传统汽车的10%。由于它的两个车轮对置，转弯半径为零，因此比传统车辆更容易操纵。

我们演讲时，我留意了记者们的反应。

"鉴于我们目前的状况，你可能会想知道为什么通用汽车公司要在这个时候推出这样的项目。大家都知道通用汽车在今后几个月面临着重塑公司的挑战。PUMA项目与这一努力是一致的。事实上，这与奥巴马总统和汽车业工作组上周阐明的观点是一致的，即通用汽车需要引领面向未来的环保技术和节能汽车的发展。"

随后，我们让一些记者试乘了PUMA。记者们似乎很喜欢乘坐，不过后来的新闻报道并不友好。"哇，那是一辆我可以放心地说我完全没有驾驶兴趣的车。"科技网站极客说。另一个网站瘾科技称之为"毫无魅力的人力车"。"看起来像是推轮椅。"一位观众说。一位互联网评论员说它"做着和双腿一样的工作，但是没有了所有的简单和易用性"。《华盛顿邮报》则说PUMA"被认为是一个噱头，或'不是真正的汽车'，一个年轻记者说它是'只有极客才会买'的东西"。但是这位记者还是为PUMA提供了宝贵的支持，"在乘坐去哪儿也快不了的出租车后，在看到汽车拥堵在街道上寸步难行后，我意识到传统汽车可能已经穷途末路了……PUMA豆荚车可以先在大学校园等社区进行测试，这可能是一条出路"。

至少我们有一个支持者。

接下来我有几天时间处理里克的离开，我知道我不会看到PUMA从工程样机变成准备在上海世博会上展示的样子。我不得不把后面的工作留给我手下的一些工程师，比如克里斯·博罗尼伯德。PUMA的发布会成为我作为通用汽车高管的最后一次亮相。也许这是宿命。尽管PUMA在纽约国际车展上受到了许多批评，我还是对这类车辆的潜力充满信心。

纽约车展后几周，奥巴马政府宣布了一项计划，这将导致破产的通用汽车关闭12至20家工厂，削减2.1万个职位，关闭2400家经销商。我无法坚持下去了。我非常清楚地看到，技术可以解决汽车的许多大问题，然而就在这一刻，汽车工业正在崩溃。为了接替里克，总统的汽车业工作组请来了得州人怀特克里担任通用汽车公司的新董事长。怀特克里第一次在战略委员会上亮相时，给了我们一场"为吉佩尔赢一回"式的鼓舞人心的演讲，这激怒了许多委员会成员，因为他的语气与我们的感受非常不同步。到2009年5月，我能感觉到压力把我拖垮了。过去35年来，我一直坚持每天跑步，但我现在爬楼都困难。一个周末，我在家里，发现自己无法下床。当时只有我的女儿希拉里在家，她想办法把我弄上了车，开车送我去了医院，我们在急诊室里等候。我去了洗手间，女儿看到我很久没回来，请人帮忙去找我，发现我瘫倒在了厕所里。医生让我住进隔离病房，因为他们不知道我有什么病。检查后发现是由于疲劳过度等因素引发了严重的肺炎，这让人松了一口气。

* * *

9月30日，我履行了辞职承诺，最后一次作为雇员离开了通用汽车技术中心，感觉自己胸前有一个大写的红色B字——破产。谁会乐意雇佣一位破产公司的高管？除了十几岁时在父亲的餐厅工作，通用汽车是我唯一的雇主。尽管如此，我为自己的这段经历自豪。在《纽约时报》评论我离职的文章中，作者称我为"公司电动和氢燃料电池汽车的最大功臣"。"如果没有劳伦斯·伯恩斯，很难想象在通用汽车公司的总部会听到'重塑汽车'这个词。"这篇报道指出，自从开创这个职位的查尔斯·凯特林以来，我担任研发总监的时间比任何人都长。最后，报道称我为"可持续性蓝图大师"。

失业让我有时间撰写我和通用汽车研发部门的同事克里斯·博罗尼伯德以及麻省理工学院媒体实验室教授比尔·米切尔合著的书——《重塑汽车：面向21世纪的个人城市移动性》。

比尔·米切尔是城市和交通领域的改革者之一，担任麻省理工学院建筑与规划学院院长时，米切尔曾呼吁城市应当更宜居，同时还是易于出行的空间。后来，他领导麻省理工学院媒体实验室智慧城市研究小组，该小组呼吁彻底重塑城市交通。米切尔认为现在的城市已经被破坏了，破坏它们的是汽车。他有一个名为城市小车(CityCar)的大项目，是一种小巧轻便的电动车，在许多方面与PUMA相似，但有一些重要的区别。PUMA解决停车问题的方式是去掉了传统汽车4个轮子中的2个，让同样的空间能容纳更多车辆。城市小车仍然是4个轮子，但是为了提高停放效率，米切尔将它设计成了折叠式的，可以和其他城市小车紧凑地停放在一起，有点像叠放的椅子。

《重塑汽车》表达了我对汽车现状的感受，比我留在通用汽车公司时所能表达的要直白得多。这本书描述了汽车给世界带来了多大的麻烦，并认为新一代的汽车能有效解决这些问题。传统车辆由内燃机提供动力，由石油提供能量，机械控制，孤立运行，与其他汽车或周围的世界没有建立关联。我们在书中说，专门为城市使用而设计的车辆将具有电动和自主技术等新的DNA。

当我还在通用汽车公司时，我经常觉得没有人愿意听我讲述对未来移动性的愿景。在我离开通用汽车之后，我发现情况并非如此。事实上，许多人都同意我的观点，认为行业大规模的变革是不可避免的，他们希望我能告诉他们在发生变革时该如何应对。很快，我就开始为许多对未来移动感兴趣的公司提供咨询，从卡车运输公司到石油和天然气行业，以及与此相关的许多行业。

到上海参观通用汽车在2010年世界博览会上的展台，让我有机会见证未来的模样。在我离开通用汽车之前，PUMA已经进化为EN-V，意思是"电动联网车辆"，虽然发音有点像"嫉妒"。为了去掉PUMA的防滚架设计和警示带，项目经理克里斯·博罗尼伯德向通用在全球的汽车设计师征求方案。在设计师大卫·兰德的帮助下，博罗尼伯德选择了3个原型进行实际建造。通用汽车欧洲公司制造了一款像头盔的红色流线型车身，市场部门给它取了中文名"骄"。澳大利亚通用霍顿公司设计了"笑"，有点像鸭头的机器人版本。公司在加利福尼亚的高级设计工作室设计了"妙"，采用了电影《创：战纪》中的烟熏玻璃和霓虹灯。

在我离开通用汽车公司后，博罗尼伯德稳步推进他监督的PUMA项目，他做得很好。EN-V于2010年5月在上海世博会展馆发布，通用汽车与中国汽车制造商上海汽车共同推出了该展览。展馆展示了两人小型豆荚车，它们使用电动马达，能自主地在城区行驶和搭载乘客。美国的汽车都很大，很难想象PUMA会和它们共享道路。但是在中国，你可以想象小的EN-V豆荚车在自行车和摩托车等交通工具中穿梭。

与PUMA在纽约的发布相比，EN-V概念车在上海大受欢迎。"虽然这些仍然是概念，但它们表明通用汽车正在考虑制造不同类型的汽车，以解决交通拥堵和燃油消耗等问题。"《橘郡纪事报》这样报道。《经济学家》观察道："EN-V还不到MINI车的一半大小。""只有两个轮子的优点是汽车可以缩小成一个小包裹……此外，自动驾驶将EN-V带到了一个新的高度。"在上海展示的亮眼设计让一年前被媒体抨击的PUMA成为世博会的明星。

到上海的第一个晚上，由于时差关系，我凌晨2点就醒来了，再也无法入睡。我干脆穿上运动服去酒店健身房，在跑步机上慢跑。在这里我可以俯瞰黄浦江蜿蜒穿过城市，将上海分成浦东和浦西，江上船只往来繁忙。在通用汽车位于文艺复兴中心的全球总部可以看到底特律河的类似景观，但那里可能每小时才有一艘货轮经过。这里完全不同。周日的午夜，平均一分钟就有一艘拖着砾石、煤或其他货物的船只经过。

我意识到，这个世界比我身处通用汽车公司时看到的大得多。在美国奋力摆脱衰退时，中国经济正以每年8%~10%的速度增长。这里有无数的机会，有无数的人在为赚钱忙碌。

在我入住的酒店可以俯瞰河流、高速公路和城市，那里正在开发运用各种可能的交通工具，上海似乎是未来之城。我感到，为地球的移动性问题提供可行方案的时刻即将到来。在接下来的几年里将会有一些事情发生。目前的系统太糟了，已无法继续。

第 7 章　10 万英里挑战

自信是在你懂之前就有的东西。

——伍迪·艾伦

DARPA 城市挑战赛结束后的一段时间，自动驾驶领域再次陷入沉寂，唯一重大的活动是由于旧金山的一些电视制作人无法在他们的工作室订披萨饼而引发的。

10 多年后，这在我看来仍然令人费解。鉴于 DARPA 城市挑战赛的成功以及随之而来的宣传，按理说应该会有许多公司投入自动驾驶的研发。电视节目和纪录片争相报道，相关文章随处可见，难道这还不足以吸引大家蜂拥进入自动驾驶领域吗？

今天的情况正是如此。但是在当时，让人困惑的是，在 2007 年 11 月的比赛结束后，没有一家美国大公司利用挑战赛的势头进行认真的、资金充足的努力，推动自动驾驶汽车成为现实。

对此，我本人负有无可推卸的责任。想想看：负责领导当时世界上最大的汽车制造商通用汽车公司研发部门的人就是我。我们资助了获胜的车队！不仅如此，瑞德·惠特克和克里斯·厄姆森还曾直接向我建议，由通用汽车和 CMU 合资成立一家公司，继续推进城市挑战赛的研究成果。我拒绝了。

为什么？因为当时是 2008 年，通用汽车正疲于应付历史罕见的汽车销量低谷。几乎我所有的通用汽车高管同事都认为自动驾驶汽车成为现实至少还需要半个世纪——如果他们觉得有这种可能性的话。随着破产的阴影逐渐逼近，我无法筹集到抓住这一机会所需的预算，这件事情至今都令我感到遗憾。其他主要汽车制造商也在破产边缘挣扎。

在我拒绝了通用和CMU合资创办公司的建议后，厄姆森试图创办一个机器人赛车联盟，甚至去卡塔尔寻求赞助，但最终一无所获。比赛结束后，唯一一家利用城市挑战赛的势头尝试继续推进的美国大公司是建筑和采矿设备巨头卡特彼勒，他们在CMU召集了一个团队，以该大学的二级机构国家机器人工程中心为依托，开发自动驾驶采矿技术。为了推进这个项目，卡特彼勒购买了格纹呢车队为参加城市挑战赛开发的软件。这个大型自动驾驶自卸卡车的长期项目由布莱恩·塞勒斯基负责运营，克里斯·厄姆森、CMU教员托尼·斯坦茨和前格纹呢车队成员乔希·安哈尔特在他的领导下工作。该项目的目标是发展这项技术，直到能够实现露天矿山自动开采，让无人自卸卡车能在矿山深处行驶，从机器人挖掘机接收矿石，然后完全自主地开走，将矿石倾卸到加工设备中。

在美国的另一边，硅谷，斯坦福大学的塞巴斯蒂安·特伦正忙于将他团队的专业知识投入到谷歌的一些关键项目中。如果他们能在7个月内为街景项目采集160万千米的图像，特伦就会让他们转向一个更加雄心勃勃的任务。

谷歌内部称这个项目为实地状况（Ground Truth）。就在城市挑战赛期间，针对世界上最大的两家数字地图供应商——芝加哥的奈维特克（Navteq）和荷兰的阿特拉斯（Tele Atlas）——爆发了竞标战。主要手机厂商正在竞相研发基于位置的搜索技术，这是一种根据手机用户的定位搜索附近的产品或服务的技术。（例如，商务旅行人士可能会搜索“附近的跑步路线"，外出过夜的学生可能会在附近找一家"24小时营业的店铺"买披萨饼。)但是使用奈维特克和阿特拉斯的地图服务很贵。谷歌每年需要花费数百万美元购买地图数据，同时使用数据还受到严格限制。例如，一家公司不允许谷歌提供详细路线导航，因为该公司已经向竞争对手出售了这项服务。2007年秋天，当特伦致力于街景项目并将参加DARPA城市挑战赛的团队交给蒙特梅洛主管时，导航设备制造商通腾（TomTom）以43亿美元收购了阿特拉斯，诺基亚则以81亿美元收购了奈维特克。此时谷歌正在开发手机操作系统安卓，安卓最终将于2008年9月发布，并直接与诺基亚竞争。因为手机都必须提供基于位置的服务，所以它们也会和通腾竞争。在两家地图供应商都被竞争对手掌控后，谷歌意识到必须尽快研发自己的地图技术。

特伦和他的团队，也包括莱万多夫斯基，将在这个问题的解决中发挥重要作用。实地状况项目的负责人是梅根·奎因，现在是著名的风险投资家。"实地状况"这个名字意指地图能准确反映现实状况，即你实地看到的情况。该项目以美国地质局等机构提供的地图为基础。特伦的重大贡献是认识到街景图像是帮助谷歌数字地图了解实地状况的一个好方法。类似为智慧女神机器人构建史密森尼博物馆内部地图的方式，特伦和他的团队使用数百辆装有车顶传感器的汽车来创建数字地图。然后他们用人工智能软件处理图像以获得关键细节，如地址和街道名称。人工智能被训练用于识别和理解交通标志的含义，以帮助详细路径导航。实地状况数据处理的最后一个环节是由人浏览地图的细节，纠正人工智能造成的错误。错误有各种可能，也许是人工智能将一家商店的招牌上的大箭头解释成单行道标志，而实际上这条街道双向可行。电脑操作员发现这种错误后会修正数据。特伦将这项工作外包给了印度海得拉巴的数千名技术员。谷歌内部的志愿者也会检查地图。梅根·奎因会给发现了错误的人奖励巧克力饼干，一个错误一块饼干。奎因发出去了8000块饼干。

在这整个过程中，安东尼·莱万多夫斯基是特伦的得力帮手。这位前威力登激光雷达推销员和幽灵骑士自动驾驶摩托车的创造者是开发街景摄像设备的关键人物，这种设备能捕捉道路图像并将其与精确位置信息结合在一起。就是在这件事情上，莱万多夫斯基的两面性在谷歌首次表现出来。根据马克·哈里斯在《连线》杂志上的报道，谷歌的人称这些硬件设备为"拓普康盒子"，认为它们来自日本一家名为拓普康（Topcon）的光学设备制造商。鲜为人知的是，其实是莱万多夫斯基控股的510系统公司设计了这些盒子，然后将这项技术授权给了日本的制造商。（莱万多夫斯基后来向谷歌透露了他在510系统公司的角色，以及510设计了这项技术的事实。）然而，就当时来说，这种安排似乎是双面交易的典型例子。莱万多夫斯基代表谷歌，通过中介从他自己的外部公司购买了技术。

此时，谷歌对莱万多夫斯基与特伦的合作很满意。他们在街景上的努力创造了一种廉价的方式来提供世界各地的三维沉浸式体验。有了实地状况，他们的创新为谷歌节省了数百万美元的许可费。地图数据的准确性和详细路径导航能力可能会带来数亿美元的股票市值。莱万多夫斯基是促成这一切的关键。

此外，他还为街景车辆开发惯性测量装置，管理510系统公司，并往返于海得拉巴指导技术外包公司修正实地状况地图。根据哈里斯的报道，他还和特伦的另一个助手杰西·莱文森一起编写股市预测软件。2007年到2009年间，莱万多夫斯基似乎是周旋于生产和创新的工作狂。而且推动自动驾驶技术下一步发展的碰巧也是莱万多夫斯基。

* * *

2008年初，探索频道推出了一档名为《奇想妙发明》（*Prototype This!*）的节目，节目内容是让发明者尝试在两周期限内创造出雄心勃勃的创新成果，节目组找到了莱万多夫斯基。该节目的制作公司在金银岛有一个办公场地，金银岛是在旧金山湾填海而成，通过地峡与耶尔巴布埃纳岛相连，耶尔巴布埃纳岛又通过旧金山-奥克兰湾大桥与陆地相连。这个地方景色迷人，但是对于在那里工作的人来说，它还是有一个缺点：很少有餐馆愿意将外卖送到他们的办公场所，因为严格说来，那里不属于旧金山。这个问题启发了制片公司一个节目创意：让发明家们想各种办法将从著名的旧金山北海滩披萨店订购的外卖送到岛上。一位发明家想用火箭驱动的轨道炮将披萨饼发射到岛上；还有人用飞艇运送。2008年2月，莱万多夫斯基参与了节目，他的方案是用机器人汽车将披萨从旧金山送到岛上。

就这样，为DARPA城市挑战赛创造的技术找到了第一个用武之地——满足人们对披萨饼的渴望而诞生的电视节目。为了开发无人驾驶汽车，莱万多夫斯基使用了他在谷歌实地状况项目中使用的类似装置，车顶安装激光雷达、多台摄像机和GPS单元，轮毂安装传感器对车轮的旋转进行精确测量。装置启动后，莱万多夫斯基驾车从金门公园附近的北海滩披萨店出发，沿斯坦恩街进入I-80公路，穿过海湾大桥到达节目组位于金银岛的工作室。莱万多夫斯基的机器人汽车用测绘仪器对沿途经过的区域进行三维扫描，记录下每棵树、每栋房子、每栋大楼的位置。

莱万多夫斯基选了一辆银色丰田普锐斯安装自动驾驶所需的激光雷达、常规雷达和计算机，因为这款车的线传操控系统相对容易接入。莱万多夫斯基称之为普锐机器人（Pribot），除了自动驾驶设备，车身还印了赞助商的标识，如510系统公司、拓普康和另一家新公司安东尼机器人。电视制片方还为它定制了一项关键技术：专门用保温材料设计的储物箱，用来给披萨饼保温。

2008年9月7日星期日上午，天气晴朗，很适合用来测试无人驾驶汽车。节目制片方安排了巡逻车和摩托组成的警察护卫队。为了安全他们还封闭了普锐机器人行驶的道路。这也给任务带来了新的难度。制片方不得不关闭海湾大桥的下层，桥面的混凝土和钢材会导致GPS模块接收不到卫星信号，普锐斯在这段路程无法使用GPS。

据报道，这辆普锐斯是第一辆在旧金山进行测试的无人驾驶汽车，它跟随警车和摄影车稳妥地通过了安巴克迪罗海湾大道。在海湾大桥上它放慢了速度，安全而平稳地通过最后能收到GPS信号的路段，然后依靠激光雷达制作的地图在下层桥面上导航。在整个过程中，《奇想妙发明》的主持人迈克·诺斯和莱万多夫斯基坐在平板卡车的后面，行驶在普锐机器人前面。"安东尼，你意识到你正在创造历史吗？"诺斯对莱万多夫斯基说。

最棘手的地方是从海湾大桥出口坡道到金银岛的发夹弯左转，普锐斯转弯太猛，撞到了左边的墙。后来发现事故原因是莱万多夫斯基的团队忘记将普锐斯的正确尺寸编程到软件中。莱万多夫斯基被迫爬下货车，从普锐斯打开的驾驶员侧车窗钻进去控制汽车让其脱困。脱困后，汽车继续自主行驶上岛，将披萨送到节目组的摄影棚。"这很疯狂，"特伦说，10年后，他仍然对莱万多夫斯基的成就感到惊讶，称其为"历史性事件"，因为他的这位同事在短短几周内，以相对低廉的预算，就制造出了一辆在无人的城区自动行驶的汽车。

* * *

因为机器人蹭到了海湾大桥出口坡道的墙，需要外界帮助脱困，所以它没有完成第一次完全自主的披萨饼外卖，但是我们必须将第一次自主穿越海湾大桥归功于莱万多夫斯基。回想起来，他的成就从第一次来说意义不大，对后来的事情意义更大。普锐机器人和披萨饼外卖事件正值塞巴斯蒂安·特伦完成实地状况项目的时候。特伦和拉里·佩奇正在讨论下一步该干些什么。"看，特伦，"特伦回忆佩奇告诉他，"你应该研究自动驾驶汽车。"

"为什么？"特伦问道。

"嗯，"佩奇说，"如果这件事成功，它可能会比谷歌更大。也就是说，即使只有10%的成功机会，也值得投入。"

但是经历了DARPA城市挑战赛之后，特伦不相信自动驾驶汽车会在短期内具有可行性。胜利谷比赛场地是没有行人的城区，就算这样，特伦认为，车辆也只能在赛道上蹒跚而行，偶尔会撞到一些东西。特伦说："城市挑战赛中的表现并没有让我认为，哇，我们正处于新一轮变革的边缘。"

所以他告诉佩奇，实际上，"这太难了。办不到"。但是拉里·佩奇第二天又来了。"我仔细想过了。给我一个技术上的理由解释为什么它做不到。不是社会因素，我要技术因素。"

佩奇想要明确的理由。比如，如今的计算机还不够强大，无法处理以适当速度安全行驶在高速公路上所需的数据。事实上，这并不成立。但佩奇需要这样的理由才能信服。特伦没有给出技术上的理由，而是对他的老板有点无奈。这一次，他没有说不可能。他说："见鬼，这绝不可能！"10年后回忆这段对话时，特伦说他当时提醒佩奇自己是无人驾驶汽车的世界级权威。"这个领域世界上最好的专家，"特伦回忆道，"我没有给出确切的理由，而是说，'相信我，我是专家'。"

但佩奇还是不肯放弃。过了一星期，他又来找特伦。"嘿，"谷歌创始人说，"我想告诉谢尔盖和埃里克，这不可能。但是他们想知道技术上的理由。"

于是特伦回家，试图想出一个技术原因。他想不出来。"见鬼，"第二天他对佩奇说，"我真想不出技术上的原因。"

"也许可以做到。"佩奇说。

正值此时，特伦的同事莱万多夫斯基在致力于用低廉的预算建造一辆自动驾驶汽车，希望从旧金山市区穿过海湾大桥。特伦肯定会想到，如果有谷歌级别的预算支持，技术能做到什么程度？

不久后，特伦通过电子邮件邀请了DARPA挑战赛中他认为最优秀的一些人，请他们一起聚一聚，商讨自动驾驶技术能不能商业化，如果可以，该如何做才能让自动驾驶汽车成为现实。10年后的今天，特伦认为是佩奇说服他继续从事自动驾驶汽车研究，不过所有这一切有一个背景就是披萨饼外卖机器人汽车。

* * *

2008年10月，莱万多夫斯基干披萨外卖后一个月，DARPA城市挑战赛也过去了将近一年，特伦将机器人顶级智囊团召集到了他在太浩湖的度假屋。

来自挑战赛的斯坦福大学团队的地图专家麦克·蒙特梅洛是特伦的老朋友。德克·海纳尔和亨德里克·达尔坎普是德国软件工程师，曾与特伦一起研发参加城市挑战赛的斯坦福大学团队参赛车辆初中生。莱万多夫斯基来了。卡内基梅隆大学DARPA挑战赛团队的技术主管克里斯·厄姆森和软件负责人布莱恩·塞勒斯基也来了。除了41岁的特伦之外，其他人都是30岁左右。

聚会的目的是解决两个问题。第一个问题是要不要一起工作。对第一个问题的肯定回答引出了第二个问题：该怎么做？谷歌愿意为此提供资金。是在谷歌内部做还是作为独立的创业公司来做更合适？

那个周末大家回忆了很多关于DARPA挑战赛的事。另外也进行了广泛的讨论，讨论在现实世界中推动自动驾驶技术发展的正确路线。多年来，各种未来学家设想了各种形式的自动驾驶车辆。其中一些是在道路上部署传感器和其他基础设施，与车辆通信。例如，在停车标志牌植入射频芯片指导车辆通行。在黄色虚线和白色实线下植入小射频标签标示道路的中心和两侧。但是自动驾驶专家认为这种方式基本没有可行性。建设这样的基础设施需要巨大的投入。而且如果一个或多个传感器失效会发生什么？芯片无法正确发出停止信号可能会导致灾难性后果。这个领域的工程师和程序员普遍认为，把所有的智能都放在汽车上是在现实世界实现自动驾驶技术的最佳路线。

周末的某个时候，厄姆森和塞勒斯基开着租来的汽车沿太浩湖边蜿蜒的道路兜风和讨论特伦的提议。根据得到的信息这件事似乎是谷歌在主导。塞勒斯基对此不太确定。在他的印象里谷歌是一家搜索引擎公司。为什么硅谷的互联网公司会投资开发无人驾驶汽车？这似乎与他们的业务不相干。

而且塞勒斯基还认为，他和厄姆森已经在做一个非常激动人心的项目。由卡特彼勒投资的自动驾驶自卸卡车项目将为这家擅长制造大型复杂机械的制造商发展自动驾驶技术。作为机器人专家，厄姆森和塞勒斯基当然希望他们创造的机器人能为大众造福。塞勒斯基认为，已经在推进的卡特彼勒项目将能做到这一点。"我觉得采矿问题更容易解决。"他回忆道。

厄姆森有不同的看法。卡特彼勒项目是很有吸引力，但它只是为矿山建造机器人。就目前来说，他们顶多能指望卡特彼勒会制造几千辆这种自卸车，在世界各地通过远程操作。这项技术将降低采矿成本，有可能减少矿难导致的伤亡人数。但是对普通人不会带来革命性影响。

厄姆森认为，谷歌的项目有可能改变世界，改变世界各地数十亿普通人的生活方式。

另外厄姆森也认为特伦的提议是他自己职业生涯的一个机会。卡特彼勒的项目是由塞勒斯基主导，厄姆森也想有自己主导的项目。特伦的目的不仅仅是成立自动驾驶汽车团队，他还会领导这支团队，他自己也想这样做，但他还需要领导实地状况项目。另外他还在与拉里·佩奇和谢尔盖·布林商谈，成立一个新的实体，作为谷歌的分支，致力于与谷歌核心搜索业务无关的其他创新性的、高成本的、高回报的项目。厄姆森估计特伦的这些职责会让他没有精力管理自动驾驶项目的日常运营。在他们商量成立一家创业公司来推进这个项目时，特伦曾提议让厄姆森担任这家新公司的CEO。如果这个项目在谷歌内部进行，厄姆森势必也会承担类似的领导职位。领导资金充裕并且有机会改变世界的项目，这是厄姆森无法抗拒的机会。

对厄姆森来说，时机很尴尬。获得博士学位后，他正准备接受CMU机器人研究所的全职教员职位。在向教授们介绍新同事的会议上，厄姆森必须站出来向大家解释，实际上，他将休假两年与谷歌合作。这对机器人研究所来说是沉重的打击，因为研究所失去了一位顶尖的年轻人，一位DARPA挑战赛团队的明星。但是对于选择不加入谷歌项目，留在匹兹堡继续领导卡特彼勒项目的塞勒斯基来说可能才是最困难的。塞勒斯基不仅失去了一位得力的同事，最好的朋友也离他而去。

* * *

在太浩湖会议后，特伦聘请了十几名工程师组成团队来推进这个项目，这个项目在谷歌内部被称为车伕（Chauffeur）。他们中的每个人都是汽车自动驾驶技术某方面的专家。几乎所有人都参加过DARPA的挑战。团队成员包括项目的工程负责人克里斯·厄姆森，他负责开发无人驾驶汽车的软件。莱万多夫斯基曾负责街景项目硬件的采购、开发和实际建造，在车伕项目中他也会担任类似的角色。特伦在DARPA城市挑战赛中的得力助手麦克·蒙特梅洛负责绘制无人驾驶汽车定位所需的地图。前斯坦福大学DARPA城市挑战赛团队成员德米特里·多尔戈夫是一名俄罗斯编程专家，他将与厄姆森密切合作，编写路线规划软件以及用于操控汽车制动和转向等动作的控制软件。参加过街景项目的德克·海纳尔负责软件基础设施。首席软件工程师朱佳俊负责设计感知系统。另一位街景老手拉斯·史密斯负责构建一种算法，利用车轮的旋转和车辆自身的惯性来跟踪车辆的运动轨迹。纳斯尼尔·费尔菲尔德负责设计仿真软件，通过让车辆在大量虚拟场景中运行以增强车辆的安全性。

自动驾驶团队从一开始就定下了两个大胆而清晰的里程碑。布林、佩奇和特伦提出的里程碑借鉴了街景项目的经验。（值得再次提到的是，特伦解决街景问题的思路借鉴了CMU瑞德·惠特克的技术。）特伦回忆他与佩奇和布林的讨论："我们要定一个里程碑，如果达到了，就支付一大笔钱。"大家反复讨论应该定什么样的里程碑。"是这样，塞巴斯蒂安，"佩奇说，"我想要这东西能在加州任何一条街道上百分之百地自主行驶。"

但是对于特伦来说，这个目标似乎还太模糊了。如果不能在加州的所有道路上行驶一遍，团队如何证明他们可以做到这一点？因此佩奇和布林花了一天时间来定出一系列具有挑战性的驾驶项目。想法是设计一系列路线，要能体现加州道路可能对人类司机造成的各种困难：湾区的所有桥梁、旧金山市中心、从山景城到洛杉矶的滨海公路、太浩湖周围的蜿蜒山道，以及被认为是世界上最弯曲街道的旧金山伦巴第街。"诸如此类的东西，"特伦说，"无所不包。城市、高速公路，各种各样的路况。他们说，如果你的团队能完成，你就会得到一大笔奖金。"

厄姆森说："我只能说奖金比我想象的要多得多。"

就这样，佩奇和布林为特伦团队设计了10条总里程约1000英里（1英里≈1.609千米）的挑战性路线。团队将这些挑战称为"拉里一千"（Larry 1K）。特伦不知道"拉里一千"有没有可能做到。因此，他们商议了第二个里程碑作为备份，在公共道路上自动驾驶累积达10万英里，这也会让团队获得一笔收入。"因为我想确保，如果我们不能达成那个一千英里的目标，至少还有别的办法赚到一些钱。"

团队中的每个人都明白这是一生难得的机会。这似乎有点魔幻。他们加入了一个由机器人高手组成的超级团队，疯狂地与时间赛跑执行一个秘密项目，实现世界上最富有的两个人设定的目标，如果他们实现了目标，他们自己也会变得富有。这看起来像电影情节。他们中的大多数人都曾是身无分文的研究生，兜里的钱仅够生活，积攒了信用卡之类的债务，拒绝了更赚钱的工作机会，苦苦追求同样的目标。他们中的一些人已经有了孩子，妻子为了支持他们的努力牺牲了自己的梦想。现在，这个谷歌团队的成功将让他们有机会补偿自己的亲人。

另外，这也是非常酷的工程挑战。"一家资金雄厚的互联网公司说，让我们试一试吧？"一位工程师说，"那对我们所有人来说都是天降馅饼的时刻。每个人都想，哇，让我们来做些神奇的事情。"

人们要到几年之后才能理解这个项目对于谷歌来说是顺理成章的事情。要理解这一点需要追溯谷歌的发展，回到街景，在当时的许多人看来，这似乎是一个没什么实用价值的滑稽科学实验。用电脑或手持设备让自己快速移动到美国（后来是全世界许多国家）的任何地点，这似乎很酷，但是有什么用呢？为什么要费力收集美国每条道路沿途的沉浸式图像？谷歌开发的街景服务是自达·伽马和麦哲伦时代以来一项无与伦比的制图成就。这项任务的规模大得令人难以置信。不仅仅是因为它需要数百名司机驾驶装有摄像头的汽车在美国和加拿大等国的每条道路上行驶，还因为随之而来的后续发展。

街景项目使实地状况项目成为可能，并提供了出色和准确的基于位置的搜索，因为谷歌可以使用人工智能和计算机视觉软件从街景数据中提取其覆盖区域的每个商店、餐馆地址的真实位置。这些数据的用途还不限于此，它还可以用来为人们提供导航。美国所有道路的超精确三维扫描还有其他用途吗？

自动驾驶汽车。

没错，街景及其后续项目实地状况代表了自动驾驶技术发展的重要一步，因为车伏项目要安全可靠地部署自动驾驶汽车，必须要有高精度地图。到车伏项目启动时，麦克·蒙特梅洛已经很擅长为机器人汽车提供地图以及相关的能力。蒙特梅洛解释说："拥有地图数据可以让你做一些惊人的事情。"

首先，高分辨率和超精确的三维地图数据为车伏的车辆提供了定位的能力，就像为特伦的智慧女神导游机器人和莱万多夫斯基送披萨的普锐机器人预先准备的地图一样。总体思路是类似的。配备了测绘仪器（如激光雷达和摄像机）的车辆将在几个夜晚和白天多次驾驶经过同一区域，扫描周围的一切以创建三维世界模型。通过比较几次扫描之间改变和没改变位置的物体，软件可以创建一个固定地标的列表，比如路肩、电线杆、房屋和建筑物、信箱和广告牌。当自动驾驶汽车在同一区域行驶时，它会对其周围的区域进行类似的扫描，并试图将当前环境与三维地图上的地标列表相匹配。通过将当前的世界模型与之前的扫描结果进行比对，车辆就可以精确地定位它所在的位置，误差仅几厘米。

汽车还可以将先前存在的静止物体列表与其周围的物体进行比对，从而辨别出哪些物体可能会移动，这有助于汽车辨别信箱和行人，或者灯杆和自行车手。如果一个细长的圆柱在多次扫描中处于完全相同的位置，那么这个圆柱很可能是灯杆。如果这个形状只出现在最新的扫描中，那么这个形状可能是人，需要留意。

三维地图还可以帮助车辆辨识道路中间的虚线和实线，谷歌工程师称之为"车道级"地图，其中包括车辆安全行驶的车道，以及其他车辆或移动物体可能行驶的车道。地图也有助于解决由于沙尘或下雪导致道路变得模糊不清的情况。"地图能让你更可靠地发现障碍物，"蒙特梅洛说，"它们能让你知道路上有什么和路上少了什么。"

最后，预先测绘的地图也为车伏车辆提供了一种极为可靠的方法来探测环境中棘手但重要的部分，比如交通灯。

"例如，如果你昨天知道了那里有交通灯，"蒙特梅洛在介绍高分辨率地图为自动驾驶汽车带来的能力时解释道，"今天那里很可能还是有交通灯。因此，你可以把注意力集中在特定的方位，使你的探测器更加精确，而不是在整个图像中搜索交通灯。这非常重要。"

如果自动驾驶汽车完全只能依靠自己的传感器，识别交通灯都很困难，这也是DARPA城市挑战赛不设置交通灯的原因之一。车伏项目软件工程师纳斯尼尔·费尔菲尔德说："巴士的后面有红灯，这是否是一个红绿灯？人们对此会感到困惑。如果你开车经过一个你不熟悉的地方？有时人们会搞糊涂。你看到绿灯了，但你想向左拐。你应当等箭头绿灯吗？如果你不熟悉情况，这的确很难判断。"

如果自动驾驶汽车正在行驶的道路有预先测绘的高分辨率三维扫描，检测并正确识读交通信号灯就会简单很多，地图会告诉汽车应该看哪个地方。

"然后你也可以明白交通灯的含义，"费尔菲尔德解释道，"这个灯是什么意思？交通灯控制哪条车道？它控制左转车道吗？这会很有帮助。"

测绘每一个红绿灯、每一个停车标志、每一条左转车道，这似乎是一项艰巨的任务，事实也的确如此。但不要忘了，街景和实地状况项目已经进行了类似的尝试。既然这些尝试都成功了，蒙特梅洛、费尔菲尔德、厄姆森和团队其他成员都认为，也有可能测绘出每条道路上的每一个红绿灯。

* * *

现在开始建造机器人。这是莱万多夫斯基的工作，他的做法类似他为金银岛披萨外卖建造普锐机器人的方式。他使用了4个雷达，雷达从汽车的4个角发射超声波，检测近处的障碍物。车辆定位用GPS，另外还用车轮角度编码器对车辆的运动进行高精度跟踪。所需的计算机设备，曾经占据了博斯的雪佛兰太浩的尾箱，现在已经足够小和便携，可以装进普锐斯的备胎厢。系统的核心是威力登的激光雷达传感器，有点像在车顶上装了个旋转的肯德基全家桶。威力登的激光雷达有64束激光，每秒对车辆周围360度进行大约150万次测量。

对于控制车辆行为的软件，团队从斯坦福团队为初中生编写的代码开始。在此基础上需要做很多调整。在早期的一项创新中，团队的程序员设计了一个用智能手机控制普锐斯的系统。向前倾斜手机可以让车辆加速，向后倾斜刹车。安装和测试普锐斯的自动驾驶能力需要连续坐在车里几小时编写代码，上传到普锐斯上，然后观察调整后它是如何驾驶的。在距离山景城谷歌主园区不远的公园路上有一个海岸露天剧场，团

　　　　　　　　　　　　　　　　　　　自动时代

队长时间待在那里的砾石停车场，写代码，测试，写代码，测试，写代码，测试。尤其是多尔戈夫，他经常在停车场工作到深夜。有一次大约凌晨3点，多尔戈夫正坐在普锐斯车里修改代码，他抬头看到一辆警车正在驶近。"你好，警官？"多尔戈夫用俄国口音同警察打招呼，突然意识到自动驾驶项目有曝光的危险，这个项目如此隐秘，以至于在谷歌都只有少数高管知道它的存在。

"你在干什么？"警官问道。多尔戈夫微笑着解释说他正在为谷歌测试技术。谢天谢地，在山景城，这足以平息警官的好奇心。

教机器人开车需要深入学习人类驾驶汽车的方式。例如，人类踩刹车踏板的精确方式。大多数司机并不是用最大力猛踩刹车。他们是稳定地增加制动压力，使车辆缓慢减速，逐步加力直到车辆停下来才突然踩紧。多尔戈夫在车伕的软件中模仿了类似的曲线。

另外，每个司机在城市街道上开车时都会做成千上万次微调，这也是一个问题。司机并不是简单保持在车道的中央，而是根据各种外部信息蜿蜒前行。停在道路右侧的汽车会迫使车辆向左调整。与对面车道会车时会向右偏。这种微调每分钟都会发生很多次，并且必须这样才能让车上的乘客感到安全。

自动驾驶普锐斯早期一次令人鼓舞的测试在附近的莫菲特联邦机场进行，就在谷歌园区以东几千米处。一旦普锐斯在飞机跑道上运行良好，厄姆森就准备让车辆上路测试。但是这是合法的吗？谷歌的律师研究了该州的驾驶法规，发现当时没有任何法规明确禁止电脑驾驶汽车。法规要求有人坐在司机座位上，但没有具体规定司机必须实际控制车辆。

2009年5月，厄姆森选择在山景城中央高速公路进行公共道路上的第一次测试。中央高速公路很合适，因为它笔直，维护良好，并且中间有绿化带将自动驾驶汽车和迎面而来的车辆分开。为了保护公众，厄姆森安排了一些车跟在普锐斯后面，在普锐斯和常规交通之间形成一道屏障。多尔戈夫坐在乘客座位上，厄姆森把车开到中央高速公路上，启动了自动驾驶软件，发现车在车道上左摇右摆。人行道两侧的灯杆、信箱、停车标志，每个小地标都会触发车辆微调，导致它在车道上摇摆不定。

在DARPA挑战赛期间，没有人会担心这种事情，因为那些自主车辆不是为人类乘客设计的。但是对于车伏来说，还必须让乘客感到舒适和安全。多尔戈夫对代码做了一些调整，让普锐斯在车道内基本不再左右摇晃，除非是遇到了很接近的固定障碍物。第二天他们又进行了测试。调整奏效了，乘坐感觉舒服多了。"里程表先是到达1英里，然后是10英里。这是很大的进步。"厄姆森回忆道。

然后是100英里和1000英里。2009年春天，很明显，他们还在回避真正艰难的事情，"拉里一千"，由佩奇和布林设计的一系列百英里测试。"到了某个时候我们说，我们需要去尝试一下。"厄姆森回忆道。他们选择的第一条路线是沿太平洋海岸公路从卡梅尔镇行驶到圣路易斯奥比斯波。这条路线是让人感觉最危险的路线，蜿蜒的公路从悬崖上开凿出来，一边是耸立的崖面，另一边仅仅是一条钢护栏，这是防止汽车坠入百米深的太平洋的唯一措施。

但实际上，厄姆森认为这条线路相对来说还容易一些。因为道路保养得很好，车道标识清晰，很长的路段都是笔直的，交通流量相对较低。这条路线没有很多十字路口，也就是说只有几个红绿灯。厄姆森认为，只要车辆保持在黄色和白色的车道线之间，就不会有事。"第一次（行驶）基本上只是在自己的车道内，在几个红绿灯前停了车，然后继续前行，"厄姆森承认，一个致命错误就有可能导致车辆坠入太平洋，"这既有趣又可怕。"

在装备有扫描仪器的车辆将路线绘制出来后，多尔戈夫用软件处理数据，规划出普锐斯的精确路线。也就是说，在道路上的每一点，计算机程序都指定了自动驾驶汽车应该在的位置。接下来，多尔戈夫和他的妻子安娜，车伏测试和操作小组的成员，沿着海岸开车。一路上，在多尔戈夫开车时，安娜负责修正软件计算出的车辆应该走的路线。如果预先规划的最佳位置太靠近路的边缘，安娜只需按下电脑上的一个键，就可以将规划路线向左或向右修正10厘米。

机器人第一次尝试行驶这条路线时，厄姆森、多尔戈夫和莱万多夫斯基坐在车上。他们一早出发。还没走几千米，他们就意识到需要对控制弯道车速的代码进行调整。多尔戈夫编写的代码让汽车在进入弯道前不会刹车。普锐斯感觉自己进入弯道的速度太快了，然后猛踩刹车，慢慢地驶过弯道的后半部分。在太平洋海岸蜿蜒的悬崖公路上，这种操作令人不安。厄姆森的指关节随着每次转弯而变白。但是3人并没有脱开自动驾驶软件：作为10次测试挑战的第一次，让车伏一次性完成，对士气是很好的提升。普锐斯跟到了一辆缓慢行驶的啤酒卡车的后面，卡车在拐弯时刹车，这减缓了自动驾驶汽车的速度，因为它必须保持一定的跟车距离。普锐斯继续沿海岸行驶，又遇到了道路施工，工地将道路压缩为一条车道，由一名工人指挥交通。人类发出的停车信号是自动驾驶汽车面临的最棘手的挑战之一。面对越来越复杂的路况，厄姆森脱开了自动驾驶软件，自己掌控车辆。

他们没有放弃，而是重新回到起点。多尔戈夫将制动控制代码调整得更平缓，这样在汽车到达弯道最大曲率点之前，软件就会告诉普锐斯减速。那天下午晚些时候，他们又测试了一次。车辆的弯道操控感觉安全多了。当他们到达上一次脱开自动驾驶的地点时，建设工地已经撤除了。道路又恢复了两车道，没有人员指挥交通。第二次尝试他们顺利到达圣路易斯奥比斯波。这是一次在蜿蜒的悬崖道路的测试，大约212千米，耗时3个多小时。车伏团队的车辆完全自主地完成了这项测试。

他们完成了第一条"拉里一千"路线。"我们认为这是很大的进展，"厄姆森回忆道，"你可以开始看到这可能是可行的……除了欣慰，这也很令人振奋。"

那天晚上，厄姆森、多尔戈夫和莱万多夫斯基在圣路易斯奥比斯波过夜。他们去餐馆庆祝。多尔戈夫回忆他们相互顶胸脯和击掌庆贺，"我们已经设定了里程碑，但我们还不知道如何到达那里。我们刚刚干掉了第一个，这只会让我们更具斗志和动力"。

团队中的悲观主义者不认可这一成就。他们觉得这没什么了不起。这条路线很简单，要完成它只需要让车辆保持在车道内，而且只有3个红绿灯。实际的城市驾驶比这个要复杂得多，尤其是当你不得不考虑行人和宠物的时候。

因此，厄姆森在选择第二条测试路线时特意选了条难的。他这次选择的"拉里一千"测试基本上是沿着一条名为国王大道的古道行驶100英里，这条道路在美国立国之前曾连接了从下加利福尼亚延伸到旧金山北端的21个西班牙教区。这条"拉里一千"测试线路开始于圣何塞机场附近。在山景城，线路离开了国王大道穿过谷歌园区。在帕洛阿尔托，它穿过了斯坦福大学校园和市区，然后，在市区北部回到国王大道，随后沿着旧金山南部延伸。这条线路有200多个红绿灯。厄姆森最担心的部分是穿过帕洛阿尔托市中心。斜停的汽车倒车时会退到马路上，看手机不看路的行人，闯红灯的自行车，这其中每种状况对人类司机来说都难以应对，对于一辆自动驾驶汽车来说只会更加困难。"我记得人们的反应大概是：这是浪费时间，我们为什么要干这个？"厄姆森说，"但事实证明，去尝试是我们所做过的最好的事情。"

普锐斯在帕洛阿尔托市中心行驶时出了6次错。未能避让行人，也未能避让一辆在倒车的车。每次厄姆森都不得不脱开自动驾驶软件自己接管，然后多尔戈夫和其他程序员会努力解决问题，修正代码，让车辆下次能避让行人，并在有汽车倒车时减速停车。"它从一组抽象的问题变成了'好吧，基本可以了，有4点没做好。让我们努力解决这些问题吧'，"厄姆森说，"这些问题我们可以解决。我们没必要一次就全解决。我们只需要改进这些，然后再去测试一次。"

团队在每周一上午11∶30开会，讨论进展情况，以及本周重点解决哪些问题来改进汽车的自动驾驶能力。他们必须解决的一个问题是软件无法预测行人的行进路线。例如，如果经过十字路口时有行人站在车辆右侧，车辆也可能继续行驶，因为它无法预测行人可能会在它前面穿行。此外，车辆会尽量靠近道路中线，当车道很宽可以容纳两辆车并行时，这会带来问题。在十字路口，人类驾驶的车辆会在普锐斯转弯前贴着旁边停车。因此，程序被调整为允许车辆在车道内有更多的自由空间，这取决于具体情况。就这样，成功完成国王大道的"拉里一千"测试用了大约一个月的时间。

他们相对早期选择的另一条挑战线路是穿越湾区的所有桥梁。这条线路棘手的地方不在于桥梁，桥梁有清晰的车道标志，可行驶性很好，棘手之处在于它包括旧金山湾北侧贝尔维迪尔湾一段非常狭窄的道路。那是一条名为海滩路的街道，从旧金山游艇俱乐部附近开始，沿着小山向上延伸，然后穿过树木和杜鹃花覆盖的海岸线，海岸一侧隐藏着价值数百万美元的豪宅。尽管海滩路狭窄，路边还是会有车辆停放。多尔戈夫和厄姆森第一次在这条路上行驶时，他们很困惑，难道是单行线？路边停了车时，只能容一辆车通过。但是了解后发现，海滩路允许双向行驶。为了在会车时安全行驶，程序员不得不教普锐斯一种在欧洲很常见的开车技巧，在较宽的路段靠边，等待对面的车辆通过。有一次在海滩路测试机器人时，他们又遇到了一个问题：桥梁收费站。按照测试线路普锐斯应该经过一个收费站，但那天运气不好，收费站关闭了。幸运的是，在下一次测试中，那个收费站开放了，他们也成功完成了这条"拉里一千"挑战线路的测试。

* * *

这一年的高潮之一是车伏团队与大约50名谷歌高管举行的比赛。比赛在海岸剧场废弃的停车场举行，距离谷歌园区不远。车伏团队用交通锥布设了一条蜿蜒的赛道，在无人驾驶汽车行驶的时候给它计时。然后，他们脱开自动驾驶软件，将汽车交给谷歌高管，让他们自己驾驶汽车，沿着同样的路线与机器人竞速。没人能赢机器人。这场比赛让团队坚信他们能设计出与人类一样擅长驾驶的机器人，甚至还能更好。至少是更快。但更重要的是，更安全，不容易分心或迷惑。

DARPA的比赛排除了现实世界中的一些要素，主要是行为不能始终保持理智的一些事物。例如，忙于看手机、不留意汽车就横过马路的行人，突然左转插入道路的自行车，随意冲进马路的宠物。

而车伏团队则必须考虑各种移动的物体，并教会自动驾驶汽车用摄像头和激光雷达扫描识别各种移动物体。人的身高通常介于80到210厘米，可能有30厘米宽，腿经常会变换位置。将成千上万不同的行人图像输入到人工智能软件，用学习算法训练后，软件就能以很高的正确率进行识别，就像你手机里的软件学习识别你和你朋友的脸一样。类似的算法还能教会软件识别几十甚至数百种不同类别的物体，这些物体代表了车伏驾驶的车辆可能遇到的障碍物。坐轮椅的人、蹒跚学步的孩子、儿童、玩滑板的人、狗、猫、足球、篮球、自行车、冰淇淋贩卖车，软件

　　　　　　　　　　　　　　　　　　　　自动时代

学会了识别这其中每一种。最棘手的计算机视觉问题之一是识别指挥交通的警察，并理解警察示意停车的手势。

所有这些例子都涉及感知——机器人观察世界和理解世界的能力。跟在感知后面的是预测，预测周围所有移动物体接下来会做什么，这需要用到一种名为行为引擎的模型。例如，成年人可能会站在人行道上，等待交通信号，而儿童则更有可能闯入马路。其他车辆的行为也很重要。比如说，自动驾驶的普锐斯行驶在两车道的高速公路的左边车道上，而且在前方两条车道会合并为一条。此时一辆皮卡在右侧车道上领先于普锐斯。自动驾驶软件必须认识到皮卡可能会并入普锐斯的车道，并将车辆减速以避免撞车。

据厄姆森说，车辆的行为引擎越来越精确，每秒能预测周围大多数物体的运动10~20次。比如说，一辆自行车沿道路的右侧前进，前面停了一辆汽车，挡住了自行车的路。机器人必须知道自行车可能会拐入左侧车道，也就是机器人的车道，以绕过挡道的汽车，机器人此时应当减速以免撞到自行车。另一种棘手的情形是自行车有可能在十字路口的横向车道上抢黄灯，即使已经是红灯了，仍然横过路口，这时机器人最好继续停车等待，即使前方已经是绿灯了。总而言之，团队必须教会自动驾驶汽车识别和预测成千上万种不同的行为模式。

* * *

到2010年春天，车伏团队已形成常规：在对"拉里一千"线路进行测试时，通常是厄姆森和多尔戈夫两人坐在车上。(其他人偶尔也会执行一些线路的测试。例如，车伏团队机器人专家詹姆斯·库夫纳，现在是丰田高级开发研究院的CEO，普锐斯成功完成从谷歌园区到洛杉矶好莱坞大道的线路时他就坐在车上。)

为了让车伕团队的其他成员能观看测试，乘客小组设计了一个系统来沿途追踪车辆——有点像优步和Lyft等约车软件的视觉效果，但有一个重要区别：车伕软件会显示车辆是否自主运行。普锐斯越接近线路终点，车伕工程师就越关注车辆的进展。当他们成功完成挑战时，跟车的团队成员会回到办公室，打开一瓶香槟与其他成员一起庆祝。随后，他们会在香槟瓶上签上这次挑战的标记。瓶子堆放在车伕总部最显眼的架子上。

一天，厄姆森、多尔戈夫和多尔戈夫的妻子安娜前往太浩湖，在这里的两条"拉里一千"线路上测试。普锐斯毫无困难地完成了第一条路线。接下来多尔戈夫要去旧金山国际机场接他的父母，所以他们没多长时间就得回到湾区。不过在离开之前还有一段时间。趁这段时间，他们将普锐斯带到了第二条线路上，想看看它能走多远。它在蜿蜒的山路上表现得非常出色，多尔戈夫发现自己想走又舍不得停下来。结果普锐斯就这样完成了第二条线路，也就是说他们在一天之内就成功挑战了两条测试线路，这也导致他们3人不得不匆忙赶往机场接多尔戈夫的家人。

到2010年夏天，团队的奖杯架上已有了8个香槟瓶，很快又有了第9个。2010年夏天结束时，只剩一条线路了。这时塞巴斯蒂安·特伦接到了《纽约时报》资深科技记者约翰·马尔科夫的电话。

＊ ＊ ＊

假设你在克里斯·厄姆森的位置上。你为DARPA挑战赛付出心血。在瑞德·惠特克的团队中，你牺牲了陪伴妻子和刚出生的孩子的时间。你推迟了博士论文答辩，抗拒了去外面公司赚钱的诱惑，因为你想研发机器人汽车，因为你意识到了自动驾驶改变世界的巨大潜力。最后，你赢得了声名鹊起的DARPA挑战赛，却什么也没有改变。至少有一段时间是这样。2008年的经济衰退使得汽车公司和其他可能对自动驾驶感兴趣的人都疲于应对破产。所以你搁置了你的梦想，加入了一个建造机器人的项目，这个机器人的用途是挖掘矿石。直到塞巴斯蒂安·特伦不知从哪里给你打了个电话，给了你一个太好以至于显得不真实的机会：为几位互联网亿万富翁做一个项目，让你能够实现用机器人汽车改变世界的梦想。如果成功的话，你也会变得富有，并且实现你的梦想，曾支撑你在匹兹堡的冬天为瑞德·惠特克彻夜工作的梦想。

2010年，随着夏季的到来，你领导车伏团队实现了在公共道路上自主驾驶10万英里的备选目标，以及"拉里一千"测试的90%。你离实现里程碑是如此之近。而此时一个潜在的危机出现了，可能影响你梦想的实现。

为了积累10万英里的里程，车伏团队制造了许多机器人汽车的复制品，并雇佣和训练了几十名司机坐在无人驾驶汽车上，在山景城周围的道路上行驶。不知出于什么动机，其中一名司机打电话给约翰·马尔科夫，向他透露了这个项目的情况。在那名司机的帮助下，马尔科夫又联系了另一名司机，证实了车伏项目的存在。马尔科夫写了一篇特稿，在发表之前，他打电话给特伦征求意见。"我听说你们在公共道路上测试机器人。"特伦回忆马尔科夫在电话中说。马尔科夫给特伦发了一份报道的梗概。据特伦说，文章的要点是谷歌正在硅谷的道路上进行测试。"这是一篇可怕的报道。"特伦回忆道，他指的不是报道的质量（特伦钦佩马尔科夫作为一名科技作家的能力），而是这篇报道对车伏项目的预期舆论影响。公众会不会认为这是鲁莽的，不负责任的？特伦将马尔科夫的电子邮件转发给了谷歌的公关总监以及布林和佩奇。

车伏团队担心报道会造成的影响。"我们很担心，我们不知道会发生什么。"厄姆森回忆道。马尔科夫的报道似乎对车伏不利。舆论抨击可能会影响谷歌的股价。车伏团队担心整个项目会被取消。"回想起来，如果真正了解拉里和谢尔盖，就会明白这个担心是多余的，"厄姆森说，"他们意志坚定。"

在特伦与马尔科夫周旋，并与谷歌公关总监雷切尔·惠特斯通以及领导层讨论如何回应时，厄姆森和车伏团队的工程师们立即采取了行动。如果他们赶在《纽约时报》报道之前完成里程碑，至少可以确保这一阶段目标的实现。

9月27日，9月的最后一个星期一，厄姆森和多尔戈夫坐上了车伏的丰田普锐斯自动驾驶汽车，准备尝试最后的挑战。那天，普锐斯上还有一名乘客：安德鲁·查塔姆，车伏团队的软件工程师，因为他希望目睹历史。团队其他成员则在办公室的电脑上追踪他们的进展。

这条线路的第一部分通向帕洛阿尔托，沿着佩奇山道进入圣克鲁斯山脉干旱的灌木丛，很快变成一条蜿蜒的双车道公路，边缘很清晰，但也很棘手，因为有之字形山道和视线被阻挡的弯道，有运动摩托车手和自行车手，还有古怪的技术新人试图用最新款跑车刷新纪录。在天际大道，佩奇山道变成了阿尔卑斯山道，大雾笼罩。虽然这里很少有车行驶，但普锐斯车上的乘客们却警觉地注意到路上有奇怪的东西，一辆生锈的自行车，一只男式鞋子。自动驾驶汽车不得不转向以避开这些东西。看到雾中这些随机出现的人工制品，大家开始感觉命运似乎在预谋阻止他们完成最后一条"拉里一千"线路。直到薄雾中出现一辆垃圾车，大家才松了口气，垃圾车似乎已不堪重负，东西都掉下来了。

最艰难的情形发生在勒本田镇，那里狭窄的道路、陡峭的山丘和植被对人类司机都会构成挑战，但普锐斯顺利通过，没出问题。驶出小镇后，他们沿着皮斯卡德罗溪路前行，这条路将他们带到圣克鲁斯山的另一边。右转后进入斯泰奇路，这里变窄成了一条没有划线的铺装道路，蜿蜒穿过没有树木的山丘，直到汇入美国加州1号公路。这里也很棘手，因为普锐斯不得不从停车线加速进入限速80千米的高速公路。

干净利落的汇入。一年多前，在第一条挑战路线上，他们也走过这条路。那次走的一段是从卡梅尔镇行驶到圣路易斯奥比斯波的太平洋海岸公路。这一次，他们在卡梅尔镇以北汇入美国加州1号公路，这一段被称为卡布里洛高速公路。他们从圣格雷戈里奥沿着相对笔直的铺装道路向北行驶，穿过洛比托斯镇，经过著名的半月湾冲浪胜地，穿过1号公路邻近太平洋的一段，这段公路因山体滑坡落石而经常被关闭闻名，后来加州花费数百万美元修建了汤姆兰托斯隧道。

2010年9月的那个下午，没有山体滑坡或落石阻碍车伏团队的前进。整个过程中，厄姆森和多尔戈夫看着他们的车稳健地行驶。多亏了多尔戈夫令人放心的刹车算法，这一次行驶得平稳安全，厄姆森也没有再像第一次乘坐那样指节发白。

在费尔蒙，车辆通过四叶草形立交桥从卡布里洛高速公路驶出，沿着天际大道经过旧金山动物园到达旧金山西海岸的高速公路，进入洛波大道，经过悬崖屋餐厅和吉里大道，然后左转到第34大道，沿着荣誉军团大道穿过兰兹角到达埃尔卡米诺德尔马。然后，普锐斯穿过金门大桥附近的普雷西迪奥要塞，蜿蜒穿过游客和人行横道，最后从伦巴第门离开公园。接下来，它沿着栗树街向西行驶，现在只剩下最后几千米了。考虑到这里的地理环境，可以理解谷歌创始人为什么把它纳入"拉里一千"，为什么不呢？普锐斯沿着伦巴第街的小山行驶，一直到海德街的最高点，然后沿着著名的"世界上最弯弯扭扭的街"开下来，这段路有许多之字形转弯，还有游客行走。不过机器人还是顺利通过。

厄姆森后来承认："这段路看似很难，但是因为是单行道，实际上并没有那么困难。"

在拉里·佩奇和谢尔盖·布林18个月前绘制的这条路线的最后部分，有一些最棘手的因素。最后一段路向南转入莱文沃斯街，右转左转右转左转拐入戈夫街，直到斜穿城市的市场街。这里展现了城区可能给自动驾驶车辆带来的各种复杂挑战：自行车、公共汽车、复杂的车道标志、旧金山标志性的有轨电车。单独出现时软件都可以处理。但是在这里，它们被聚集在一个难以预测的环境中。自行车会和汽车相撞吗？行人会在毫无预兆的情况下走到车前吗？考虑到厄姆森在机器人方面的经历，沙暴翻滚，Hlghlander翻滚，超大显示屏给博斯造成的奇怪GPS问题，车伏的总工程师过于担心在最后时刻发生可怕的事故是情有可原的。

谁也不知道历史会不会重演。在山景城的后方基地，车伏团队的其他成员都屏住了呼吸。车上的多尔戈夫、查塔姆和厄姆森保持沉默，似乎说句话都有可能扰乱车的正常行驶。最终普锐斯顺利通过了市场街可能遇到的最糟糕情形的考验。厄姆森、多尔戈夫、查塔姆和机器人一起穿过卡斯楚街，继续朝着双子峰的方向驶去，然后市场街突然变得扭曲，经过三岔路和一些最复杂的交叉路口，一直行驶到街道的尽头，这里也是"拉里一千"挑战线路的终点。

车伏团队做到了。在离两年期限还有3个月的时候，他们完成了谷歌创始人的挑战。"速度快得令人难以置信。"特伦说。

特伦在他位于洛斯阿尔托斯山的家中为团队举行了派对，车伏团队的工程师们把他扔进了游泳池，以纪念他们的成就。厄姆森和妻子用分得的奖金付了房子首付款。与此同时，雷切尔·惠特斯通、拉里·佩奇和谢尔盖·布林决定与《纽约时报》的约翰·马尔科夫合作，希望马尔科夫了解谷歌在自动驾驶方面的努力，争取让他改变对此事的看法。事实上，他们向马尔科夫提供了更好的独家新闻，让他成为第一个乘坐车伏无人驾驶汽车的新闻记者。

＊＊＊

然后就到了我回到这个故事的时候。2010年10月9日，我在密歇根州米德兰市，刚刚为道康宁提供了一个下午的咨询，我的手机响了，是厄姆森在找我。他上次和我联系还是两年前。此后通用汽车公司破产，我离开了公司，在密歇根大学和哥伦比亚大学担任顾问和做教育工作。

在我们谈话的第一部分，厄姆森首先向我介绍了车伏的进展，以及他们的工程师团队完成佩奇和布林提出的挑战的情况。厄姆森说，所有这一切都是秘密进行的，不过现在《纽约时报》正在准备一篇报道。谷歌希望寻找一位有声望的汽车业内人士，向媒体讲述自动驾驶技术的潜力，为他们的努力提升公信力。厄姆森希望我可以承担这项工作。

此时我还需要消化一下谷歌所做的事情。

"你们的10万英里驾驶经验到底是在哪里获得的？"我问。我想一定是在试验场，或是类似内华达汽车测试中心这样的地方。

"我们是在公共道路上测试的。"厄姆森说。

这让我大吃一惊。我有很多疑问。即使合法，通用汽车也不会在公共道路上进行自动驾驶汽车测试。律师不会允许。如果发生事故，他们会承担责任。

然后，厄姆森把话题带回了最迫切的部分：你愿意作为汽车业资深顾问来帮助谷歌的自动驾驶汽车团队吗？

"厄姆森，我很乐意这样做，"我说，"另外听了你告诉我的事情，我也很想去坐坐你们的车。"

很快，厄姆森和特伦就安排了我参观山景城。在厄姆森给我打电话的同一天晚些时候，特伦在谷歌博客上发布消息，向全世界宣布了这个项目。"拉里和谢尔盖创立了谷歌，因为他们希望利用技术帮助解决真正的大问题，"他写道，"我们现在正在解决的其中一个大问题是汽车的安全和效率。我们的目标是通过从根本上改变汽车使用方式，帮助预防交通事故，节省人们的时间和减少碳排放。"

"安全是我们在这个项目中的首要考量。我们的车始终都有驾驶员监管，"特伦继续说道，"虽然这个项目很大程度上还处于实验阶段，但感谢计算机科学的发展，让我们得以窥见未来的交通。未来非常让人激动。"

同一天晚上，《纽约时报》在网上发布了马尔科夫的报道；第二天报纸上也刊登了。马尔科夫的报道题目为《妈妈看：没有手》。文章中写道："方向盘后面坐了人，准备在出现异常时接手控制，一名技术人员在乘客座位上监控无人驾驶系统，7辆测试车已经在无人干预的情况下行驶了1000英里，累计14万英里行驶里程中只偶尔有人控制。""有一辆甚至从旧金山伦巴第街开了下来，这是全美国最陡、最弯曲的街道之一。"

这篇报道震惊了美国。Zipcar的联合创始人罗宾·蔡斯称之为"全世界听到的一声枪响"。《连线》杂志的汤姆·范德比尔特比之为"第一颗人造卫星"。出于很多原因，我喜欢这个类比。苏联的绕地卫星重塑了人们对科学技术可以实现的目标的认知。另外也引发了太空竞赛。

谷歌的自动驾驶汽车也将引发汽车行业的太空竞赛，但并没立竿见影。最开始，汽车厂商嗤之以鼻。"自动驾驶汽车？"底特律的很多人说，"那有什么意义？人们喜欢开车。"但是那些人还没有乘坐过无人驾驶汽车。他们不知道乘坐的感觉有多轻松，也不知道无人驾驶汽车会给个人移动性带来怎样惊人的变化。

《纽约时报》报道后的一个月，也就是11月底，我造访了谷歌园区。

我向车伙团队介绍了基于自动驾驶技术的个人交通新DNA的潜力，锂离子电池和燃料电池能量密度的提升，以及一种创新设计的定制汽车，该设计采用两人豆荚车在市区穿行，当时刚刚发布。对我来说，这次访问的高潮是第一次体验谷歌自动驾驶汽车。自从城市挑战赛以来的3年里，技术的进步让我印象深刻。博斯的电脑和传感设备占满了雪佛兰太浩宽敞的内部空间。相比之下，车伙团队的丰田普锐斯更像一辆普通的汽车，除了车顶的传感器和旋转激光雷达，以及安装在控制台上的红色大按钮。一位工程师向我解释，在发生异常情况时按下红色按钮可以让我接管汽车。

当我们驶出谷歌园区时，我很紧张。在担任通用汽车研发和规划部门的负责人时，我试驾过很多原型车，我知道它们有多不可靠。我上一次试乘博斯的经历并不愉快。当我驾着普锐斯进入美国101号公路时，我的手心开始冒汗。这条公路是美国最繁忙的高速公路之一。几分钟后，我们的巡航速度略快于每小时88千米，同车流中其他车辆一样。

"你准备好了吗？"一名工程师问道。

类似于平时开启巡航的方式，我按下了一个按钮，接入了普锐斯的自动驾驶能力。一位工程师提示我将双手从方向盘上拿开。我感到胃部紧张，嘴唇干涩。以前在高速公路上开车时，我从未如此担心过车辆之间的缓冲距离。但是当我把生命托付给一台机器的时候，我很担心。

普锐斯随着车流加速前进，完全保持在车道内。接近一段平缓的弯道时，我绷紧了，但是方向盘在正确的方向上扭转了几厘米，将车辆保持在虚线中间。然后，一辆大众甲壳虫以弧线从左边超了过来，插入普锐斯和前车之间的空当。这个混蛋不知从哪里冒出来的。我甚至没有在后视镜里看到那辆车。如果我能预见到甲壳虫会插入进来，我可能会按下仪表板上的红色按钮，接管车辆的控制权。然而，我没有，在我还没想好怎么应对时，普锐斯慢了下来，慢慢地，在我们和前面的甲壳虫之间又有了缓冲区。

"哇，"我说，"真是令人印象深刻。"

普锐斯早就预见到了甲壳虫的行为。甚至在插队发生之前，它就已经预测到了。优秀的人类司机在盯着前方道路的同时，会尽可能地抽空观察车辆周围的情况。而谷歌的汽车四周都有传感器。它随时都知道前后左右在发生什么。谷歌汽车既有检测四周道路的鹰眼，也知道一旦甲壳虫插入到我们前面时该如何应对。

等经历了这些，我放松了下来。过了一会儿，我们行驶到一辆拖挂卡车旁边，普锐斯又有了反应。它在车道内向左移动了一段距离，远离卡车，我意识到这辆车并不仅仅是只知道遵守道路规则。不，比那复杂得多。它表现得像人类司机，而且还要好得多。人类在高速公路或其他道路上开车时，有一系列的技巧，谷歌工程师教会了这辆车这些技巧。

坐着车伏的普锐斯行驶在加州高速公路上时，我感到了前所未有的放松。特伦、厄姆森、莱万多夫斯基、多尔戈夫和其他团队成员吸收了DARPA城市挑战赛中采取的一些只有在特定测试条件下才有效的措施，并使其在现实世界中可行。而在现实世界中的驾驶更加复杂，危险因素有数量级的增加：动物、自行车手、行人，公路上的其他司机可能会在你前面随意插入。回到谷歌园区，我意识到这些人已经实现了他们的目标，而且也第一次亲身体验到了他们的成就将会给世界带来的改变。

* * *

在我的访问即将结束时，塞巴斯蒂安·特伦和克里斯·厄姆森就谷歌的问题与我商谈。将这项技术商业化，也就是说，让全世界数百万辆汽车拥有自主能力，将需要与一家或多家知名汽车制造商密切合作。团队希望借助汽车行业的内部人士，与底特律真正理解自主汽车意义的人接触。

我当然想加入谷歌正在做的这项事业。拉里·佩奇和谢尔盖·布林是世界上唯一两位全力支持力图让这项技术惠及全世界的高管。在我看来车伏已经取得了非凡的成就，这个项目将自动驾驶技术的发展加快了至少10年。

我当然很高兴有机会加入其中贡献我自己的力量。但当时我已经有许多咨询项目正在进行之中。另外，搬家也不利于我妻子的职业生涯。因此，我建议塞巴斯蒂安和克里斯聘请我担任公司的兼职顾问。这对他们也很适合。2011年1月1日，我开始了与谷歌团队的合作。

第8章　变革的种子

每个人都胸有成竹，直到他们被揍一顿。

——迈克·泰森

车伏团队的成员们不会忘记2009年和2010年，那段时间他们全力以赴应对佩奇和布林提出的挑战，那是他们的激情岁月，每个人都为了同一个目标努力，相互之间坦诚以待。当时这个项目是秘密的，有时厄姆森和团队成员会想象项目一旦公开大众会如何看待他们的发明。利用激光雷达和人工智能，加上大胆创新和精湛的工程技艺，他们创造了一辆能在公共道路上自动驾驶的汽车，甚至比人类司机更安全。他们相信这项发明会对社会产生革命性影响。

然后蜜月结束了。有诸多因素。其中之一是人性。我们怀抱着希望、梦想和志忑期待着某件事情发生，然而当事情真的发生时，现实并不符合我们的期望。没有人为车伏团队的工程师们举行游行来庆祝他们的成就。世界并没有对谷歌开发无人驾驶汽车的消息表示欢迎，更不要说报以热烈的掌声。他们的确挣到了钱。他们的生活有了很大改善。但是在团队达到里程碑和约翰·马尔科夫在《纽约时报》的报道发表后，除了钱，其他的变化很小。

克里斯·厄姆森和安东尼·莱万多夫斯基在底特律受到的待遇体现了整个社会的反应。在特伦家的庆祝聚会结束后，车伏团队的工程师们开始与特伦和谷歌领导层讨论如何将自动驾驶商业化。讨论后他们认为最有可能的途径是与汽车制造商们合作。因此随后厄姆森和莱万多夫斯基马上飞往底特律，与几家主要汽车公司接洽，想看看有没有合作的可能。"当时的想法是，如果要生产自动驾驶汽车，必须与汽车公司合作，"厄姆森回忆道，"要么向他们购买汽车来组建车队，要么把我们的设备安装到他们的汽车上出售。无论怎样，我们需要他们的协助才能做好这件事。"

首先接触的是为各大汽车制造商提供零部件的一级供应商。这些公司位于世界各地。最著名的是德国博世、日本电装和加拿大麦格纳国际。在底特律附近有李尔、德尔菲和维斯通等公司。最大的供应商年收入达数十亿美元，员工数量不亚于汽车制造商，总部也同样气派。2011年初，在底特律郊区的一个会议室，厄姆森和莱万多夫斯基介绍了车伏项目、自动驾驶的性能、行驶里程数，以及自主软件的大致原理。结果对方的反应是完全不感兴趣。几年后，厄姆森用耸肩来模仿高管们的反应。谷歌为什么要做这个？一位汽车业高管问。另一位说，这毫无意义。第三个人说，也许要50年后才用得上。他们似乎认为厄姆森和莱万多夫斯基销售车顶有旋转激光雷达的汽车的想法很荒谬，因为对高管们来说，这感觉就是很荒谬。会议室里的汽车业高管没有一个人相信可以很快制造出商业化的自动驾驶汽车。"他们只是笑了笑，认为我们的想法很天真。"厄姆森回忆道。

这次厄姆森和莱万多夫斯基也到访了一家大型汽车制造商。在这家公司的会议室里，厄姆森向高管们做了演讲，这次得到的回应中夹杂着愤怒。"他们基本上认为我们做这个测试是非常鲁莽的，"厄姆森说，"我们对待测试一直非常仔细和谨慎。这些家伙还没真正了解我们做了什么或如何做就说，'你怎么能做这种测试？你是怎么想的？'"这些高管认为，车伏团队让机器人汽车在公共道路上行驶是不道德的，应受谴责，因为会危及他人的生命。厄姆森回忆这些高管们说："这绝对行不通。"然后就请他们离开。

厄姆森和莱万多夫斯基去底特律基本上是说，要不要用我们开发的这项惊人技术一起做点什么。他们得到的反应是断然拒绝。更糟糕的是，底特律的反应伴随着一种居高临下的态度，这将使车伏项目与底特律在很长时间里都无法顺利沟通。这样的反应表明汽车业不认可他们解决问题的方式。"他们认为这没有意义，"厄姆森回忆道，"而且认为这太离谱了，完全不切实际。"

厄姆森和莱万多夫斯基只好打道回府。在前往底特律机场的出租汽车上，他们沉默了一会儿。最后厄姆森开口说道："好吧，我想我们和这些家伙谈不来。"

* * *

我曾在底特律的文化氛围中工作了30多年，在2011年初开始与车伏团队合作后，我感受到了底特律文化与硅谷文化的许多差异。

我对新的咨询工作感到兴奋，但我也明白自己是一家破产汽车公司的59岁前高管。在2011年1月去报到之前，我担心自己能不能坚持下去，或会不会被好奇地打量。在之前的几周里，我一直都对穿什么衣服感到焦虑。通用汽车的着装风格是商务休闲，开领衬衫、休闲裤、毛衣和西装都可以。当接待重要客人时，都是穿西装打领带。我经常有接待，所以我的衣柜里主要是西装、白衬衫和领带。谷歌的着装要休闲得多，不穿西装，也不打领带，有时甚至连长裤都不穿。他们有时会穿短裤，光脚穿五趾鞋上班。

我花了大约一年时间才适应山景城的氛围。最终我意识到，穿衣的秘诀是自己想怎么穿就怎么穿，我通常穿休闲裤、衬衫和毛衣。在这里没有人在乎我穿什么。谷歌的员工除了非常聪明、富有创造性和主动性之外，还乐于接纳不同背景的人。

硅谷和底特律之间的差异还远不止着装。在这里人们会带他们的狗去上班。这一点我很喜欢，我家里有两只狗，我出门时总是想念它们。还有人会带婴儿来上班。有一次我差点撞到了在工作站旁托架上睡觉的婴儿。

另一个不同之处是在谷歌人们愿意尝试各种新奇有趣的解决交通问题的方式，厄姆森和他的团队在底特律碰壁的遭遇尤其体现了这种差异。厄姆森骑自行车上班。塞巴斯蒂安·特伦踩着旱冰鞋在办公楼穿行。硅谷附近有各种公共交通，比如湾区的快速公交和旧金山的有轨电车。拉里·佩奇和谢尔盖·布林在谷歌园区投放了彩色自行车，让员工可以在园区快速穿行。

对于底特律汽车公司的大多数高管来说，解决交通问题的方式只有一种：自己开车。底特律是由汽车人驱动的，他们每天从开车中获得乐趣，踩大马力发动机的油门或快速过弯获得快感。对于汽车行业的人来说，一想到手里的方向盘被夺掉就会感到严重的威胁。

"这永远行不通，人们喜欢开车。"汽车业高管一遍又一遍告诉我。

"我知道很多人喜欢开车，"我会回答，"你知道吗？曾经还有很多人喜欢骑马。"

大约也在同一时期，特伦参加一个会议，会议还邀请了声望卓著的艾伦·穆拉利，他当时是福特汽车公司的CEO，现在是谷歌母公司Alphabet的董事会成员。特伦做了自我介绍，并介绍了他督导的谷歌自动驾驶汽车项目。"完全没人有兴趣和我说话，"特伦说，"在艾伦加入谷歌董事会后，我和他很熟了。他是一位很好的绅士，非常聪明。但当时没有谁在意这件事情。如果我去和底特律的CEO们搭话，告诉他们我正在研发自动驾驶汽车，他们会给我一个微笑，然后走开。"

同年2月，菲亚特–克莱斯勒为2011道奇冲刺者投放了一条电视广告，这条广告代表了底特律对自动驾驶技术的态度。广告开始时，远处的车前灯穿过隧道朝镜头打来。"没有人驾驶，"《嗜血法医》主演明星迈克尔·霍尔配的旁白，"自己停车。搜索引擎公司控制的无人驾驶汽车。"

然后是暂停。

"我们看过那部电影，"霍尔说，"结局是机器人收割我们的身体获取能量。"随着肌肉车加速通过镜头，旁白收尾，"这是全新的2011道奇冲刺者。人类抵抗运动的领袖"。

* * *

谷歌碰巧也就自动驾驶技术的商业化与菲亚特–克莱斯勒商谈过合作。菲亚特–克莱斯勒将车伏项目形容为天网的前身，天网是《终结者》电影中的人工智能网络，这对正准备大规模商业推广的项目来说不是好兆头。谷歌推出无人驾驶汽车才几个月，底特律就明确自己无意在未来与无人驾驶汽车有任何牵扯。这对厄姆森和车伏团队来说是一大挫折，他们现在面临的处境比他们最初想象的要难得多。当厄姆森邀请通用汽车公司的一位高管到山景城来试乘时，得到的是这种对立情绪的终极表现，这位高管在整个试乘过程中一直在表现他的负面观感，显得十分屈尊俯就。他的举止表达的态度是一种傲慢的取乐，就好像谷歌工程师只不过是做高中科学项目的学生，这个项目不可能被开发成卖给消费者的商业产品。我在这里转述一下那个家伙的话。"对不起，我完全不明白。

为什么要费心开发这个？"

对项目的批评令人沮丧。我们觉得自己是在做将改变世界的事情，这将对社会面临的许多最紧迫的问题产生积极影响，从污染到基本的出行问题。而底特律的态度基本是，嘿，这东西很酷——但是我们得小心。我们得防范这家不负责任的硅谷公司用机器人汽车威胁人们的安全。我对此很生气。这个行业的产品对每年130万人死于车祸负有责任，现在有一家公司的发明可以结束这种状况，而底特律唯一做的事情却是批评这项努力。底特律的反应让我觉得非常不负责任。我认为自动驾驶技术在安全性、效率、汽车对环境的影响方面非常具有变革性，底特律正确的做法应当是尽快接纳。那些汽车公司应全力以赴与车伏项目合作。

* * *

一场个人冲突让团队出现了裂痕，这将损害团队的合作，也表明项目的蜜月阶段即将结束。为这次冲突埋下伏笔的是塞巴斯蒂安·特伦花在团队管理上的时间减少了。在车伏项目的初始阶段，特伦大约每周有一天花在项目上。但是在车伏项目启动后不久，布林和佩奇就把他提升为"其他业务主管"，这是一个负责探索与公司核心搜索业务无关的想法的高管职位。第二年，这个职位又演变成了谷歌最机密的X实验室的主任。作为谷歌X的负责人（在重组后的Alphabet公司下，这个部门直接被称为"X"），特伦负责公司所谓的"登月计划"。这个名词指的是肯尼迪的20世纪60年代试图在进入下一个10年前将人类送上月球以赢得太空竞赛的优势。它代表了那些非常古怪的想法，听起来很疯狂，但可能会奏效。

谷歌X的办公区位于公司园区边缘的一组3层建筑中，不仅包括自动驾驶项目，还试图用高空气球提供覆盖全球的Wi-Fi服务。他们还尝试研发一种从地球延伸到外太空的缆索，被称为太空电梯，目的是发射卫星。另一个项目是用隐形眼镜监测身体葡萄糖水平，这将给糖尿病患者带来帮助。

在特伦将重心转向谷歌X的运营时，厄姆森和团队在努力确定车伏项目接下来该做什么。特伦将2011年上半年这段时间称为"我们的决断时刻，好吧，让我们开始实现"。但是"开始实现"什么呢？车伏项目的工程师们想将产品商业化。把它作为购车时的一个选项？还是作为一种可以加装的车顶设备出售，人们可以在零售商那里购买，让他们的汽车能具有自主能力？或者以某种方式将它部署到一些大型园区，比如佛罗里达的养老社区？作为一种测试方式，团队甚至尝试过提供小范围的出租车服务，在谷歌园区用高尔夫球车运行大约一个月。为了使这项服务真正实用，高尔夫球车需要横穿一条主要道路。但是要探测正在逼近的汽车需要远程传感器，比如激光雷达，它太贵了，不适合安装在高尔夫球车上。车伏团队想过在谷歌园区的人行横道安装传感装置，但考虑到这项服务对公司员工带来的好处不大，这样做还是被认为太贵，不得不放弃了。

前景的不明确加深了团队内部的分歧。"我想这种情况和球队一样，"厄姆森说，"在赛季结束前，所有人都团结一心，力争冠军或其他目标——你有使命，现在一切都结束了。下一步做什么呢？"在过去的两年中，工程师们合作得很好，因为每个团队成员都有相同的目标，全身心应对两个挑战。团队运转顺畅，因为做有利于团队的事情能增加整个团队完成佩奇和布林的挑战并获得谷歌承诺的奖金的可能性。

但是，在2011年前几个月车伏团队就各种方案进行探讨时，工程师们开始考虑自己的利益，这一度导致了充满人际冲突的政治氛围。谷歌高层逐渐认为，安东尼·莱万多夫斯基的510系统公司与谷歌存在利益冲突，尽管信息是公开的。这家公司曾参与为街景和车伏项目开发惯性测量单元，还为车伏项目开发线控技术。今后510系统公司有可能成为车伏项目的竞争对手。所以谷歌开始讨论收购这家公司。

有一段时间特伦考虑将莱万多夫斯基提升为类似车伏项目CEO的角色。但是很多团队成员抗议说，如果由莱万多夫斯基领导团队，他们就离开。认识到前景不明确的问题后，特伦在那年3月向所有团队成员发送了一封电子邮件，让大家关注更大的目标。"我们已经登上了4000米的山峰，现在正朝8000米的山峰攀登，"特伦写道，"我们还没有拯救一条生命。我们还没有帮助一个盲人或残疾人驾驶汽车。我们没有节约一升汽油……我希望我们不要忘记车伏的使命：我们将改变世界。我们将作为一支快乐的团队来做这件事。"

莱万多夫斯基想鼓动自动驾驶团队的关键成员离开谷歌，所有人一起离开，这样他们就可以自己开发自动驾驶汽车。一种方案是团队加入莱万多夫斯基的510系统公司。另一种方案是成立一家新的创业企业。莱万多夫斯基很善于游说，他说服了3位核心软件工程师同意离开。这3名程序员去找厄姆森，告诉车伏项目的总工程师，他们代表厄姆森与莱万多夫斯基进行了谈判。他们说服了莱万多夫斯基同意由厄姆森担任新公司的CEO。不仅如此，厄姆森将获得新公司的大量股权。但是厄姆森不认为离开谷歌是将这项技术商业化的最佳途径。"我的理由是，谷歌给的钱很多，"厄姆森回忆道，"我们在这里创造了这个东西。下一步还需要大量资源，所以（谷歌）似乎是合适的地方。"

这让厄姆森和莱万多夫斯基产生了冲突。3名软件工程师决定继续留在谷歌为车伏项目工作。莱万多夫斯基似乎认为这是厄姆森在针对他。"莱万多夫斯基不高兴我们没有按他的计划和他一起离开，"厄姆森说，"这是关键。"

此外，为了激励车伏团队，关于怎么设定新的里程碑也带来了麻烦。有人提出将在10万辆汽车上部署这项技术作为目标。但是谷歌的领导层和车伏团队还没有想好下一个目标。因此，谷歌不再设定明确的里程碑，而是提出了车伏奖金计划的想法，该计划将保证团队成员在计划敲定后的12年内拥有车伏权益的很大一部分，每4年支付一次。这个想法是为了让工程师们能得到如果他们创建了一家成功的上市公司，或被另一家公司收购时可能获得的收益，但是是在谷歌的体系下这样做。拉里·佩奇后来在法庭文件中说："我们想建立一个类似创业的薪酬体系。如果人们做出了成绩，创业公司会让他们赚到很多钱。"

在车伏奖金计划中，莱万多夫斯基获得了比厄姆森更大的份额，部分原因是谷歌决定收购510系统公司，以确保车伏团队的自主车辆知识产权在谷歌控制之下。一些人认为，部分购买价格包含在莱万多夫斯基的车伏奖金计划中。厄姆森和莱万多夫斯基需要几年时间才能知道他们能从该计划获得的确切金额，因为这与车伏项目作为一家独立公司的估值相关。我不能透露莱万多夫斯基或厄姆森的奖金，但是根据我对他们的了解，很难想象莱万多夫斯基的更大份额会让克里斯·厄姆森心里舒畅。

厄姆森和莱万多夫斯基之间关系紧张的另一个因素是莱万多夫斯基和塞巴斯蒂安·特伦的密切关系。在2011年之前，莱万多夫斯基与特伦密切合作的时间是厄姆森的两倍。甚至在他们3人合作开发车伏之前，莱万多夫斯基就已经帮助特伦度过了一段紧张的时期，包括2007年3月，当时特伦正与风投谈判收购地图公司，谷歌最终收购了这家公司并将其纳入街景项目。"我认为特伦在莱万多夫斯基身上看到了自己的一些特质，"厄姆森推测道，"他们在许多方面很相似。他们都很聪明，都很有创业精神，都精力充沛。他们是非常相似的人……他们更相投。"

莱万多夫斯基有给拉里·佩奇写长邮件的习惯，提出他对车伏策略的想法，这经常与厄姆森的观点相矛盾。佩奇重视莱万多夫斯基对车伏项目的贡献，他在2011年发送了一封电子邮件，让车伏奖金计划确保"如果车伏项目成功能让安东尼变得富有"。

莱万多夫斯基利用他与特伦和佩奇的关系与厄姆森竞争。事情在2011年5月达到了高潮。"莱万多夫斯基威胁说，如果不让他担任唯一的领导者，他会离开团队，"特伦在给佩奇的邮件中写道，"如果让他担任唯一的领导者，很多团队成员会离开。"

形势变得如此艰难，特伦确信其中一人必须离开。2011年春天快结束的时候，他问我他应该解雇谁。我告诉特伦，厄姆森和莱万多夫斯基都是团队中有价值的成员，他不应该解雇他们中的任何一个。特伦让我来解决这个问题，在这两位相互敌视的工程师之间进行调解。他选择我可能是因为我担任通用汽车研发副总裁的经历，在那里我经常需要调停才华横溢和雄心勃勃的研究人员之间的争端。所以那个夏天，在我定期去山景城的时间里，我都会抽出时间与厄姆森和莱万多夫斯基会面讨论。

就我个人来说，我同情厄姆森。他的加拿大背景与我的中西部成长经历非常吻合。我喜欢厄姆森直爽的性格。我认为他的性格完全建立在道德和正直的基础上，并且他在困难的环境下将车伏项目管理得很好。

同时，我发现很难相信莱万多夫斯基的话。马克·哈里斯在《连线》杂志上写道："他总是有一个秘密计划，并且你不会知道。"这总结得很到位。我曾见过很多聪明人，他是我见过的最有才华的人。他为谷歌做了一些了不起的事情。但问题是，当他追求自己的利益时，无论是技术还是与他人的关系，他都无所不用其极。

在调解厄姆森和莱万多夫斯基的关系时，我向特伦建议，他和我一道把他们俩喊到一起，花一整天时间讨论两人之间的紧张关系。2011年8月下旬，在一个星期二，我们4个人一起度过了半个下午。我们在一家日本餐馆吃了晚餐，然后第二天早上继续碰头。我的方法是开诚布公，逐一讨论导致两人关系紧张的问题。我告诉他们，他们对待对方的方式都有不对的地方。在某种程度上，这种干预唯一要做的事情是让大家冷静下来。这会让人清醒，让他们意识到，难道事情应该是这样？我最有效的策略也许是提醒他们自己正面临的机会。厄姆森和莱万多夫斯基都才华横溢。在当时全世界没有人比他们更懂自动驾驶。这是事实。如果你按照当时无人驾驶技术的知识对全球80亿人进行排名，厄姆森和莱万多夫斯基会并列第一。我提醒他们，如果他们能并肩作战，自动驾驶汽车的发展会快得多。两个人都意识到了我的观点是正确的。

在会面结束时我们提出了一个可行的解决方案。调解的结果是一项新的车伏管理和执行计划，特伦、厄姆森和莱万多夫斯基都在计划上签了字。我坚持让厄姆森和莱万多夫斯基定期进行一对一讨论，这样他们就可以继续私下交流他们的分歧，不将问题暴露给车伏团队。他们需要建立信任，让车伏项目成功并充分发挥其潜力，而做到这一点的关键是面对面坦诚交流。我强调，他们必须作为一个团队来努力，如果不这样做，他们就会辜负自己的机会，浪费谷歌的钱。这似乎暂时解决了他们之间的事情。但是在这个过程中有一些尴尬时刻。莱万多夫斯基的强烈情感导致他在一次谈话中泪流满面。

与此同时，特伦和车伏团队在继续推进技术商业化方面面临越来越大的压力。特伦打电话问我车伏项目应该以什么为目标。他认为推广这项技术的最大可能是在高速公路上为司机提供辅助。车伏团队设想，将其作为汽车配置的一项功能，司机可以将车开到高速公路上，让汽车行驶在合适的车道上，然后启动系统，系统将根据路线在一定区间内驾驶汽车。(到2018年这项技术已经在许多新车上普及，但当时并不为人所知，而且超出当时大多数人的想象。)

＊ ＊ ＊

当车伕项目的工程师们讨论他们的未来时，另外两个伟大的想法正在为个人出行方式的社会性变革铺平道路。一个是发明了一种汽车，这种汽车最终说服了汽车业和整个世界，证明电动汽车可以吸引主流消费者。首先抵达这个里程碑的公司是特斯拉。

特斯拉起源于一对硅谷企业家马丁·埃伯哈德和马克·塔彭宁之间的伙伴关系，他们之前成立了一家名为新媒体(NuvoMedia)的电子书阅读器公司。2000年，这家创业公司以1.87亿美元的价格卖给了销售电视指南的宝石星(Gemstar)公司。在研究如何为电子阅读器供电时，埃伯哈德和塔彭宁发现，锂电池技术的发展已将电池的能量密度大为提高。埃伯哈德和塔彭宁意识到这项技术的进步已使得一种新型的电动车具有了可行性。

正如"9·11"事件在自动驾驶技术的发展中发挥了巨大作用一样，世界贸易中心和五角大楼的遇袭也在特斯拉的诞生中发挥了作用。2001年，埃伯哈德和塔彭宁为新公司提出了各种想法，在世贸中心灾难发生后，埃伯哈德开始思考全球变暖的影响，以及美国在中东的长期冲突。他认为，这些都是由汽油驱动的汽车造成的。想出一个替代方案也许能改善现状，一个基于新型锂电池的方案。

埃伯哈德对洛杉矶一家名为AC驱动的公司产生了兴趣，该公司有一条电池电动车生产线，能生产中型轿车和一款名为tZero的跑车。tZero采用玻璃纤维车身，由电池和电机驱动，有一个型号的百千米加速只需

4.9秒。但是这款车使用的是铅酸电池，埃伯哈德从他在新媒体的经验知道，锂电池可以用更轻的质量提供更大的动力并储存更多能量。因此，埃伯哈德给AC驱动投资了50万美元，让他们为他制造一辆用锂电池驱动的汽车。这一经历说服埃伯哈德与塔彭宁一起成立了自己的公司，生产锂电池驱动的tZero，一款灵活轻便、速度超快的电动跑车，面向高端市场。埃伯哈德和塔彭宁于2003年7月1日成立的公司的领投者是埃隆·马斯克。

这家公司在2008年交付第一款产品特斯拉Roadster之前会经历很多动荡。这并不奇怪。任何曾在汽车业工作过的人都会告诉你，量产一款新车真的很难。更不要说2008年经济衰退的影响。还有一个原因是最终成为公司CEO的马斯克的个性让人难以相处。Roadster原型车的发布很轰动，百千米加速仅需约4秒。在新闻发布会上，马斯克说："从今天起，所有其他的电动汽车都玩不下去了。"这样说不仅罔顾事实，而且很无礼和自大，这种个性在他后来的职业生涯中变得为人所熟知。

尽管如此，在马斯克的领导下，特斯拉还是进行了一些非凡的创新。面对员工，它把自己描绘成不仅仅是一家公司，还是在进行一场革命，最终将通过改造汽车运输系统来改善世界。它可能是第一家让硅谷与底特律竞争的公司。它也是第一家量产和销售锂电池电动汽车的公司。特斯拉于2010年夏天上市，这是自福特1956年首次公开募股以来美国第一家公开募股的汽车公司。这也是自1925年克莱斯勒成立以来，首次新创的一家大型汽车公司。

2012年特斯拉推出了S型车，这款车刷新了市场对电动汽车的认识。通用汽车的EV1驾驶起来灵活有趣，但其有限的产量无法撼动消费者对电动车的态度。丰田普锐斯混合动力车是一款不错的汽车，但是它的吸引力来自它的环保概念，而不是让汽车爱好者觉得酷。特斯拉S型车是第一款凭自身吸引力取得成功的量产新能源车。这款车很漂亮，操控良好，加速像火箭一样快，不再单纯以电池驱动为卖点。当然，我喜欢这款车是因为它扩展了我的团队在通用汽车公司用Autonomy概念车开创的滑板底盘理念。这款4门豪华轿车百千米加速只需4.2秒，充一次电可以续航400千米，而且有7座车型。它有很高的安全等级和巨大的触摸屏控制台，只有当司机走近汽车时门把手才会出现，这些因素使得S型车不仅仅是一辆很酷的电动车，与同时期的其他汽车比起来它也很酷。那一年，S型车被《汽车趋势》选为年度车型，是第一款获此殊荣的非燃油动力车型。

* * *

另一个为个人出行方式的社会性变革铺平道路的伟大想法始于1999年共同创立Zipcar的波士顿企业家罗宾·蔡斯。

这家创业公司称自己为汽车共享公司。它在收取象征性的会员费后，以合理的每小时费率为其城市会员提供使用附近车辆的机会。事实上，这是一种短期的租车模式，在许多方面都有创新。它在靠近顾客居住地的停车场投放精选的时尚城市车型，可以按小时和按天付费。顾客不必去租车店，只需找到Zipcar的车，用射频识别卡片打开车门。钥匙藏在车里，顾客可以驾车去他们想去的任何地方：杂货店、大型商超，或周末去公路旅行。

蔡斯认为自己革新了租车模式，并打破了每个美国成年人都应当拥有一辆车的观念。她说："一开始，我的脑海中会浮现教父的形象，一群家伙拿着冲锋枪冲进来把我带走。"事实上，老牌租车公司对Zipcar嗤之以鼻。底特律也不待见她。"罗宾，你不明白，"人们会告诉蔡斯，"人们的自尊与他们的汽车息息相关。"

当然，这曾经是真的。在我成长的年代，拥有汽车似乎是必需的，不仅如此，你的车还必须符合你的身份。但是Zipcar的崛起表明消费者对汽车的态度变了，并对此推波助澜，城市人口增长也对此有影响。社交媒体以及智能手机的兴起也起到了一定作用。今天的年轻人不再认为拥有汽车是必需的。2000年，16至34岁的人每100人购买5辆轻型汽车。2015年，这一数据下降到3.5辆。根据美联储经济学家2016年的一篇文章，在同一时期，首次购车者的平均年龄增长了近7岁。

蔡斯说，改变的是孩子们想把他们第一笔自由支配的钱花在哪里。他们找了一份零工，却没有存钱买车。现在他们将存的钱用于买一部新手机或游戏机。蔡斯注意到："他们宁愿买一款更薄的iPad，也不愿买一辆很酷的二手车。"

尽管不被看好，蔡斯还是对汽车共享模式充满信心，因为她相信"经济性和便利性会战胜身份感"，如果一种新产品能提供与现有产品相同的服务，而且更方便，价格也低得多，那么它就一定会成功。"Zipcar比拥有自己的车更方便。"她说。

这个故事也激励着下一位交通创新者。洛根·格林在洛杉矶地区长大。高中时格林在雅达利游戏机发明者诺兰·布什内尔的公司uWink兼职，他不得不在通勤时经过拥堵的洛杉矶高速公路。格林看到大部分车里四分之三的座位都空着。布拉德·斯通在写《新贵》一书时采访了格林。"我清晰记得看到每个人都被堵在路上的感觉，"格林告诉作者，"成千上万的人朝同一个方向前进，每辆车却只坐一个人。我想，'如果我们能让一辆车坐两个人，就能让路上少一半的车'。"

在加州大学圣塔芭芭拉分校，格林听说了Zipcar，并在2002年试图让汽车共享服务也能在学校部署。蔡斯当时只有100辆车，因此拒绝了，但是这一经历激励格林自己去做类似Zipcar的事情。加州大学圣塔芭芭拉分校购买了一些丰田普锐斯，格林为此开发了一个类似Zipcar的系统，包括在线预订系统，以及使用授权码和射频识别卡解锁汽车的技术。这个系统服务于城内的短途出行。为了回到洛杉矶地区的家中，格林还是要搭乘公共汽车或在当地跳蚤市场网站寻找拼车。

暑假在非洲旅行时，格林被津巴布韦人搭车出行的随意方式吸引了。没有人搭乘有执照的出租车。他们只是随意招手，拦下一辆有空位的车，支付一些汽油钱作为车费。洛根意识到，津巴布韦虽然是发展中国家，却可能拥有比圣塔芭芭拉更高效的交通模式。这正是他应当了解的，当时他已经是圣塔芭芭拉大都会交通区委员会最年轻的成员。

在圣塔芭芭拉的最后一年，格林结合自身的经历，提出了一个概念，试图提高加州交通系统的效率。他创建了一种在线搭便车服务，他称之为"津巴布韦之旅"。格林成立了一家公司，利用互联网将有空位的司机与需要搭车前往同一目的地的乘客配对。大约在同一时间，Facebook向外部软件开发人员开放了接口，格林抓住了利用社交媒体让司机和乘客建立联系的机会，这也正好便于了解同行旅伴的资料。津巴布韦之旅的第一个应用程序叫作拼车（Carpool），它利用Facebook将大学生司机和正在寻找顺风车的大学生配对。这项服务在Facebook的帮助下从圣塔芭芭拉传播开来，Facebook将这款应用视为程序员利用该平台提供创新服务的典型例子。

刚从康奈尔大学毕业的约翰·齐默注意到格林的公司，部分是因为与他的名字碰巧有点像。他加入公司兼职，当时他在雷曼兄弟公司担任房地产分析师，前期这家创业公司一直作为格林和齐默的副业缓慢发展，为全国各地的大学，偶尔也为一些公司充当在线搭车消息板。2010年格林和齐默将其向公众开放，并开通了旧金山和洛杉矶等地之间的定期小巴线路。但是这个想法没有火起来。因此在2012年春天，津巴布韦之旅的管理和编程团队开始探讨解决交通问题的其他想法。

一项叫作"优步"的服务引起了津巴布韦之旅这些人的兴趣。这家公司由加拿大企业家加勒特·坎普于2008年11月17日在加州注册，最初名为优步出租。坎普在卡尔加里大学攻读硕士学位时，与人共同创建了StumbleUpon，是第一批社交媒体网站，帮助人们在网上找有趣的东西。他以7500万美元把公司卖给了eBay。当时他已搬到了旧金山。他有一辆奔驰跑车，但在晚上外出时，他宁愿把车停在家里，召出租车，然而旧金山臭名昭著的出租车服务很快就让他感到沮丧。因此，坎普转向搭乘吉普赛出租车，这种出租车通常是采用最新款的黑色轿车，用车前的闪光招揽乘客。这一经历，再加上坎普对007电影《皇家赌场》很着迷，电影中有一个场景是詹姆斯·邦德用智能手机地图跟踪汽车，这使他灵机一动。坎普意识到他可以使用iPhone和它的传感器来制作与詹姆斯·邦德所使用的类似的产品，让顾客可以从苹果刚刚推出的应用商店下载一个软件程序来召出租车。

此后不久，2008年12月，坎普前往巴黎，与老朋友特拉维斯·卡兰尼克一同参加LeWeb网络技术年会。卡兰尼克是加州大学洛杉矶分校计算机专业的毕业生，创办过很多企业，曾是文件共享网络Scour的早期成员，这家公司是MP3共享网站Napster的竞争对手，另外还提供视频共享服务。卡兰尼克参加LeWeb的目的是寻找他的下一个事业，他的主要想法是寻找类似Airbnb的东西。坎普想说服卡兰尼克来和他一起做已经注册的优步出租。坎普经常带着他不断更换的女友和卡兰尼克一起搭出租车。有一次搭车的时候，坎普的女友把穿着高跟鞋的脚放在出租车座位上。司机对他们大喊大叫，他们怒气冲冲地下了车。

这是卡兰尼克的转折点，卡兰尼克决定尝试改善出租车和汽车运输的整体体验。当他们3人回到旧金山时，他决定与坎普合作。卡兰尼克和坎普在2010年1月聘请了瑞恩·格拉夫作为他们的第一名全职员工。2010年6月优步出租在苹果应用商店上线，用这款软件在旧金山可以召黑色豪华出租车。"优步出租是每个人的私人司机。"不久后一封发给潜在投资者的电子邮件这样写道。与旧金山出租车监管机构的一场争斗给这家创业公司带来了名气，用户月增长达30%。发展势头说服卡兰尼克正式加入并担任CEO。2011年，公司将服务拓展到了纽约。

短短几年内，优步和Lyft（美国第二大拼车公司，于2012年成立）这两家公司就稳步成长为拼车界的双雄，就像饮料界的可口和百事。这对巨头确实有许多值得对比的地方。卡兰尼克的易怒性格具有传奇色彩，优步最早的投资者之一在《名利场》对卡兰尼克的介绍中说，"不是混蛋很难成为破局者"。相比之下，Lyft的早期投资者则担心格林和齐默的性格太好了，不适合当企业家。Lyft以司机和乘客之间的握手开始行程，早期曾鼓励司机在进气格栅上装饰粉红色小胡子，并强调互惠交通的社交属性。而优步的简约设计理念则强调新的交通模式所带来的效率提升。不管他们有什么不同，这两个竞争对手都将向全世界推广拼车。

第9章 4万亿美元变革

乐观主义者会告诉你杯子的一半是满的；悲观主义者看到一半是空的；工程师会告诉你杯子的大小是所需大小的两倍。

——佚名

2011年夏天和秋天，安东尼·莱万多夫斯基经常问我，自主汽车市场价值多少。当时，我对车侠奖金计划一无所知。我不知道莱万多夫斯基的份额最大，也不知道奖金与自动驾驶项目从谷歌剥离后的估值挂钩。不过我还是可以向莱万多夫斯基提供一些信息，这些信息会很有助于满足他的好奇心，因为我正在领导一个研究项目，研究四种变革力量对美国交通系统的影响。

DARPA、卡内基梅隆、斯坦福和谷歌已经证明自主车辆是可行的。通用汽车的EN-V概念车成为上海世博会的明星，它展现了未来我们可以针对日常行程量身定制汽车，无须过度设计以应对所有可能的出行。Zipcar、Lyft和优步让美国人不再认为必须私人拥有汽车。特斯拉让电动汽车成为主流。这其中每种趋势都给有130多年历史的汽车运输系统带来了显著改进。但是我更感兴趣的是将它们结合起来会产生怎样的影响。我感觉到汽车新时代即将到来。我相信这个新时代能以更低的个人和环境成本为更多的人提供更好的移动性和安全性，我想更深入地了解这种融合的影响。这些趋势将会展现怎样的未来？当然这也关系到谷歌工程师的车伕奖金计划，从经济角度来看，交通市场变革的市场规模有多大？

杰夫·萨克斯给了我深入研究这些问题的机会。杰夫是世界上屈指可数的顶尖经济学家之一。他长期担任哥伦比亚大学地球研究所主任，地球研究所致力于寻找能改善人类生活方式可持续性的新方法。杰夫也是2005年畅销书《贫困的终结》的作者。我了解杰夫和开始关注他是从2008年11月开始，当时他写了一篇专栏文章，提出了一个与直觉不符的观点，认为不断加深的金融危机为底特律开启了一个让美国在全球汽车业技术领先的新时代。我认同杰夫的观点。

奥巴马当选后，萨克斯就汽车业危机向总统提建议，并来到底特律了解更多有关通用汽车的情况。2009年初，我和他一起度过了一个下午，讨论汽车新DNA的潜力。很明显，我们对交通运输的未来有共同的愿景，并且渴望尽快实现这一愿景。

2009年秋天我离开通用汽车后，萨克斯联系了我。他希望我在他的研究所领导一个新研究项目，他提议称之为可持续性交通研究。

我非常喜欢萨克斯，并同意在2010年1月加入地球研究所。

* * *

有机会在哥伦比亚地球研究所研究可持续性交通，并且没有了在通用汽车公司时受到的那种约束，我感到有充分的自由来研究自主、共享、电动和定制汽车对美国交通成本的影响。为了启动这项研究，杰夫帮我从六家公司筹集了充裕的经费。(这些公司是汽车制造商通用汽车和沃尔沃、电信公司爱立信和威瑞森、佛罗里达电力公司以及房地产开发商基特森合伙公司。）我聘请了一位杰出的项目经理邦妮·斯卡伯勒，一位曾在美国国家工程院工作的工程师，以及几名研究助理。我还说服了我的好朋友和同事比尔·乔丹加入团队。

比尔是世界上最好的数学建模师之一。20世纪80年代初他在康奈尔大学获得土木工程博士学位后，我招募他加入通用汽车研发部门。我们很快成了好朋友，并合作了许多富有挑战性和趣味性的项目，这些项目运用数学和统计技能帮助通用汽车改进运营和产品。到我离开通用汽车的时候，他在担任顾问，依然很活跃。当我告诉他我在哥伦比亚大学要做什么以及为什么需要他的帮助时，他立即签约了。

为了启动这项工作，我们经常在底特律西北富兰克林村我家的后院讨论。我们首先进行了一系列计算，估计美国人开车的成本。美国人每年开车超过3万亿英里，开销巨大。美国汽车协会（AAA）每年估算拥有汽车和开车的费用。他们的估算包括车辆折旧、燃油、保险、保养和金融成本。这些费用有一些是在行驶时发生（例如燃料和折旧），另一些是每年发生（例如保险和金融成本）。

美国汽车协会2011年估计，一辆汽车的平均费用约为每英里0.60美元，不包括停车费。如果停车费折算为每英里0.05美元（具体费用各地差别很大），每英里的费用就是0.65美元。这意味着美国人每年因为拥有车辆和开车要花掉约2万亿美元（3万亿英里乘以每英里0.65美元）。

另外开车还有时间成本。经济学家们想办法估算了开车的时间成本，但应该怎么算仍有很大争议。比尔和我的做法是用美国工人的平均每小时工资除以平均每小时开车距离。2011年，美国的平均工资是每小时24美元（年收入43000美元除以每年工作1800小时），美国城市的平均车速为25~30英里/时（这个数值包括交通堵塞和等红灯的时间）。折算下来是每英里约0.85美元的时间成本（每小时24美元除以每小时28英里）。

每英里0.65美元的费用加上时间成本，拥有车辆和开车的总成本大约是每英里1.50美元。

因此，美国人每年开车的总成本大约为4.5万亿美元（每年3万亿英里乘以每英里1.50美元）。这是一大笔钱，比美国联邦政府近4万亿美元的年度预算还要多！比尔和我相信美国人每年花在拥有和驾驶汽车上的4.5万亿美元将会因交通系统变革而大幅减少。

我们可以想象一下新系统的运行方式：某人要去某个地方，比如几千米外的商店。乘客用智能手机召唤无人驾驶的电动汽车。召车请求交给调度计算机处理，调度计算机将需求分配给从共享车队选取的某辆车。车辆自己开到指定的上车点。乘客上车，车载着乘客到达商店，乘客下车。然后，汽车自动去接下一位乘客，或者回到集中停放点，在那里进行清洗和充电。然后等待下一次召唤。

乘客合理的等车时间是多长？满足这一响应时间要求需要多少辆车？每辆车每天的载客和空载里程是多少？给乘客分配车辆的最佳方案是什么？比尔和我需要回答这些问题以估计这种服务模式的市场规模。

我们的研究需要一些复杂的数学和分析，这对于比尔和我来说没什么问题，我们在通用汽车时就经常一起应对类似的挑战。我们喜欢这些挑战。

与私人拥有汽车并开车相比，共享车辆的使用率更高，私人车辆大部分时间都是停着不动。共享车辆会不断去接送乘客，但是在去接下一位乘客时是空载。无人驾驶出租车的空载里程可能会增加一大笔费用。空载里程的费用会抵消高利用率和低停车费的节省吗？车队需要多大规模才能确保乘客要用车时附近有车？我们的数学模型需要算出乘客等待时间、车队利用率和空载里程的最佳方案。为此我们需要考虑行程起点和终点以及上下班高峰时段的随机性。仅仅是乘客的平均等待时间很短还不够，我们还需要确保避免偶尔的长时间等待，否则乘客会失去耐心。

我们首先收集数据。乘客行程的平均距离、速度和所需的时间。当然，这些数字与你所在的城镇有关。我们需要选择特定的地区来使我们的计算切合实际。我们模拟了一些地区，这些地区可以代表美国人典型的生活环境。第一个是密歇根州的安娜堡，安娜堡是典型的美国小城，美国有很多类似的城镇。选取这里还有一个好处，就是离我和比尔住的地方不远。我们还选取曼哈顿进行了计算，曼哈顿是美国最拥挤的城区。我们想知道，交通系统变革会给生活在这类区域的人节省多少成本？

* * *

安娜堡有 285 000 居民，是密歇根大学的所在地。除了哥伦比亚大学的职位之外，我还在 2010 年春天签约成为密歇根大学的工程实践教授，我对这里很熟悉。巧合的是，也正是这座城市激发了谷歌创始人拉里·佩奇的交通系统变革梦想。

对安娜堡的交通，我和佩奇一样感到沮丧。我的办公室位于北校区，但我经常要到 4000 米外的主校区上课。我一般是开车去，这样下课后我就可以开车直接回家。最大的挑战是找地方停车。密歇根大学的职员可以每年花 800 美元购买一张停车证，允许在安娜堡特定的楼和路段停车。尽管我有停车证，为了确保不迟到，我通常在上课前 45 分钟从办公室出发，10 分钟开车 4000 米，20 分钟找车位（经常需要在停车楼里转上 8 层），然后步行 10 分钟去教室。这样的经历让我更有动力改变这种低效的交通系统。

为了研究按需服务的自动交通对安娜堡的影响，比尔和我做了一些假设。我们首先建立了一个世界模型，在这个世界里，共享车辆的便利性要不低于私人车辆的便利性。那么乘客在召车后等待这些共享的自动驾驶车辆的时间应该是多久呢？应大致等于找到车钥匙，走到车库，发动车辆，开到路上的时间。经过测算，我们将无人驾驶车辆接到请求后到达上车点的时间限定为2分钟，设定的标准相当苛刻，目的是保守估计成本。

然后，我们假设车队运营商知道其所有车辆的当前位置，并可以估算行程完成的时间，这些优步和Lyft等公司已经能做到。我们假设运营商可以估算每辆车何时能到达召车乘客的位置，还假设运营商可以实时告知乘客车辆的位置和预计到达时间。（优步和Lyft在几年前已经能向客户提供所有这些信息，在今天看来这些信息是理所当然的。但是当我们在2011年构思这个模型时，这些概念似乎还很具有革命性——的确是这样。）

为了简化数学，我们还任意做了一些假设：车队服务的区域是正方形。行程的起点和目的地分布均匀——这一假设当然不能反映美国许多城市的情况，很多地方的交通早上往往是从郊区流向市中心，下班时则相反。我们还假设车辆随机分布在整个服务区域，这是一种简化，因为服务区域可能配置有停车和保养场所。这些是数学建模时为获得初步结果而做的假设。我们可以利用灵敏度分析和模拟来放宽这些假设。

比尔建立了数学模型，然后假设一个城市进行模拟（不是安娜堡，假设的一个普通城市）。这一阶段的目的主要是对软件进行测试。虽然只是初步模型，得到的结果还是令人惊讶。"那不可能，"我在后院对比尔说，"我们得重新模拟。"第二次得出的结果还是那样。第三次也一样。每次运行我们都对细节进行了两到三次检查。结果表明，我们设想的自主共享交通系统能够快速响应客户请求，平均等车时间不到两分钟。车辆的空载里程也很少，大概只有满载里程的5%。车辆的利用率很高，从早上6点到晚上8点，大约有75%的时间在为客户服务。更令人惊讶的是，车队规模只相当于所服务人口数量的15%，就能有这样出色的表现。

好吧，我想，也许我们获得了一些成果。但如果我们在模型中使用安娜堡的真实数据会怎么样呢？需要多少辆共享车辆才能确保每次出行请求只有大约两分钟的等待时间？根据联邦政府2009年的交通普查，安娜堡有20万辆私家车，每天行驶74万次。在早上6点到晚上8点之间，这些车辆的利用率约为8%，也就是说平均每天使用67分钟。

我们重点关注每天行驶里程低于110千米的12万辆汽车，因为这些车主更有可能在安娜堡市区出行时使用共享车辆。这12万辆车每天总共行驶52.8万次，平均每辆车每天行驶4.4次，载有1.4名乘客，平均距离为9.3千米。

为了计算在安娜堡满足这些出行服务所需的车队规模，我们使用了排队论，这是用于分析排队等待服务的数学模型。（十字路口和商店结账就是排队系统的例子。）我们发现，只需很少的车辆就可以让乘客的平均等待时间低于一分钟。如果将各时段平均，安娜堡只需要1.3万辆车就能满足城内的出行需要。即使是在高峰时段，要及时满足安娜堡城内和周边的出行需求，也只需要1.8万辆共享车辆。

当电脑算出结果时，我大吃一惊，简直不敢相信。得到的结果与我们的数学模型相符。1.8万辆车仅为安娜堡市内和周边车辆总数的15%。

这么小的车队就能满足安娜堡的出行需求？答案与人口密度和人们每天出行的次数有关。在顾客召车时，很有可能附近有其他人在几分钟前刚好结束行程。因此空车只需自主行驶一小段距离，就可以很快接到乘客。将车队规模增加5000辆车的缓冲以满足高峰时段和突发需求，在任何给定的时间每平方千米就会大约有15辆车处于空闲状态。这些车辆在空闲时可以自动行驶到城中规划地点，这样就可以迅速接到乘客。

　　但是安娜堡具有代表性吗？我们决定再研究几个城市：犹他州盐湖城、纽约州罗切斯特、俄亥俄州哥伦布、得克萨斯州奥斯汀、加州萨克拉门托。对这些城市的分析表明，共享车队规模只需达到这些城市汽车保有数量的15%左右，就能提供快速高效的出行服务。经过进一步分析，我们得出结论，在人口密度超过每平方千米290人的社区，我们设想的基于自主共享车辆的交通系统都能表现得很好。美国的大多数城镇都达到了这个密度标准。此外，对关键建模假设进行调整时，结果依然很稳定，这很让人鼓舞。例如，只需要能为城区10%的出行提供服务，就可以同时获得高车队利用率、低空车里程和快速响应时间。这意味着只需占据相对适中的出行市场份额就能让这项业务具有商业价值。

＊　＊　＊

　　通过计算，我们认识到了这种即将到来的交通变革是多么具有革命性。但我们还需要估算共享、电动和自动驾驶的成本。在美国，私人拥有汽车和开车的成本平均为每英里1.5美元。相比之下，新系统的成本会不会由于技术成本过高而不具可行性？购买或租用无人驾驶汽车能显著降低交通成本吗？

　　考虑到在美国乘车出行有75%到85%的时候都是一到两个人，所以我们决定估算定制设计的双人汽车的成本，比如EN-V。我们在通用汽车公司工作时，克里斯·博罗尼伯德和我估计EN-V的质量不到500千克，相当于一辆普通汽车质量的三分之一到四分之一，零部件比普通汽车少90%。我们得出的结论是，不包括自动驾驶系统，它的造价是7500美元左右。所以为了保守起见，比尔和我假设我们的车辆成本不含自动驾驶技术在内大约为 10 000 美元。假设车辆服役期间的行驶里程为 25 万英里，与出租车相当，则折旧费为每英里 0.04 美元。给电池充电的电费成本约为每英里 0.01 美元。（相比之下，按照 2011 年的数据，汽油价格为每加仑 3.00 美元，燃油效率高的汽车每加仑汽油可以行驶 30 英里，每英里燃料成本为 0.10 美元。）我们假设保养费用为每英里 0.05 美元，大致相当于美国汽车协会给出的传统汽车的保养费用。（虽然电动车的保养成本较低，但我们要考虑更换电池的成本。）与传统汽车相比，保险费用会大幅降低，因为交通安全专家预测无人驾驶车辆至少可以减少 90% 的交通事故。因此，我们假设每英里保险费用为 0.02 美元，低于传统汽车保险所需的每英里 0.05 至 0.10 美元。停车费用可以忽略不计，因为车辆使用率很高，所以我们将每英里的费用从 0.05 美元下调至 0.01 美元。另外我们增加了每英里 0.01 美元作为金融成本。

将估算的这些成本加到一起得到每英里 0.14 美元，然后我们将其提高 10%，以计入接到乘客之前的空驶里程的成本。因此，如果不计入无人驾驶系统的成本，共享的定制电动汽车每英里的成本大约为 0.15 美元。

然后计算无人驾驶技术的成本。无人驾驶系统需要激光雷达、常规雷达、摄像头、计算机、数字地图、软件、执行器。在 2011 年这些技术还处于原型阶段，因此极其昂贵。新技术总是昂贵的。根据汽车业的长期经验，随着技术的成熟，零部件成本会下降。刹车防抱死系统、车身稳定性控制、混合动力系统、锂电池和燃料电池，这些零部件随着技术的成熟成本已经下降了 80% 到 90%。一旦工程师们发现某项技术是可行的并且能带来价值，他们就会不断改进。

比尔和我假设在我们设想的交通系统中，每辆车的无人驾驶技术要花费 1 万美元。（发展趋势表明这个假设偏保守；咨询公司最近估算的成本约为 5000 美元。）这 1 万美元又给每英里增加了 0.04 美元的成本（10 000

美元除以25万英里的行驶里程）。然后，我们又增加了每英里0.01美元来作为这项成本的金融成本和车载计算机与传感器的能耗成本。

将自动驾驶系统每英里0.05美元的成本与之前每英里0.15美元的成本相加，我们得出结论，一辆定制设计的两人版共享自主电动车每英里成本为0.20美元。而私人拥有汽车和开车的每英里成本为1.5美元，与之相比，我们设想的交通系统将每英里的成本降低了1.30美元。

我们很兴奋。据我们所知，这是第一次有人综合评估定制设计的共享自主电动车的潜力。将每英里节省的1.30美元乘以美国每年行驶的3万亿英里，就是交通系统变革每年可以为美国节省的费用。新的汽车时代有可能将美国每年4.5万亿美元的交通费用减少3.9万亿美元。就算将我们估算的成本增加1倍（我们认为这不太可能），也仍然可以节省数万亿美元。总之，我们的计算表明，如果自己开车的人改为搭乘共享的无人驾驶电动汽车，每人每年可以节省5625美元，这还没有包括自己开车的时间成本。这一项成本因人而异，在美国平均每人每年可以节省16 000美元，甚至更高。

我们对纽约曼哈顿区所做的研究得到的结果同样令人鼓舞。曼哈顿面积59.5平方千米，有160万居民，由于停车费高，容易召到价格相对合理的出租车，并且公共交通发达，这里的汽车拥有率相对较低。那么，共享无人驾驶车队能不能与曼哈顿著名的出租车服务竞争呢？比尔和我进行了计算。2011年，曼哈顿的出租车每天大约会为41万次出行提供服务。乘客的平均等待时间5分钟，平均费用为每英里5美元。我们计算出，在曼哈顿，大约需要9000辆无人驾驶共享车辆为每天41万次出行提供服务，平均等待时间不到1分钟，远低于出租车的平均5分钟。价格也要合理得多。假设车队运营商的利润率为15%，我们估计，共享无人驾驶车队要做到快速响应，价格大约是每英里0.50美元，只有黄色出租车费用的十分之一。而且，在曼哈顿搭出租车还要给小费，每次平均8美元。而根据比尔和我得出的结论，共享无人驾驶车队平均每趟行程只需1美元就能提供更好的服务。

我第一次意识到这里面的空间有多大。它能创造巨大的利润和价值，并且会威胁到已有百年历史的现有汽车交通系统中的玩家。阵痛似乎是不可避免的。正如罗宾·蔡斯2016年在《连线》杂志上一篇具有预见性的文章中所说的："虽然一个城市、一个州或一个国家可能会试图放慢速度，但其他许多地区会争抢先机。不管这场战斗和过渡期有多漫长，我们最终都会选择自动驾驶汽车……"优步和Lyft的快速增长表明，只要能节省一点钱，人们就愿意改变出行方式。如果不需要司机，将浪费的材料和能源节省下来，将会比Uber和Lyft这类仍然需要人类早期司机的交通革命节省更多资金。因此，这种新系统的推广速度将会更快。

* * *

新的汽车时代有望大为改善普通人的日常生活。它能让没有车或无法开车的人也能享受到便捷的随时随地的交通：比如年龄太小还没有驾照的小孩，年龄太大已不能开车的老人，不幸丧失了开车能力的残疾人。所有人都能以更便宜的价格享受到便捷的交通。

我们可以通过想象一个典型家庭早晨的生活场景来了解新的交通系统。假设威尔克森一家住在伊利诺斯州芝加哥郊区的埃文斯顿。"9·11"事件过去30年后，2031年9月11日，威尔克森家的早晨与30年前许多家庭的常见场景仍然很相似。

9岁的小汤米吃了半碗麦片和几片烤面包，在玩虚拟现实游戏，11岁的姐姐塔米在给朋友发消息聊昨天的经历。早餐桌上的另一边，妈妈玛丽和爸爸托马斯正在全息显示屏上看新闻。塔米转头问弟弟："汤米，你取了快递没？"

托马斯提醒汤米："你应该在每天早餐前清空快递柜，今天我帮你。"

父亲和儿子一起从厨房来到娱乐区，那里曾经是能停两辆车的车库。(同大多数不再拥有私家车的家庭一样，威尔克森家已经将车库改造成了生活空间。)

快递柜在娱乐区的外侧。柜子里有很多搁板，柜门既可以从房间里面打开，也可以从屋子外面打开。每天晚上，送货无人机会根据网络订单送来食品和家庭用品之类的包裹。今天早上，除了牛奶和蔬菜沙拉这些日常的食品，还有一个长长的纸盒，上面印着Hyperlite的商标。"我的滑水板！"汤米喊道。

"到度假屋才能用。"托马斯拍了拍儿子的肩膀。

他们把包裹整理好后不久，手机发出了滴滴声，提醒他们车快来了。玛丽和汽车共享公司玛吉科签有长期协议，每月向玛吉科付费，可以获得一定里程数的出行服务。

"再见，奶奶！"汤米对奶奶喊道。来接奶奶去参加桥牌比赛的双人豆荚车很快就要到了，交通系统变革让这位85岁高龄的女性依然能参加各种社交活动。

外面空气清新。大气污染和酸雨已经是被遗忘的过去式，因为几乎所有车辆都由锂电池或燃料电池驱动。小汤米爬上在路边等他们的四座自动驾驶汽车。塔米和玛丽也跟着上了车。着装得体的玛丽是一家公关公司的合作人。最后是托马斯，他穿了西装，因为要参加重要会议。托马斯的父母曾拥有一家汽车销售公司。后来托马斯将这家公司转型，改为经营无人驾驶汽车周转场。威尔克森的周转场位于芝加哥城郊，为一些服务范围覆盖全美国的自动驾驶车队运营商提供充电、清洁和保养服务。托马斯今天要去芝加哥市中心与一家投资银行商谈，讨论收购公司的第38个周转场。

"今天能让我来说吗，妈妈？"汤米问道，母亲点了点头。小男孩清了清嗓子，一字一句地说，"玛吉科，开车吧"。

车门锁上，车辆平稳启动，几乎让人察觉不到。在以前汽车还是由人类驾驶时，车辆启动和刹车时都难免有些顿挫感，乘客无法在车上阅读或看视频。现在的无人驾驶车辆在加速和减速时乘客都难以察觉。一些车上还配有桌板，方便乘客在车上工作；有一些车上则安装了舒适的躺椅，可以躺在车上体验虚拟现实。

在几十年前，很多家庭的早间通勤都十分紧张，为了赶在上课铃声前到达学校，父母们要使出浑身解数在高峰时段开车通勤。但是在交通系统变革的未来，上学通勤是令人愉悦和放松的体验，这是父母与孩子相互交流的好时机。在前往埃文斯顿西面的儿童学校的3000米行程中，塔米和父亲聊着她即将参加的校排球队选拔赛。与此同时，玛丽检查了汤米的家庭作业，还表扬了他的数学练习册已经快做完了。

孩子们下车后，路线规划软件重新搜索市区最顺畅的路线，然后往南经过I-94高速公路送托马斯和玛丽。托马斯翻看了一遍投资意向书后休息了一会儿，看着窗外的景色，思考公司新的周转场可能的选址。坐在旁边的玛丽在检查她当天晚些时候将为上海的客户远程演示的文案。托马斯心想，现在的通勤与他父亲几十年前的通勤差别真大。玛吉科采用的是峰谷定价模式，同行业都采用了类似的模式，鼓励更均衡的出行安排。最高的价格是在早上8点到9点之间，托马斯和玛丽不必赶早高峰，但为了有机会陪伴孩子，也只好支付这笔额外的费用。

托马斯和玛丽经过的高速公路上行驶着各种无人驾驶车辆，从大型拖车到小小的双人"豆荚车"。即使在高峰期，交通状况也很平稳快捷。复杂的算法管理着自主车辆的互动，避免碰撞，始终保持车辆的安全距离，在并入和驶出高速公路时在车辆间进行协调。托马斯的父亲以前要花一小时的路程，现在托马斯和玛丽只需要30分钟。

想到父亲，托马斯又想起了家庭度假屋，他在悬浮屏幕上拨弄了几下，预约了一辆更大的混合动力运动型多功能车，准备第二天去他们位于密歇根湖对面的度假屋。

几分钟后，托马斯和玛丽的车驶离了I-90，在通往麦迪逊和拉萨勒的环路口稳稳停住，这里的景观看起来和30年前大不相同。街道现在是为行人而不是为汽车设计。以前路边用于停车的宝贵空间已经腾出来用于更宽阔、绿化面积更大的人行道。以前的停车场也被改造成了公园、咖啡馆或广场。还有一些则改建成了公寓或办公楼。

托马斯和玛丽下车。车自己开走了，可能是去接下一批乘客，也可能是去附近的周转场等待下一个任务。在环路的人行道上，夫妇俩亲吻告别。

"下午5点在这里碰头。"托马斯说，然后两人分头去忙自己的事情。这个世界和我们今天生活的世界既不同又相似。

* * *

如果威尔克森的世界成为现实，很多行业都会面临巨变，比尔·乔丹和我所做的计算表明，这种变化不仅是可能的，也是不可避免的。比尔、邦妮·斯卡伯勒和我在2011年夏天结束时将我们的成果提交给了地球研究所的赞助商。杰夫·萨克斯和我试图说服我们的赞助商调整商业策略以抓住这次机遇。可惜的是，尽管其中一些公司，如通用汽车和沃尔沃，应当意识到这些技术变革有多么迫在眉睫，却并没有全力应对。显然，大家都觉得这还太过科幻。

所以我开始找机会向愿意倾听的人讲述这次机遇。在与克里斯·厄姆森和安东尼·莱万多夫斯基等谷歌员工的私下交流中，我分享了研究成果的许多细节。他们对此很感兴趣，厄姆森请我向车伕团队介绍我们的研究成果。

厄姆森和我约定在2011年12月安排一次演讲。在此之前的11月，我在德国美因茨举行的国际汽车工程学会联合会（FISITA）的年会上报告了我们的发现。这个会议是汽车工程师和高管们交流行业发展的重要途径之一。

"我们已经进入了汽车工程和设计的一个非常重要的时期。"我的演讲这样开场，然后提到新能源动力系统、定制设计和"可以自己驾驶的汽车"。我播放了一段博斯参加DARPA城市挑战赛的录像，并介绍了车伕团队在自动驾驶方面的进展。我说，谷歌的自动驾驶汽车"能识读红绿灯，并且可以发现和避让推婴儿车的行人"。

"我为谷歌提供咨询，"我说，"我坐过他们的车。作为工程师，我们能感受到学习曲线每个月都在爬升……我们已经从实验室、验证场地和受控的竞赛场地发展到了实际的公共道路测试……取得的进展引人注目。"

然后我向观众介绍了比尔和我进行的研究。我说，有了这种新型交通系统，许多城市只需现有车辆数量的大约15%就能满足城区的出行需求。共享车队将提供与传统的私家车相同的使用便利性和行动自由。用户能省钱吗？当然能，我告诉观众。"我们对安娜堡和美国其他几个城市的分析表明，交通成本可以从每英里1.50美元降至0.20美元左右。"

"这会不会是无稽之谈？"我向工程师们发问，"从消费者的角度来看，这是一个巨大的机会。我今天想告诉你们的是，像安娜堡这样的城市，交通成本可以降低80%，并且仍然可以享受和私家车一样的自由和出行模式。"

在结束演讲时，我陈述了我的观念——汽车工业正面临着技术革命，就像摄影、媒体和音乐工业一样。"当技术革命时，以前的玩家很少能做得好，"我说，"这需要一个成熟行业的大玩家将全部注意力转向今后数十年的收益……我认为，交通和能源行业现在已经和所有这些行业一样面临着革命。"

"事实上，我们可以做到，我相信消费者会喜欢我们的产品，而且我认为这样做也能赚很多钱。难道我们还要继续观望？"我结束时说道。

台下的观众应该有来自各大汽车厂商的工程师和高管。但是据我所知，并没有人在从美因茨回到公司总部后就开始有所行动。现在的技术发展已能够做到以低于目前价格五分之一的成本提供交通服务，同时还能从根本上减少因车祸丧生的人数。这样的机会不抓住真令人遗憾。

* * *

不过还是有一家公司认同这一点。毫不奇怪，在为消费者开发自主汽车方面，他们也处于领先地位。

这家公司就是谷歌。他们之所以能接受是因为拉里·佩奇和谢尔盖·布林坚信这是可能的。当然并不是我做了什么改变了拉里和谢尔盖对自主技术可行性的看法。早在我来之前，他们就相信这一点，塞巴斯蒂安·特伦和克里斯·厄姆森也是如此。自动驾驶团队的每个成员都相信自主技术将会改变人类的交通模式。

作为谷歌的顾问，我的作用是帮助车伏团队的核心成员了解即将到来的变革的影响。2011年12月12日，比尔·乔丹和我在山景城报告了我们的研究结果。大约25名谷歌自动驾驶团队成员听了这次演讲。当我的同事们看到节省的开车时间成本时，他们兴奋了起来。对他们来说，时间非常宝贵。他们大多是工程师或程序员，很看重自己的生产力。而且，他们居住在加利福尼亚，硅谷，那里有世界上最拥挤的交通和最为此苦恼的通勤者。这些人坐在堵在高速公路上的车里，为浪费的时间感到沮丧。

他们感兴趣的另一个问题是，车队能够发挥效用的最小规模是多大。我说，只需为安娜堡大约10%的出行提供服务就能具有经济效益。这意味着共享车队相对容易测试。你可以在气候相对温暖干燥的地区测试。

让他们真正感兴趣的是我们对市场规模的估计。我说，假设在未来，无人驾驶共享车队只占据了总行驶里程10%的份额，对于听报告的工程师们来说，这个估计相当保守，他们都很看好这项技术的潜力。10%的份额也就是在美国每年行驶3000亿英里。进一步假设每英里的利润只有0.10美元，共享自主交通也可以带来300亿美元的年利润。这相当于埃克森美孚和苹果这些世界上最能赚钱的公司在最佳年份的利润。

车伏团队早就知道自主交通是一个巨大的商业机会。我花了好几个月的时间让他们思考自动驾驶以外的问题，了解融合其他交通变革技术的未来。他们中的一些人已经在考虑这些趋势的融合。现在，我们所有人都认识到了可能出现的巨大市场。我们越来越明白，不仅要开始为自动驾驶的未来做准备，也要开始为融合共享、电动和定制车辆在内的未来做准备，这是更大的商业机会。

比尔·乔丹和我最终在地球研究所的网站上公布了我们的研究成果。这些成果也构成了我在2013年为《自然》撰写的一篇论文的基础。经济合作与发展组织发布的一份报告将我们的研究成果列为了解共享、自主交通变革的基本资料。我也在世界各地的许多会议和研讨会上展示了这些成果。

但是我最重要的听众是2011年12月的那一天在山景城的听众。克里斯·厄姆森后来对我说："你的交通即服务的理念以及其潜力的见解，对我们项目的方向起了重要作用。"这是厄姆森的说法，我并不认为是我向车伏团队兜售了自动驾驶出租车的想法。不过，我相信，我和比尔·乔丹2011年12月在谷歌举办的研讨会让车伏团队更加深刻地认识了他们的工作的重要性。如果车伏团队能够将安全的自动驾驶技术商业化，那么我们的计算表明了他们确实能改变世界。

第10章 震荡

开车时注意力容易分散。

——陶蔼伦

从2011年到2012年，车伏团队都在开发高速公路司机辅助系统。到2012年秋季，系统已经准备好接受测试。这项技术有一个缺点，即使系统处于工作状态，人类司机仍需要时刻关注路面情况。司机可以开点小差，但不能完全不管不顾，因为这项技术并不能处理所有状况。

比方说，车辆经过一个新的建筑工地，工地采用了一种不常见的交通锥。或者是某种事件，比如一辆拖挂货车横过拦住了所有车道。这些新的、无法预料的事件可能会让软件混淆，触发警报，提醒司机接管对车辆的控制。起初，自动驾驶团队设置了6秒缓冲，让司机在听到警报后有足够时间采取行动。

2012年秋季，自动驾驶团队准备投放这项技术。在硅谷，这被称为"发狗粮"，意思是在向公众发布产品之前先让公司自己的员工进行测试。（很明显这个词来源于一则老的阿尔波狗粮广告，广告中阿尔波代言人罗恩·格林让自己的金毛猎犬品尝宠物食品。）

2013年初，一些没有受过特殊驾驶训练也没有参加过车伏团队的谷歌员工开始使用配置了这项技术的车辆。测试车辆上安装了监控摄像头。自动驾驶团队在审查驾驶员的视频时，发现了一些令人不安的行为：司机们在开小差，而且远远超出了安全范围。有人拿出笔记本电脑做事。有位女司机化妆。最终让团队停止测试的是有个家伙在高速公路上以每小时100千米的速度行驶时睡着了，足足有27分钟。

从某种意义上说，这项技术表现得太好了。它诱导驾驶员进入了放松状态，如果提醒驾驶员介入的警报声突然响起，有可能会造成问题。高速公路司机辅助系统并没有造成任何事故，但是它会使得驾驶员注意力不足，这很有可能导致事故。

这给团队带来了另一个问题：如何保持操作员的注意力？如何让他们保持清醒？如何确保司机不会对iPad上的电影入迷，以至于在出现状况时反应不够快？"我们想比人类更安全。"纳斯尼尔·费尔菲尔德回忆道，"如果人类是保障系统，你永远不会比人类更安全"。

团队不得不研究促使司机注意路况的方法，这使得高速公路司机辅助系统对车伕团队来说显得偏离了重点。他们加入谷歌是为了创造一种新的交通工具，一种比人类操控更安全的交通工具，一种可以改变世界的交通工具。然而，现在他们感觉自己走进了一条死胡同，他们创造了一种技术，这种技术并没有改变交通，只是让汽车通勤更加方便。高速公路司机辅助系统不能解决交通问题。相反，如果人们过于分心，反而会造成事故，从而带来新的问题。

一天，多尔戈夫和厄姆森在高速公路上测试高速公路司机辅助系统，突然想到了一个荒谬的隐喻，对他们来说，这个隐喻概括了他们的处境。"假设你发现了核辐射，"厄姆森说，"你是想用它做暖手器，还是做一些真正具有变革性的事情，比如发明核电站？"

高速公路司机辅助系统更像暖手器。

它无法显著提高高速公路行车的安全性，也无法改善汽车交通的体验。这个问题比他们想象的要棘手，不是因为这项技术很难发展，而完全是因为人类厌倦乏味和寻求刺激的天性。随后他们发现梅赛德斯计划2014年发布定速车距控制系统和转向辅助功能，这和车伏团队的高速公路司机辅助系统非常相似。

出于所有这些原因，车伏团队在测试开始后不久就决定取消高速公路司机辅助项目，这样他们就可以集中精力解决关键问题：制造一辆自动驾驶汽车，可以全面接管汽车运行，从乘客上车直到下车。唯一的问题是，他们再次面临两年前导致他们陷入困境的问题：如何将自主技术推向市场？

* * *

2012年12月，克里斯·厄姆森召集了车伏团队约70人，让大家朝新的方向努力。我们聚集在一个会议室，会议室只能坐20多人。所有椅子都撤走了。工程师和计算机科学家们围着桌子站着。迟到的人挤在门口。对于车伏项目来说，这种全体会议不常召开。一段时间以来，我们都知道了高速公路司机辅助项目不会再继续。现在大家都在期待厄姆森指明新的方向。

在为车伏团队提供咨询两年后，我已经适应了自己在团队中的角色。这几年我做的很多工作都与战略有关，类似我在通用汽车的职责。我被委派去解决一些问题，分析未来可能的发展方向，以及最可能让项目受益的策略。厄姆森和他的工程师同事也依托我在汽车行业的经验，深入了解如何与各家供应商甚至大型制造商就可能的交易进行接触。

影响我和车伏团队关系的另一个因素是我的年龄。2012年，我61岁，这意味着我至少比车伏团队的一些核心工程师要长一辈，他们中大多数都是三十出头。起初，我担心他们会认为我不合时宜。但其实他们经常寻求我的建议。他们尊重我在职业生涯的很大一部分时间都在行业内部做着与他们同样的努力——他们似乎很乐意听我讲在这一过程中遭受的挫折。

我与克里斯·厄姆森建立了很密切的关系，不仅因为我们有着相似的世界观，也许还因为我在他身上看到了我自己。厄姆森很好相处。每当我在山景城时，有机会我俩都会一起吃晚餐，我们常常争论要去哪里吃，他偏好印度或亚洲菜，而我更喜欢意大利餐厅。你可以通过一个人在餐馆对待服务员的方式了解他很多侧面。不管是和谁打交道，厄姆森总是彬彬有礼、相互尊重，我认为这说明了他从小受到的家教。在车伏团队的办公室，每当有人表现出硅谷的矫揉造作，厄姆森总是用他那朴实的智慧来戳穿这种伪装，提醒我们所有人，在他的家人居住的萨斯喀彻温，人们的态度会是怎样的，在美国其他地方的态度也是如此。另外他也是一名致力于革新汽车工业的工程师，和我一样面对着怀疑者和反对者。

我也和德米特里·多尔戈夫很合拍，多尔戈夫在密歇根大学获得博士学位，他到安娜堡为计算机系做了一个关于自动驾驶的演讲，给我留下了深刻印象。多尔戈夫对工作的热情让所有人都感觉车伏项目很酷。让多尔戈夫兴奋的不仅仅是这个项目改变世界的潜力，尽管这是其中的一部分。我认为让他兴奋的是计算机编程技巧使得这一切的发展成为可能。多尔戈夫成长于80年代，当时还是雅达利游戏机开创视频游戏的时代，而现在，他可以用人工智能来教汽车识别各式各样的行人。对他来说，工作给他带来的欢乐几乎是孩童式的，既可爱又有感染力。

这个项目中另一个我最喜欢的人是布莱恩·塞勒斯基。我第一次见到他时，他还是CMU格纹呢车队在DARPA城市挑战赛中的软件负责人。我和塞勒斯基大约在同一时期加入车伏团队。他在匹兹堡和底特律郊区长大，这让我们有了一些共同点。我们谈得来是因为我们的工作方法相似。我们都面临着新的挑战，首先要关注大局，然后处理细节。我们也都很认同国际标准化组织的准则，这被称为ISO标准，因为ISO在希腊语中意味着"平等"。这些准则几乎可以适用于任何流程。（厄姆森的父亲保罗认为，他是世界上第一个对监狱进行ISO认证的人，1991年他将该准则应用于惩教机构的家具厂。）就自主汽车的开发来说，这指的是一种管理编码和车辆变化的方法，这样所有个体就都能实时跟踪任何个体可能影响到系统其余部分的变化。听起来很无聊，对吧？从某种程度上来说，的确如此。在开发自主汽车时，需要根据ISO准则召开许多会议，工程师们在会上讨论系统可能出现的各种故障，然后设计出排除故障的方法，或者从一开始就避免发生故障。塞勒斯基还对汽车行业不同于硅谷的做事方式感到很好奇。

我喜欢参与车伏项目。作为一名有干劲的技术专家，我在底特律有时会感到沮丧，在那里传统可能比创新更重要。汽车工业习惯对技术抱怀疑态度；而在硅谷，人们普遍认为技术会使世界变得更好。我与车伏团队成员的每一次互动都感受到了这一点。当我离开通用汽车的时候，我担心自己会开始退休生活。现在，仅仅几年后，我发现自己正在和一个杰出的理想主义团队一起从事我见过的最激动人心的项目之一。

然而，问题确实存在。2012年5月，在项目进行了一年多之后，塞勒斯基来找我，告诉我他要离开车伏团队。他想念匹兹堡，但更大的原因是厄姆森和莱万多夫斯基的矛盾。在2011年8月的调解后，两人的矛盾再次影响了团队的执行力，这让塞勒斯基感到沮丧。这对团队的能力是一个打击，塞勒斯基对工程和产品开发的踏实态度对团队的影响很大。看到他离开我很遗憾。厄姆森和莱万多夫斯基的性格很不一样。莱万多夫斯基是我见过做事最快的人。当他专注于解决一个问题时，他做事的效率非常高。但是这种性格的缺点是，当事情没有按照他期望的速度发展时，他会很不耐烦。为了快速完成工作，可以将一些问题先撇在一边，等以后再来解决。

相比之下，厄姆森更加细致。安全是他最优先考量的因素。我们多次谈到自动驾驶能给交通状况带来的改善。看一下数据就能明白：全世界每年有130万人死于道路交通事故，每天死亡人数超过3000人。厄姆森领导的项目可以拯救许多生命。如果目的是拯救生命，厄姆森很担心在这项技术准备好之前推出它反而会毁了它。

假设你负责为虚拟助手编写语音识别软件。100个口语单词能正确识别99个就很了不起了。像亚马逊艾丽莎或谷歌家庭这样的虚拟助手，能够正确识别100个单词中的99个，可能就很有实用价值了。

但是，一辆能正确识别99%的停车标志的自动汽车却可能是灾难。1%的错误不仅有可能导致人员伤亡，还可能让这项已经被底特律许多人批评为不安全的技术名誉扫地。莱万多夫斯基的想法是将技术推出去，尽快推出，厄姆森的想法则相反。他在车伏团队组建了一个模拟小组，负责用虚拟现实测试软件性能，在虚拟现实中设置成千上万种事件组合，看自主软件能不能应对，并在出现问题时进行修正。另外他还在一处占地5.6平方千米的退役军事设施，位于山景城以东约160千米的前堡垒空军基地建立了真实的测试场。在那里由十来个人组成的橙队负责设计一些场景，模拟在现实世界中自动驾驶软件可能难以应对的一些情况。例如，当车辆驶近十字路口时，让一名扛着墙一样大小帆布的橙队成员走上街道。软件会将其识别为行人或其他物体，比如卡车吗？骑自行车的人带着一个巨大的沙滩球网袋，汽车能否认识到，这个有不同寻常侧影的实体，行为表现会像骑自行车的人一样？

做这些事情需要时间和钱。在我看来这是正确的做法。它们表明厄姆森做事很严谨，而正是这一点让莱万多夫斯基无法忍受。

从许多方面来说，这种情况都不应当出现。毕竟名义上厄姆森是莱万多夫斯基的上级。但是，莱万多夫斯基在车伏奖金计划中所占的份额更大，这让他更像是公司的最大股东，一个对公司CEO实现公司利益最大化的能力失去信心的股东，莱万多夫斯基认为这直接影响了他在这个项目的预期收益。

这样的结果导致了一种有毒的局面。厄姆森说一件事，莱万多夫斯基就会向团队成员批评这件事来诋毁他。总的来说，车伏团队的人喜欢厄姆森。他们尊重他的领导，并喜欢与他在工作中相处。但是莱万多夫斯基是出色的操纵者，他擅长向某些工程师指出计划的弱点。两人之间的斗争削弱了士气。

几年后，拉里·佩奇在法庭文件中提到了厄姆森和莱万多夫斯基之间"破裂的关系"。他说："这很糟糕……我认为他们相处得很困难，但他们还是一起工作了很长时间。帮助他们克服这个问题是一直困扰——是的，一直困扰我们的管理难题……（安东尼·莱万多夫斯基）显然对事情的进展感到不满。"同时，根据佩奇的说法，"人们对安东尼有很多疑虑……大家都对能不能信任他抱有明显的疑虑"。当然，这其中也包括克里斯·厄姆森，他会在几年后认识到安东尼是一个"失败的因素"，因为他的"操纵以及对项目缺乏热情和奉献"。

如果知道莱万多夫斯基在该计划中所占股份，可能会难以理解他的对立态度。对他来说，一个理性的做法是：闭嘴，抛开你的怀疑和自我，做最有益于团队的事情。但这不是莱万多夫斯基的个性，而且可能还有一个特殊原因。这是一个可以在许多方面改善世界的项目。前面说过，计算表明，仅在美国，共享、自主和电动交通市场就可能价值数万亿美元。莱万多夫斯基可能觉得这个机会太大了，他是世界上少数了解激光雷达及其在自主驾驶中的应用的人之一，他可以自己出去和车伏项目竞争来赚更多的钱。几年后，车伏内部的人才知道莱万多夫斯基还是另一家名为智慧波（Odin Wave）公司的主要推手，该公司显然是为了开发激光雷达技术而成立的，而这也是他在车伏团队的工作职责之一。这是莱万多夫斯基职业生涯中反复出现的脚踩两只船的典型例子。这不会是最后一次。

＊ ＊ ＊

2012年12月，厄姆森向车伏团队宣布了一个新的方向，这与旧金山湾区当时发生的一些事件有很大关系。当年2月初，一位名叫桑尼尔·保罗的科技企业家发布了一款名为跨斗(Sidecar)的移动应用，在旧金山提供出行服务。他之前的创业很成功，向赛门铁克出售了一家名为Brightmail的反垃圾邮件公司。保罗长期以来一直试图改善现有的交通系统。他在2002年申请了一项专利，发明了一种算法来计算从一个地方到另一个地方的有效路线。最近，保罗对优步高端网约车产生了兴趣。这款召车软件从旧金山扩展到了华盛顿特区和芝加哥等城市，成为硅谷创业文化中的热门话题。保罗受优步启发开发了一款拼车应用，这款应用的主要创新是，它允许任何人提供拼车服务，而不仅仅是高端网约车或出租车。任何车里有空位的人都可以帮助其他需要搭车的人。(需要一些资格审查。提供载客服务的人必须通过背景审查，并拥有有效的驾照和保险。)保罗的理想主义愿景是用技术改善所有人的出行，因此Sidecar起初甚至没有收费，而是鼓励用户向司机自愿捐赠，Sidecar从中收取20%的佣金。

就在Sidecar推出3个月后，津巴布韦之旅的创始人洛根·格林和约翰·齐默在5月推出了他们自己的拼车应用的测试版，他们称之为Lyft，也是任何人对任何人提供服务。所有Lyft司机都会在汽车前部装饰巨大的粉红色胡子来表示他们提供拼车服务。布拉德·斯通在讲述硅谷颠覆性新业务的书《新贵》中写道："2012年，住在旧金山的人们感到很好奇，为什么突然到处都是挂着怪异的粉红色胡须的汽车……加州是新兴市场运动的起点。"

硅谷的热潮一浪接一浪。20世纪60年代是半导体和计算机芯片，90年代后期是互联网，以及千禧年的社交媒体，风险投资和媒体似乎一次只关注一个话题。在2012年的一段时间里，热门话题是拼车，以及任何利用科技来改善一车一司机交通模式带来的浪费的东西。Lyft、Sidecar和一家名为ticket2go的法国公司都在湾区开展业务。Lyft明确提出了"取代汽车拥有权"的愿景。与此同时优步也在密切关注，并最终在2013年1月推出了自己的拼车服务UberX。

当然，车伏团队也在关注事情的进展。所有人都认识到拼车模式是走向按需出行的一步，我们认为这是车伏项目的最终目标。纳斯尼尔·费尔菲尔德回忆道："我们认为，嘿，我们的优势得天独厚。我们有别人不知道的知识。我们有首屈一指的团队。我们有愿景、梦想和动力去实现我们真正的目标——门到门服务。好吧，让我们去那里，现在就着手。"

厄姆森想在Sidecar和Lyft创新的基础上开发一款小批量生产的原型车。他设想让无人驾驶出租车在城市中穿梭接送乘客，车伏团队内部称这个业务为"交通即服务"。当年秋天，厄姆森开始与国家公路交通安全管理局（NHTSA）副局长罗恩·梅德福商谈，梅德福是联邦政府中负责国家汽车运输系统安全的第二号人物。梅德福与我是同时代的人物。他的线框眼镜、短发和商务着装透露了他在华盛顿和底特律的职业生涯。

他穿梭于汽车制造商和政府之间，努力减少车祸导致的伤亡。在NHTSA内部，梅德福致力于提醒人们对驾驶时分心所导致的危险的认识。他还帮助美国汽车制造商制定了更严格的燃油经济性标准。厄姆森听说梅德福即将从NHTSA退休，觉得这是个机会。像梅德福这样很熟悉各州和联邦驾驶法规的人对车伕团队很有帮助。2012年11月，厄姆森聘请了梅德福，这件事被广为报道，科技媒体将其解读为谷歌打算将自动驾驶技术投入实用的又一个迹象。我认为聘请梅德福是厄姆森的一步妙棋。梅德福在车伕团队的职位是安全总监。他将与各州和联邦政府合作，围绕自主车辆制定新的法规。

厄姆森问梅德福美国的监管体系会不会允许完全自动驾驶的载客汽车。梅德福说，车伕团队用来测试的丰田普锐斯轿车和雷克萨斯SUV很难得到许可，他问厄姆森有没有考虑过低速车辆。

这话让厄姆森的耳朵竖起来。

机动车由州政府监管，大多数州的法规都将低速车辆单独列为一个类别，介于高尔夫球车和常规车辆之间。各州法规的细节不尽相同，但基本上都将高尔夫球车界定为最高时速24千米的四轮车。高尔夫球车不需要牌照，不需要前灯或转向灯等安全设备，通常不允许在公共道路上行驶。大部分州都允许低速车辆在公共道路上行驶，公布的限速高达每小时55千米。如果速度达到每小时40千米，质量达到1300千克，司机就需要驾照，也要有车牌号。梅德福认为，与谷歌目前测试的丰田普锐斯和雷克萨斯SUV相比，让低速自主汽车在加州获得上路许可的可能性要大得多。

2012年12月的一天，厄姆森在会议室告诉团队，他准备朝按需出行商业模式的方向努力，如果这个愿景实现，市中心的个人出行将主要依靠无人驾驶的优步或Lyft模式。这项服务可以按每月、每周、每年或按次计费。大多数交通出行乘坐的都不再是乘客自己拥有的车辆。车辆的共享使用将与人们的出行进行适配。

厄姆森想为交通即服务模式专门设计一种车辆。从第一次DARPA大挑战开始，工程师们都是以现有车辆为基础设计自动驾驶。这样做需要妥协。传统车辆的几何形状使得自动驾驶所需的传感器存在盲点。现在谷歌的自动驾驶团队将设计一款自主汽车。在会上，厄姆森列出了他希望谷歌第一辆全新设计的原型汽车遵循的一些原则。他希望它是电池驱动。他希望它对乘客和车外的人都友好。也就是说，他希望它能考虑到易受伤害的交通参与者，比如骑自行车的人和行人。他希望车辆的设计能做到即使车辆撞到了行人，行人也不会受伤。

我认为这个新方向非常让人期待。这与我在通用汽车所追求的目标很类似，而且厄姆森设想的汽车似乎与通用汽车的EN-V豆荚车有很多相似之处。从策略上来说，它也很聪明。团队中很少有人有汽车制造经验。通过设计和制造这款车可以让团队学习这一过程，也可以了解它是否真的像底特律所说的那样难。

会后几个月，厄姆森把他的老朋友布莱恩·塞勒斯基叫回了硅谷。"目标已经清晰了。我们制订出了计划。由我主导，动荡局面已经过去了。"厄姆森说。他指的是莱万多夫斯基和他的紧张关系。塞勒斯基成为整个车辆开发的领导者，这在以前一直是莱万多夫斯基的角色。德米特里·多尔戈夫领导软件开发。莱万多夫斯基的主要职责是领导自主硬件的开发，如激光雷达和常规雷达。

接下来是很有意思的设计阶段。如果打算让一辆车在市中心提供交通服务，它应该是什么样子？厄姆森和车伕设计总监安永君一起工作。安永君在韩国出生并受教育，就读于首尔的弘益大学，然后在伊利诺伊理工学院攻读硕士学位，毕业后在摩托罗拉和LG工作。她认为自己缺乏汽车行业经验是一大优势，因为她想从乘客的角度来解决这个问题，大多数乘客都没有什么行业经验。我建议厄姆森还邀请通用汽车的前设计师大卫·兰德来协助安永君并提供建议。兰德全程参与了通用EN-V原型车的设计过程。

第一次乘坐自动驾驶车辆的人刚开始会有点担心。什么样的交通工具能平息这种焦虑呢？安永君和兰德的设计可以视为对2011年道奇冲刺者广告的回应，这条广告将自动驾驶描绘为走向终结者式的机器人的第一步。安永君和兰德给出了一种简单、干净、有趣的美学设计。与《终结者》电影中可怕的红眼机器人不同，车辆圆润的曲线给车辆营造了一种活泼的感觉。

厄姆森希望这辆车能为那些不能开车的人提供交通服务，例如老年人或残疾人，因此要设计得易于上下车。要做到这一点，地板得是平的，而且不能太高。当讨论到方向盘和刹车等部件的位置和风格时，团队做出了一个大胆决定。谷歌无人车将没有方向盘。为什么需要？这辆车将没有操控装置，这种极具颠覆性和未来性的做法很符合车伕的风格。

虽然车很小，车内感觉还是很宽敞，部分原因是采用了电力驱动，不再需要笨重的发动机。有一个启动按钮，还有一个按钮用于在紧急情况下停车，屏幕显示当前时间和乘客到达目的地所需的时长。像许多汽车一样，车辆从前面看很像一张脸，眼睛大大的，让人感觉笑容满面。车伕的设计师说，未来的交通是有趣、易用和迷人的。

一旦确定了大致方案，就该做出一些重大决定了。其中包括谁来制造？车伕团队最终与罗斯工程公司签订合同，制造100辆车。我的第一次试乘是在车伕办公楼附近的停车场顶层。我第一次坐这种豆荚车就很喜欢它。在我看来，双人座豆荚车是交通变革的缩影。这辆车在车伕团队内部被称为萤火虫，似乎很贴切，因为当它在市中心出没时就像这种小飞虫在夏夜蜿蜒飞舞。

＊＊＊

我对萤火虫的发展感到兴奋。但我也很焦虑。有时我会半夜醒来，担心未来的发展。我设想了各种场景。谷歌正在开始与州监管机构合作，为允许自动驾驶车辆在公共道路上安全行驶的立法做准备。我们听到消息说汽车业正在大力游说反对我们，以减缓事情的发展。底特律对我们的敌意会不会影响到谷歌内部，导致车伏项目的资金被取消？我职业生涯的大部分时间都在管理能带来改善的技术研究。我曾看到，由于汽车业厌恶变化的心态，似乎注定会使得能带来重大经济和环境利益的研究徒劳无功。例如，氢燃料电池。在通用汽车，我竭力呼吁，谈论大力推广这些技术可以给世界带来的好处。然而，从我当初开始认为它们可以解决石油依赖和排放问题将近20年后，它们仍然是储备技术。自动驾驶车辆和大面积推广交通变革的可能性会遭受类似的命运吗？

为了缓解自己的担心，我开始尽最大努力宣传这项技术。我在谷歌的咨询工作大概占了我20%的时间。其余时间我经常与能源、保险、房地产和物流行业的其他客户合作，研究与未来交通相关的项目以及应对策略。同时我还在世界各地参加会议，从巴黎到香港，从澳大利亚到加拿大，我在几十个会议上介绍我对未来交通的愿景。就在我宣传大范围推广这种交通服务可能带来的变化的过程中，我的飞行常客里程达到了新高。

我希望通过这些演讲影响汽车行业。有时候，我以著名的"非礼勿视、非礼勿听、非礼勿言"的3只猴子形象作为演讲的开始，以此表达我对汽车业的看法。自动驾驶的安全优势能减少全世界每年130万起交通死亡事故中的至少90%。拖延一天就意味着在地球上的某些地方又多死了3000人。"这是变革的机会。"在介绍地球研究所估算的消费者成本节省和市场规模时我这样说。我还对交通变革的世界中占主导地位的新商业模式进行了展望，在这个世界中，汽车行业将从销售汽车、汽油和保险转向销售里程、出行和体验。我将其比作肯尼迪总统1961年将人类送上月球的承诺。那是改变世界的大胆想法的典范。而现在，我认为我们应当大胆构想交通即服务的未来。

并非所有的变化都是进步，当我考虑如何鼓励汽车业自我革新时，我意识到了这一点。开车经过我的家乡密歇根州时，我会有一种沮丧的感觉，因为我意识到，如果政府不采取大的举措来缓解失业，交通变革也会给社会带来负面影响。如果无人驾驶出租车在美国和世界各地的城市中被推广，有可能对劳动力市场造成巨大冲击。首当其冲的就是专职司机。根据美国劳工统计局的数据，在美国大约有400万人从事某种专职司机的工作。其中包括170万重型卡车和拖车司机、68.5万公共汽车司机和18.9万出租车或豪华轿车司机。这些司机占美国劳动力的近3%。一旦车辆自动驾驶，这些人怎么办呢？一旦优步使用无人驾驶出租车，一旦多米诺公司用机器人运送外卖披萨，一旦UPS以无人方式将包裹从物流中心送到家里，这些人该怎么办？

政客、工会和面临失业的人可能会抵制这种变化，因为他们害怕这种变化的影响。我能理解这种担忧。如果变革对我的职业造成了威胁，那么无论多合理我都会抵制。我们先来想想这种变革会造成哪些影响。

假设400万专职司机一年工作50周，每周40小时。如果大范围推广自主按需交通，意味着我们每年将损失80亿小时的带薪工作。

但是美国有2.12亿人持有驾照，这些人平均每天驾车56分钟。这意味着美国人每年花在开车上的时间约为720亿小时。我们真的会为了保留每年80亿小时的带薪驾驶工作，而不去做每年能节省720亿小时的事情吗？许多人可以用节省的这些时间来增加工作时间。

交通变革可能还会以另一种方式减少劳动力需求。因为无人驾驶出租车将会比私人拥有的燃油汽车有更长的累积行驶里程。共享无人驾驶车辆的使用频度更高，里程增长也更快。今天的车辆可能会行驶10~15年，累积里程大约25万千米。退役是因为车辆的一些零件已经老化。也就是说，它们不行了是因为它们已经服役10~15年，而不是因为它们已经行驶了25万千米。而共享自主车辆在几年内就会累积到25万千米，此后它们还可以继续行驶。此外，电动汽车的工程设计要简单得多，这意味着它们耗费的零件会少得多，拜伦·麦考密克在通用汽车公司向里克·瓦格纳和我清楚地表明了这一点。考虑到电动动力系统和较高使用率的影响，我的数据显示，在交通变革后车辆在短短四五年内就会累积50万千米。这反过来又会影响汽车的市场需求。我自己的计算表明，有我们今天使用的车辆数的大约一半就够了，而且车辆会更轻，零部件更少。这意味着汽车制造业的规模将会缩小很多。

最后，为车主提供服务的行业可能也会缩小。当很大一部分车辆由车队而不是个人来维护时，我们就不需要那么多加油站或洗车行，也不需要那么多修车店、修理专家或换机油的设备。

但是劳工统计局的数据能缓解这种对未来变化的担忧，全美国劳动力市场的流动变化——定义为美国人离职或被解雇的次数——为每个月520万个工作岗位。不仅仅只有交通变革会影响未来几年的工作。自动化影响到几乎所有经济部门。波士顿咨询集团的一项研究表明，工业机器人替代了当前制造业10%的工人，这项研究还预测机器人替代的工作比例到2025年将达到25%。咨询公司麦肯锡公司对美国就业岗位进行了一项调查，以了解有多少岗位将被机器人、机器或人工智能淘汰。"总的来说，"麦肯锡说，"我们估计，在全球经济中，人们从事的有偿劳动有49%有可能通过目前已有的技术实现自动化。"

很多年前，当你进入电梯，会看到有专职操作员负责将乘客运送到大楼各个楼层。在前几年银行还有很多柜员为顾客服务，这项工作现在由账户持有人自己通过自动取款机和网上银行完成。最近，停车场收费员也在被自动收款取代。1800年，美国农业劳动力占总劳动力的比例接近80%。2000年，由于联合收割机等自动化机器的影响，农业劳动力占总劳动力不到5%。

所有这些人都必须找新工作，其中一些工作比他们过去谋生的方式收入更高，也更愉快。同样，交通变革也将带来新的工作。优步前首席执行官特拉维斯·卡兰尼克是持这一看法最有说服力的人之一。我在很多事情上不同意特拉维斯的观点，但是在这个问题上，他说的有道理。"你知道在以前打电话，得请接线员帮你转接，对吗？"卡兰尼克在接受《商业内幕》比茨·卡森的采访时说，他还提到了建造电话亭的工人，"然后手机出现了，很漂亮，这又创造了全新的产业和许多新的工作。"

实际上，一些关于现代劳动力变革的研究表明，将技术加入劳动力队伍后，所创造的工作机会要比减少的工作机会更多。我提到的麦肯锡报告还引用了该公司法国分部2011年的一项研究，研究了互联网对就业的影响。该报告的结论是，新技术每淘汰一份工作就会创造2.4个新职位。

专职司机能得到什么样的新工作？ Lyft联合创始人约翰·齐默打算将他的按需交通服务发展到他所称的"车轮上的客房"的程度——可以提供餐食、酒水饮料或者按摩等服务。后台技术人员将监督计算机控制的车辆部署，以确保车队合理分布。清洁将是共享交通市场的一个重要不同之处。提供按需交通的机器人车辆将至少每天做一次清洁，肯定需要更多的人来从事类似过去的洗车的业务。

交通即服务也将在其他部门产生新的工作。一年有720亿小时被解放出来，人们会用这些时间来做什么？那些将这些多出来的时间用于工作的人将会提高整个国家的生产力，并可能带来更多的就业机会。有些人会将多出来的时间用于上网看新闻或视频，因此需要建设和维护更好的互联网基础设施，让高清视频内容可以无线传送给车辆。交通变革后电子商务会变得更加普遍。弗雷斯特研究公司估计，2017年电子商务增长了13.3%，是实体店铺零售的5倍。电子商务的增长有一半来自亚马逊，在我写下这些的时候，亚马逊市值约为6000亿美元，市值稳居全球十大公司之列。该公司及其电子商务竞争对手对进一步的增长很有信心，因为随着自动驾驶技术的推广，快递成本将会下降。付钱雇人开车送货上门是很贵的。一旦你不需要司机，你也可以省去卡车为保障司机安全舒适而安装的设备：座椅、挡风玻璃、安全带、空调和建造客舱所需的各种材料。

这些变化能将公路货运成本降低50%。大型卡车将不再受驾驶员一天只能开车11小时的限制，一天能行驶22小时，单日行驶里程可以增加一倍，达到1800千米，服务范围为原来的4倍。与此同时，还可以用更轻、更便宜的陆基和空基无人机运送小包裹，无人驾驶的双人豆荚车也能以非常低的成本将货物运送到家庭和企业。

是的，许多人的工作会受影响。存在这样的风险，交通即服务可能会助长美国收入不平等的趋势，随着收入从加油站和机修厂的小企业主流向提供按需交通的车队运营商，富人变得更加富有，穷人变得更加弱势。布鲁金斯学会最近的一份政策简报增强了对"普及自动化导致劳动力市场混乱"引发的"勒德分子反抗"的担忧。

由于对隐私和社交媒体数据滥用的担忧，勒德分子反抗可能已经开始了，但是我们希望交通变革不会受到伤害。政府不应当立法禁止交通运输作为一项服务，而是应当通过公共政策来应对，让因交通变革而失业的人们能找到更好的工作。再培训计划将是一项明智的政策，同时布鲁金斯政策简报也建议为失业的司机提供 12 个月的生活资助作为过渡。我也建议用税收政策引导工人从高失业率地区流动到劳动力更紧缺的地区。

* * *

2014 年 5 月，厄姆森和塞勒斯基已经有了几台萤火虫概念车的原型，并准备向全世界介绍他们创造了什么。开发过程长达 17 个月，比团队领导预期的要长。萤火虫概念车的开发花了这么长时间，谷歌领导层认为这有助于车伏团队转变对底特律和美国主要汽车制造商的态度。

前面说过底特律曾批评谷歌的无人驾驶汽车研发，实际上敌意是相互的。在车伏的早期阶段，团队成员和谷歌领导层都表现出对底特律汽车业的研发努力缺乏尊重。汽车公司研发一辆新车通常需要 3 年左右的时间。起初，这让车伏团队的人大吃一惊。3 年？他们不相信地喊道。是什么需要花这么长时间？莱万多夫斯基尤其表现出了这种态度，但不仅仅是他。总的来说，他们将漫长的开发周期归因于底特律缺乏竞争优势。硅谷认为，汽车公司懒惰、保守、厌恶新思想、故步自封，他们不知道如何创新——至少不是那种可能引发社会变革的创新。这种创新在过去半个世纪里从硅谷萌发过许多次，智能手机、互联网、个人电脑、晶体管。车伏团队的许多人认为亨利·福特是杰出的创新者，但是后来这种精神在底特律消失了。他们认为大多数继承了亨利·福特精神的美国工程师都在硅谷。

萤火虫的开发给克里斯·厄姆森和布莱恩·塞勒斯基带来了很多启示。他们理解了传统制造商为什么要花这么长时间。设计一辆汽车相对容易。困难的是，"强化"各种零部件的过程，这也是底特律工程师擅长的部分。强化指的是对每个零件进行工程设计，使车辆能在可能超过10年的时间里正常行驶25万千米，并能在可能面临的各种环境中工作：西雅图的暴雨、亚利桑那的沙漠、明尼苏达的寒流、北卡罗来纳的强风，甚至墨西哥湾海岸的飓风。当然，车伏团队开发萤火虫只用了底特律开发一辆新车所需时间的一半。但是他们只计划生产大约100辆萤火虫，并且都是一样的，而底特律设计一款车是准备生产成千上万辆，而且有各种版本，从基本款到加装了各种配置的豪华款。经历了萤火虫的开发之后，塞勒斯基和厄姆森开始以尊重的眼光看待底特律。

2014年前几个月，我试图说服厄姆森暂缓发布车伏团队计划部署萤火虫的消息，但失败了。我认为团队公开他们已经停止开发高速公路司机辅助系统的消息是不明智的。为什么？许多公司仍在致力于各种版本的高速公路司机辅助项目。其中许多都依赖于由前MIT计算机视觉专家安姆隆·萨苏阿参与创办的以色列无比视（Mobileye）公司的产品。这种产品没有用激光雷达，因为萨苏阿认为激光雷达太贵了。"你不可能在车上装7万美元的设备，那样无法大规模推广。"萨苏阿告诉《纽约时报》的约翰·马尔科夫。因此无比视为沃尔沃和日产等公司设计了一种名为"交通堵塞辅助"的系统，只要司机把手放在方向盘上，汽车就能在高速公路上安全行驶。该公司还提供了障碍物检测能力，可以降低汽车速度，以避让行人和骑自行车的人。特斯拉的埃隆·马斯克最初向谷歌提议合作开发自动驾驶技术，但最终与无比视达成了协议。

车伏对无比视的做法不以为然。我也这么认为。无比视的产品没有使用激光雷达，因此只能通过比对摄像头图像和预装的大规模图片数据集，以识别车辆可能遇到的各种障碍。只要人类随时准备接管，它通常能在只让汽车通行的高速公路上运行良好。但车伏团队认为，如果想做到门到门导航，能通过红绿灯、环形路口和全停车路口，就必须配备激光雷达，而且这也使得使用高分辨率数字地图作为参照变得更加容易。

我认为我们应该让其他公司继续走高速公路司机辅助产品的路线。告诉全世界车伏团队正在开发门到门的自动交通——这一次是真正开发没有方向盘、刹车和油门的原型车——只会让其他公司也考虑开发同样的产品。此外，从萤火虫到无人驾驶出租车、交通即服务的商业模式，这些都很容易联系起来。我的意思是，除了在市中心运送乘客，这辆车还能用来做什么？我认为最好等到交通即服务的产品准备就绪时，我们才披露萤火虫项目的消息。毕竟，在部署之前，为什么要提醒潜在的竞争对手注意我们的战略？

但是谷歌的风格比我来自底特律血统的直觉更透明。为了使车辆能安全搭载人类乘客，就必须在公共道路上测试。人们必然会讨论它们。此外，无人驾驶汽车团队远远领先于所有竞争对手，以至于他们无法想象任何人会在未来赶超他们。为什么不把这个项目向全世界公开？也许宣传会有助于说服汽车制造商与车伏团队合作。

* * *

没人预料到，萤火虫的发布会引发一系列事件，导致众多公司蜂拥进入交通服务市场。2014年5月底，谢尔盖·布林准备在首届代码会议上披露萤火虫的消息，该会议是由传奇科技记者卡拉·斯韦瑟和沃尔特·莫斯伯格组织的一次科技产业盛会，在洛杉矶郊区的太平洋海岸度假胜地派洛斯福德牧场举行。为了在会议召开前引起人们对自动驾驶汽车的关注，谷歌于5月13日在山景城举办了一场新闻发布会，在从计算机历史博物馆到谷歌总部的一英里长路线上展示自动驾驶的雷克萨斯SUV。接下来，谷歌准备邀请一些记者试乘萤火虫——这是公众第一次看到它。车伏团队为科技记者提供了试乘，条件是在布林借代码会议发布消息之前，他们不可以发表文章。

演示安排在5月23日，《纽约时报》的约翰·马尔科夫和克里斯·厄姆森一起坐上一辆自动驾驶的雷克萨斯（这是马尔科夫第二次试乘车伏团队的车）。这辆车开过几个街区把他们带到了山景城的一个停车场，停车场被谷歌的安保人员围了起来，以确保没有行人会看到萤火虫车。

他们站在柏油路边，厄姆森拿出手机，打开了一个召唤萤火虫车的软件，它的激光雷达在车顶上迅速转了起来。厄姆森和马尔科夫坐了进去，扣上了安全带。然后厄姆森向马尔科夫介绍了中控台上启动车辆的按钮。马尔科夫按下它，车辆在停车场顺畅地转了几圈，没有发生事故。

"有点像写字楼电梯和迪士尼明日世界游客轨道车的结合。"马尔科夫后来写道。

体验结束后，马尔科夫回到谷歌采访谢尔盖·布林。马尔科夫问布林谷歌准备怎样运作萤火虫车，布林提到了切断"交通和车辆所有权"之间的关系。

"无论是不是由谷歌来做，"布林告诉马尔科夫，"我认为对于世界上大多数人来说，适当的方式不是自己拥有汽车……这些应该在很大程度上作为服务提供。"

厄姆森也接受了刚刚创建科技媒体网站Recode的卡拉·斯韦瑟和她的同事利兹·甘恩斯的采访。斯韦瑟是一个有趣的选择，因为在报道硅谷的记者中，她是为数不多敢直言不讳的人之一，无论她的访谈对象的银行账户里有多少亿美元。她后来与谷歌高管梅根·史密斯结婚，两人育有两个孩子，斯韦瑟以鄙视这家搜索巨头的眼镜产品而闻名，被认为是硅谷最不讲情面的评论家之一。她对萤火虫的评价肯定是诚实的。

斯韦瑟似乎对这款车的外形很满意——圆润的富有活力的设计，拟人化的前灯，车前黑色的传感器面板有点像考拉的黑色鼻子。斯韦瑟和甘恩斯在停车场附近试乘了几圈。两人似乎对此印象深刻。"非常愉快的体验，"斯韦瑟说，"这很酷，我不得不说很好。"

5月27日，在代码会议上，布林穿着T恤、休闲裤和沙滩凉鞋走上了舞台，戴着斯韦瑟嫌弃的谷歌眼镜。访谈先闲聊了几分钟。然后布林请斯韦瑟展示了一段视频，披露了无人驾驶车的消息。

"你介绍的这个东西是什么，它有名字吗？"斯韦瑟问道。

"这只是原型；它没有名字，因为它还处于原型阶段。"布林没有透露萤火虫的名称。"关键是它没有方向盘……我们没有预设任何条条框框，而是彻底重新构想，如果世界上有自动驾驶汽车，它们应该是什么样子？"布林说。

"有这种汽车的世界会是怎样的？"莫斯伯格问道。

布林说："我之所以对这些自动驾驶汽车感到兴奋，是因为它们有能力改变世界和我们的社区。"布林接着描述了这种汽车将如何造福于那些不能充分享受传统交通设施服务的人们，例如贫困的城郊居民、年轻人、老年人和残疾人。

布林说："我们决定开发这款原型车的主要原因是，与在现有车型的基础上做加法相比，我们可以做得更好。体验感不一样，你只需坐在上面，没有方向盘，没有踏板。对我来说，真的非常放松……坐上去10秒后，我就可以开始写电子邮件。感觉就好像是在坐缆车。有一点孤独，不过我喜欢这种感觉。"

布林谈话的重点之一是安全。这样设计汽车更有利于布设传感器，这使得车辆更安全，因为它可以更好地感知环境。他提到有两个冗余系统控制转向和刹车，以及将车速限制在每小时40千米带来的安全上的好处，尤其是这样就可以在汽车前端布设60厘米的防护泡沫。

布林在回答问题时没有讲谷歌计划用这台车做什么。"谷歌想成为一家汽车公司吗？"斯韦瑟问道。

"我们与合作伙伴一起制造了这台原型车。我们希望将来能继续合作，"布林说，并提到了可能会以谷歌外包生产Nexus手机的方式作为模板，"我们之所以现在公开，是因为你会在四处看到这些车。"布林说，"现在还早……大面积推广还有很长的路要走。"

回想起来，布林在斯韦瑟和莫斯伯格的访谈中最吸引人的是他没说的。布林只笼统地介绍了萤火虫——他的话足以透露项目的存在，但没怎么提到谷歌的长期计划。根据《大西洋》记者亚历克西斯·马德里格在网上发布的一份记录，厄姆森在5月29日与媒体的电话会议上更加坦率。"接下来的发展方向有很大的想象空间，"他说，"一个方向是共享车辆……你可以用手机召车，告诉它要去哪里，让它带你去。购买汽车对大多数人来说是排第二的大额支出，而且95%的时间都被闲置，所以从某种意义上来说，这是糟糕的投资。因此，你可以想象，如果你可以通过手机召车，让它载你去想去的地方，把你送到后它又可以去接送其他人，运输成本可能会大为降低……我们认为这很令人兴奋。"

* * *

布林访谈中的关键问题是斯韦瑟提的。"优步在里面将扮演什么角色？"她问。这个问题很重要，因为谷歌前一年通过其投资部门谷歌风投向这家拼车公司投资了2.38亿美元，并让谷歌的首席法律代表大卫·德拉蒙德加入了优步董事会。与此同时，萤火虫豆荚车似乎又意味着公司将进入出行服务领域。斯韦瑟想知道优步是否会参与其中，或者谷歌是不是要与旧金山拼车巨头竞争？

优步首席执行官特拉维斯·卡兰尼克也想知道这个问题的答案。卡兰尼克和德拉蒙德也参加了这次代码会议，卡兰尼克将在布林之后的第二天接受斯韦瑟的采访。布林访谈刚结束，卡兰尼克就与德拉蒙德见了面。卡兰尼克想知道谷歌对自己的定位是与优步合作还是竞争。"我记得他只是表达了担忧。"德拉蒙德在一份证词中说。德拉蒙德告诉卡兰尼克，谷歌正在考虑提供某种出行服务。"无论如何，就算有竞争也是以后的事情，而且我们会根据事情的发展进行商讨沟通。"德拉蒙德说。

马尔科夫写的谷歌新车的文章在布林发布萤火虫的当天晚些时候发表在《纽约时报》网站上。在这篇文章中，马尔科夫对谷歌的汽车计划进行了推测。这位资深科技记者开篇就提到谷歌正在设计一款没有方向盘、刹车和油门踏板的汽车。马尔科夫写道："谷歌已经开始建立由100辆实验性电动汽车组成的车队，车上将去掉现代汽车所有的标准控制。"

"虽然参与该项目的谷歌联合创始人谢尔盖·布林和厄姆森博士对搜索引擎公司想要如何发展自动驾驶汽车都讳莫如深，但我认为答案现在已经很清楚了，"马尔科夫在《纽约时报》科技博客 Bits 上的一篇相关文章中写道，"一个可能的用途：无人驾驶出租车。"马尔科夫提到了我在地球研究所写的报告，总结了我和比尔·乔丹所做的计算，"未来机器人车队"可以在曼哈顿提供与出租车相匹敌的机动性，并且等待时间更短，费用也少得多。

卡兰尼克是最关注这一报道的人之一。任何处在他这个位置的人都会对谷歌的意图抱有疑虑。根据诉讼文件，司机成本占优步每千米成本的70%~90%。优步 CEO 认为按需交通的前景类似于搜索或社交媒体，因为这是一项得益于网络效应的技术，使用这项服务的人越多，这项服务就越有竞争力。如果是这样，占据先机者将比后进入市场的人有更大优势。在卡兰尼克看来，在这场赢家通吃的比赛中，无人驾驶出租车价值万亿美元。他在对优步慧摩的诉讼中的证词描述了他以及他的公司希望与谷歌合作，就像弟弟渴望跟受崇拜的哥哥一起出去闲逛。我所说的"闲逛"是指合作成为世界上最大的按需交通服务提供商。当斯韦瑟采访卡兰尼克时，他已经试乘了搜索巨人的自动驾驶汽车。一年前，有人带他去见了拉里·佩奇。卡兰尼克想搞清楚谷歌打算如何应用这项技术，并积极推动两家公司的合作。但是每次卡兰尼克提起这件事，谷歌高管们的态度都是一样的：他们拒绝了他，称现在做出任何承诺还为时过早。现在，卡兰尼克认为，他的一个主要投资者正准备与他的公司竞争。

卡兰尼克在斯韦瑟的代码会议采访中表现出了好斗的特点。起初，他针对的是出租车行业。"我们创立优步的时候，并不想挑起战斗或战争，"卡兰尼克告诉斯韦瑟，"但是战争主动找上门来。我认为我们是技术极客，并没有意识到战争正在发生……我们没有意识到这一点，但我们无法回避竞争，竞争的一方是优步。对手是一个叫出租车的混蛋……没有人喜欢他，他不是一个好人，人们不喜欢他的所作所为，但是他与政治体制有很多瓜葛，以至于很多人欠他人情，他经常给好处，所以政治体制喜欢他……"

"你觉得自动驾驶怎么样？"斯韦瑟问卡兰尼克。

"爱死它了，"卡兰尼克说，"一直爱它。我的意思是，我不会去制造汽车。我不打算这么做。会有其他人把它们制造出来。一旦那些坏小子被制造出来——自动驾驶汽车的神奇之处在于……优步之所以贵，是因为你不仅要为汽车买单，还要付钱给车里的另一个家伙。"

"开车的那个人。"斯韦瑟澄清道。

"开车的那个人，没错，"卡兰尼克说，"所以，如果车里没有其他人，搭乘优步去任何地方的费用就会比自己拥有车更便宜。即使你是去公路旅行，也会更便宜。神奇的是，你可以把成本降到低于私家车。对所有人都是如此。然后汽车所有权就会消亡。"

"人们对此已无法忍受。"斯韦瑟毫不客气地说。

"当然，这也意味着出行更安全，更环保，意味着很多事情。"

"谷歌持有你很多股份。"斯韦瑟说。

"他们只有一小部分股份。"卡兰尼克澄清道。几周后，他宣布新一轮投资将使公司估值达170亿美元，成为世界上最有价值的私有公司。

"你会将公司卖给谷歌成为他们的约车系统吗？"

"经常有人问我这个问题。"

"嗯，你应该这么做，"斯韦瑟说，"我第一次看到它，就对那个人说，'下一步你应该买优步'。"

卡兰尼克说："你这就好像问一个婚姻幸福的男人，他的下一任妻子将会是谁。"

斯韦瑟马上问："那你的下一任妻子是谁？"

"我婚姻幸福，卡拉，这很侮辱人！"卡兰尼克面无表情地说。

疯狂的斯韦瑟。

在代码会议访谈后的问答环节中，有观众问关于司机的问题。"现在有很多人在为优步开车——他们可能不会因为你打算尽快用机器人取代他们而感到高兴。你将如何处理从人类司机驾驶到无人驾驶的过渡？"

"需要明确的是，这不是一下子的事情，"卡兰尼克回应道，"这不是马上就会发生的事情。但是，我想告诉与我们合作的司机，未来的世界必然是这样。如果优步不这样做，它就无法生存。"在2014年这是一个很有预见性的判断。记住，萤火虫也只是谷歌就自动驾驶汽车的开发第二次发布重大声明——第一次声明还是在 2010 年。布林披露消息的第二天，卡兰尼克就说自动驾驶是不可避免的。不仅如此：主流的商业模式将是车伏团队正在努力追求的无人驾驶出租车模式。因为这种模式可以提供同等的移动自由度，而且没有司机的人工成本，所以它的价格可以与任何保留司机的对手竞争。正如卡兰尼克所说的，如果优步不这样做，它就无法生存。优步的联合创始人后来还会说自主技术对他公司的生存是种威胁。这是他第一次提到这种说法。

"世界并不总是好的，世界就是这样，技术和进步就是这样。我们都不得不适应世界的变化。"卡兰尼克结束了这个话题。

然后卡兰尼克换了一个角度。"想象一下，如果我告诉乘客，只需花比以前少得多的钱，他们就能去任何他们想去的地方。如果我告诉他们，以后不会再有堵车。"他也提到新的车辆会更安全。"这就很不一样了。所以，这并不是为了技术而技术。这对城市的运转和人们在城市中的交通方式都会带来真正的进步，这将会改变我们的生活。"

卡兰尼克在代码会议上的访谈在社交媒体上引起了轰动。首席执行官如此直言不讳，令人吃惊。大多数评论都提到他将优步描述为在与"一个叫出租车的混蛋"战斗。很大一部分反响来自司机以及同情司机的人们，卡兰尼克基本已经宣布他们是多余的。这促使他在会后澄清，他认为无人驾驶汽车至少是十年后的事情。

在会议结束后的几个月里，卡兰尼克似乎已经权衡了如何回应谷歌的声明。他希望最好的解决办法是两家公司合作；一起致力于推进交通即服务模式。将优步的部署专长与车伏的自动驾驶技术结合到一起将很有优势。但是他对谷歌最有诚意的表现是 2014 年 9 月第二次乘坐了车伏的自动驾驶汽车。厄姆森本人和卡兰尼克一起试乘，这是这位工程师第一次与优步 CEO 会面。"他似乎真的很感兴趣。"厄姆森回忆道。从第一次公布这项技术以来的4年时间里，这项技术日趋成熟。天气好的时候，在地图完善的山景城街道上，无人驾驶汽车显然比任何人类驾驶员都开得更好也更安全。卡兰尼克问厄姆森，这些车辆还需要多久才能上路，为大众提供乘车服务。厄姆森没有给出确切的时间，但他说可能比大多数人想象的要快。"我可能不该这么说。"厄姆森后来总结道。

重要的是，并不是萤火虫项目本身让卡兰尼克不安，而是谷歌有可能会部署类似萤火虫的车辆，自己运营拼车服务。卡兰尼克意识到优步发展自身战略的紧迫性是在优步2014年10月董事会会议之后，当时德拉蒙德将卡兰尼克拉到一边私下谈话。德拉蒙德直言不讳地说：谷歌打算在拼车领域与优步竞争。卡兰尼克在后来的一份证词中叙述了这一经历，他说他的回应是失望。"我的脸色很阴沉，"他说，"我不记得我具体说了什么话，但是我记得我感到有点失望，对与谷歌的关系感到有点恼火。"从卡兰尼克的角度来看，是哥哥背叛了弟弟。此后，由于利益冲突，德拉蒙德不再参加优步的董事会会议。然而，德拉蒙德和卡兰尼克还是在继续努力，试图在这两家科技巨头之间建立伙伴关系。卡兰尼克说："我们都在努力让优步和谷歌成为自动驾驶和拼车服务的合作伙伴。德拉蒙德坚信这样做是正确的。我也坚信这是正确的……但是大卫无法让……拉里和谷歌的其他人也这么认为。"

与此同时，卡兰尼克关注着车伏团队的一举一动。2015年1月，厄姆森在底特律参加北美国际汽车展时，接受了记者采访。卡兰尼克拿到了访谈记录，他一看完就给德拉蒙德发了邮件。优步CEO写道："厄姆森正在公开谈论推出自动驾驶拼车服务。我想是时候和拉里·佩奇当面谈谈了。"德拉蒙德同意了，但是直到卡兰尼克在3月6日再次给德拉蒙德发邮件时，什么也没发生。"有可靠的消息说，谷歌将在3个月后在山景城启动自动驾驶服务。"卡兰尼克的消息是错的。会议最终安排在3月10日，在谷歌园区查尔斯顿路1900号的午餐时间。除了卡兰尼克、德拉蒙德和佩奇之外，优步高级商务副总裁埃米尔·迈克尔也出席了会议。在德拉蒙德对会议的记述中，卡兰尼克表达了对谷歌进入拼车市场的担忧。根据德拉蒙德的记述，佩奇坦率地对卡兰尼克说，交通即服务是谷歌正在考虑的选项之一，"目的是将自动驾驶汽车的机会变现"。

＊＊＊

卡兰尼克不是唯一一个担心自动驾驶技术会影响自己生意的人。渐渐地，人们开始倾听，并意识到这一刻即将到来，当它到来时，不仅会改变汽车行业，也会改变整个社会。以约翰·卡瑟萨为例，他是我在底特律的金融家和工程师主导的环境中遇到的最讨人喜欢的人之一。2015年初，卡瑟萨是古根海姆合伙公司的高级常务董事。他职业生涯的开端是在通用汽车公司从事产品策划，后来又加入了一家投资银行担任分析师，为最大和最重要的汽车公司撰写深度评估报告。最终，他成为一名交易商，专门帮助汽车制造商和零部件供应商——如丰田汽车公司、麦格纳国际公司和李尔公司——达成并购之类的交易。

我认为卡瑟萨是该行业最聪明的两三个投资银行家之一。但我喜欢他的原因与聪明没什么关系。卡瑟萨很有感染力，他似乎永远保持着微笑。不管你是谁，他都表现出对你和你说的话感兴趣。

当时卡瑟萨已经在汽车行业从业近30年，在这30年，汽车制造商的成功取决于向大量客户销售大量汽车的能力。然后卡瑟萨读了我在地球研究所的论文，意识到他的业务将面临重要转变。

在几年前，像汽车行业的许多人一样，卡瑟萨并没有把自动驾驶或大规模交通变革的概念看得太重。卡瑟萨回忆："人们会谈论它。但我不是很明白。看起来太……不现实。我不认为它会对世界或商业产生什么影响。"

大约在布林披露萤火虫车的那段时间的一个下午，卡瑟萨出现在密歇根州迪尔伯恩福特汽车总部的玻璃大楼里，高管们的办公室位于顶层。在等着去开会的几分钟时间里，他望着窗外的景色，这里正对着密歇根大道和南菲尔德高速公路交汇处的立交桥。不断有汽车汇入和驶离高速公路，看着面前的景色，投资银行家陷入沉思。卡瑟萨想到，在汽车成为主流交通方式之前，这个路口在过去是多么不一样。"一百年前这里跑的应该是马，而现在人们正开着汽车飞驰。"卡瑟萨想到了变化的幅度，以及未来将如何继续变化。那是他的顿悟时刻。为什么汽车不能自动驾驶？卡瑟萨想。

卡瑟萨在我的论文中找到了关于自动驾驶在未来可能会如何发展的预测。他读了分析报告，看到只需9000辆自主出租车就能为曼哈顿提供优质的交通服务，并且价格是目前人类司机驾驶的出租车的十分之一。卡瑟萨是骄傲的纽约人，每天都乘出租车。"它让我从椅子上掉了下来，"卡瑟萨回忆道，"因为它从经济角度分析了这一神奇的技术理念……这篇论文提到的改进幅度远远超出了我的预期。"

2014年7月，卡瑟萨一看完论文就给我打电话。"你的时代到了。"他告诉我，语气很兴奋。我在通用汽车负责研发和规划的时候，和卡瑟萨有过很多接触，他和业内其他人一样，都知道我花了多少精力来改善交通系统——用汽车电动化和氢燃料电池解决系统效率低下和能源浪费的问题。"在当时，很难看到如何实现。"卡瑟萨说。他是对的：在我推动它们的时候，世界还没有为这项技术做好准备，部分原因是消费者很难获得燃料电池所需的氢气——因为你们当地的加油站没法给你的车加注这种东西。

但卡瑟萨意识到，共享自主交通不同。"技术终于赶上了你的假设，"他说，"自动驾驶汽车能省这么多钱，投资是划算的……如果你能制造自动驾驶汽车，明天你可以改变人们的生活。"

卡瑟萨将这篇论文发给他的同事和客户——他们都是汽车行业最资深的高管——并将这项研究预测的变化描述为"汽车行业的一场地震"。

"这不是你们的产品的进化，"卡瑟萨告诉他们，"这是你们产品的替代品。"

当时，汽车制造商也开始意识到自动驾驶技术是他们最终将不得不面对的东西。他们认为，我们可以不断给汽车增加安全设备，汽车会变得更智能、更安全、更主动，最终你甚至不用自己驾驶这玩意。汽车制造商认为他们能够顺畅地从卡瑟萨所说的"哑的未联通的设备转变为联通的、智能的、自动驾驶设备"。但卡瑟萨告诉业内最重要公司的高管，这是做不到的。"自动驾驶汽车不是将你们制造的汽车变得更智能。它截然不同。它将是一种替代，你们现在是在制造硬件，生产汽车，而今后是提供服务。"以前，移动性是汽车公司以私人汽车形式销售的一种商品。未来，移动性是一项服务，汽车公司将会自己持有车辆和运营自动驾驶车队。

很快，卡瑟萨向客户提供的咨询也受到了这种观念的影响。他开始建议他们为一个截然不同的行业做准备。他说，或许他们应该将资金投入到某些新技术上，比如开发廉价可靠的激光雷达传感器，而不是继续投入到旧的技术上，比如从燃油引擎废气中清除有毒气体的催化转换器，按需交通的无排放电动汽车不需要这些技术。

最愿意接受卡瑟萨这种想法的客户之一是福特汽车，福特刚刚经历了一次重大的领导层换届，领导公司近八年的前首席执行官艾伦·穆拉利退休了，取而代之的是前首席运营官马克·菲尔兹。

卡瑟萨很了解这家公司。作为一名分析师，他已经跟踪它多年。现在，作为一名投资银行家，他又和公司最高层保持联系——包括菲尔兹和被称为比尔的执行主席小威廉·克莱·福特。卡瑟萨和他们一起讨论这场变革可能带来的深刻变化。将来，谁卖车？谁买车？福特将如何竞争？福特是否将从每年向几十万不同的人销售几十万辆车转为向几家大型车队运营商销售几十万辆汽车？还是自己经营车队？卡瑟萨说："我们越了解论文中的观点，就越对这些新的市场机会感兴趣。"福特开始意识到转型为交通出行公司可能意味着一个巨大的增长机会——远远超出了公司目前的市场。

当时已出任首席执行官的菲尔兹提议卡瑟萨加入福特公司。为福特工作需要搬到底特律。卡瑟萨喜欢纽约。他的妻子在那里有自己的事业。他的儿子也读高中了，他不想搬家。但是他对这个机会感兴趣。当卡瑟萨考虑这个建议时，菲尔兹委托他对公司进行战略评估。他组建了一个小团队，进行了彻底、客观的分析。他担心自己会收到怎样的反馈。在穆拉利领导下，福特被认为进行了近代经济史上最伟大的转型之一。《纽约时报》一篇关于穆拉利退休的文章将这位前首席执行官与汽车业最著名的转型大师李·艾柯卡进行了比较，称赞穆拉利将公司"从一家行业内落后的企业变成了世界上最成功的汽车制造商之一"，并指出到穆拉利宣布退休的前一周，福特实现了连续19个季度盈利。现在卡瑟萨要批评穆拉利所取得的成绩？他担心自己这样做只会树敌而不会带来改变。但事实证明卡瑟萨的担心是多余的。菲尔兹和团队其他成员对他的批评并不以为忤。相反，他们认同他的意见。他们已经认识到将会发生巨大的变化。

"我突然明白，"卡瑟萨回忆道，"这家公司不像汽车业的其他一些公司，他们经历了强劲的复苏，有了新的开始，并再次处于领先地位，但他们并没有感到自满。相反，他们对未来会怎样有强烈的危机感，以及对自己的竞争力的危机感。他们非常有动力为此做一些事情。"

福特的另一个不同寻常的地方是公司的领导者，比尔·福特，创始人亨利·福特的曾孙和福特家族的领袖，仍然持有这家价值430亿美元的汽车制造商的控股权。与底特律汽车人给人的刻板印象相比，比尔·福特是不同寻常的人物。他在20世纪60年代长大，毕业于普林斯顿，他敏锐地意识到了他曾祖父普及的这项发明的负面影响。他早就认识到，城市必须有所改变，他在演讲中发出了全球交通堵塞的警告，他认为地球没有足够的空间容纳太多汽车。

卡瑟萨感觉到，也许福特的这份工作是他不应错过的机会。在一次电话中，比尔·福特与卡瑟萨探讨了让他加入公司的想法，这位公司领袖充满感情地讲述了他转变商业模式的渴望，讲述他愿意尽一切可能去创造能在汽车业未来发展中繁荣的公司，即使这个新的公司看起来与目前的公司大不相同。比尔·福特开明的态度以及他对变革的承诺给卡瑟萨留下了深刻印象。卡瑟萨回忆道："很明显，他将自己的人生使命定义为在未来一百年让这家公司更加伟大——他需要帮助。"

卡瑟萨打电话给穆拉利，穆拉利准备接受谷歌董事会的席位，但还在犹豫，希望找到放弃的理由。（Alphabet还没有成立。）"穆拉利，我得到了这份工作，看起来很有趣，我想我应该接受——但是我想先和你谈谈。"卡瑟萨说。

穆拉利请卡瑟萨读一下福特为他准备的新职位的职责描述，福特后来称之为全球战略集团副总裁，直接向CEO马克·菲尔兹汇报，负责开发自动驾驶汽车和共享交通，以及其他职责。当卡瑟萨读完职责描述后，电话的另一头有一个长长的停顿。然后穆拉利开始说话了，他连续说了45分钟。

根据卡瑟萨的说法，穆拉利说，当他在2006年加入福特时，他的职责很重——但其中许多职责都显而易见。福特知道成为一家伟大的汽车公司需要什么——公司只是没有这样做。所以穆拉利去做了。他根据已有的商业模式重组了公司，使福特再次成为一家伟大的汽车公司。

但是这一次的任务是应对自动驾驶汽车带来的变革——这是不同的，穆拉利说。当然，每个人都知道什么是伟大的汽车公司——但是什么是伟大的交通公司？这是难得一遇的创造全新商业模式的机会，可以做一些以前从未做过的事情。

穆拉利的观点说服了卡瑟萨。这位前福特首席执行官和卡瑟萨一样有信心，认为该行业正面临一场重大的变革，需要发明从未有过的商业模式。"我强烈地感觉到这个行业到了转折点，"卡瑟萨说，"技术、连通性、自主性正在被发明，这些将彻底改变这个行业。"卡瑟萨觉得他获得了一个历史性机遇，可以参与创建世界上最早的大型交通服务公司之一。"我必须去做，"他告诉妻子，"如果不做，我会后悔一辈子。"

* * *

福特宣布卡瑟萨将于2015年2月17日加入公司。此举将成为美国汽车制造商拥抱自主未来的第一步，也是福特从汽车公司向交通公司转变的第一步。

在大陆的另一边，优步正在为未来做自己的准备。卡兰尼克对记者比茨·卡森说："我认为世界在逐渐认识到自动驾驶的未来是不可避免的。因为，嗯，每年死亡的人数将减少一百万。所有城市的交通拥堵将会消失。污染大幅减少，人们将节省数万亿小时——生活质量会大幅提升。一旦大家认识到，'的确，会有很多好处'，然后有很多像山景城的人们一样的人，有很多公司一起来努力解决这个问题，这些就会成为现实。"

"所以如果这一切发生了，"卡兰尼克继续说道，"如果（优步）没有成为未来的一部分会怎样？如果我们不去参与自动驾驶？那么，基本上，未来就会飞速地从我们身边溜过。"

德拉蒙德退出优步董事会后不久，卡兰尼克让他的首席产品官杰夫·霍尔登启动优步自己的自动驾驶项目——基本上就是优步版本的车伏项目——并尽快推进。

霍尔登和卡兰尼克一样擅长抓住重点，他很快就找到了全世界除山景城外自动驾驶专家最集中的地方：卡内基梅隆大学国家机器人工程中心（NREC）。再次进入我们视野的NREC（大家都读作"恩瑞克"）是由瑞德·惠特克于1996年在NASA的资助下成立，他也是克里斯·厄姆森和布莱恩·塞勒斯基的前雇主。NREC位于匹兹堡的阿勒格尼河畔一个安全的工业场所，里面有零件实验室、机器人博物馆和机械车间。NREC主要与美国的公司合作，将卡内基梅隆大学机器人研究所研发的技术商业化。这里感觉就像是好莱坞电影中的场景，是皮克斯电影《超能陆战队》中的实验室的现实版，一个实验室展示自主的人形机器人，另一个实验室展示为约翰·迪尔公司（John Deere）设计的农业机械机器人。这家机构有一处区域不允许游客进入，大概是NREC与美国国防部合作研发秘密项目的场所。NREC拥有100名科学家和工程师，年度运营预算约为3000万美元，在自动驾驶研究领域，NREC也有自己的地位。事实上，塞勒斯基早期曾尝试让车伏团队聘请NREC的自动驾驶人才，但是这个想法没有实现，因为NREC的科学家不想搬到加州，谷歌也不想让自动驾驶团队分处两地。

约翰·巴勒斯20世纪80年代就跟随瑞德·惠特克攻读研究生，后来一直在卡内基梅隆大学的机器人团队工作。巴勒斯是NREC任职时间最长的董事，从1997年到2010年，他运营了13年，直到他因NREC的合作伙伴不愿将工程中心开发的技术商业化而感到沮丧。巴勒斯告诉《纽约时报》："我们会做出色的工作、设计先进的原型装置，然后就把它扔到围栏里，再也没有下文。我很想做产品。"他离开了NREC，创办了一家名为卡内基机器人的公司，公司开发了一种地雷探测机器人，卖给了美国陆军，另外还有一些其他项目。

优步与巴勒斯的第一次接触是在2014年11月，优步产品和工程主管马特·斯威尼发来一封邮件，询问巴勒斯愿不愿意为优步工作，解决一个"难题"。起初巴勒斯认为这是一个玩笑。"我从没听说过优步。"他说。这虽然是在2014年也有点令人吃惊。为了让他相信这个提议是认真的，卡兰尼克飞到匹兹堡与他面谈。当时谈到的一个目标是优步希望到2020年有10万辆自动驾驶出租车投入使用。另一个目标是2016年8月前实现在公共道路上测试无人驾驶汽车。

要规划优步版本车伏项目的人员配置，巴勒斯是很好的人选，因为领导NREC13年的经历意味着他认识所有重要的人，并且在业界很受尊重。但是巴勒斯拒绝接受优步的职位，因为他不愿意离开匹兹堡地区。霍尔登和卡兰尼克没有放弃。卡兰尼克告诉巴勒斯，他觉得迫切需要提高汽车的效率，减少对环境的影响。无人驾驶的未来即将到来，优步必须在另一家公司推出大幅低于优步价格的服务模式之前，开发出自己的自动驾驶技术。另外优步也进行了妥协：巴勒斯可以留在匹兹堡，优步的自动驾驶团队，也就是所谓的先进技术部门，将设立在匹兹堡。巴勒斯与NREC的工程师们商议了此事，当他的同事们听到优步给出的薪水时，他们劝巴勒斯接受。

巴勒斯于2015年1月加入优步。接下来的几周，这位前机器人学教授紧锣密鼓地组织了一系列会议和招聘活动。公司在CMU计算机科学大楼外的广告栏张贴了一幅广告，上面写着："我们正在匹兹堡招聘最好的软件工程师。"不过巴勒斯主要的招募目标是他曾运营了13年的研究所。2015年2月，优步和卡内基梅隆大学团队发布了一个联合项目的消息，这两家机构将合作开发无人驾驶汽车技术。回想起来，这份协议似乎是某种补偿。就在协议起草的时候，巴勒斯正在疯狂地为先进技术部门招聘员工，该部门不久后被设置在离NREC不到一英里的阿勒格尼街一间300平方米的房子里，这里以前是一家餐厅的仓库。据说巴勒斯提供了一揽子补偿方案，包括数十万美元的奖金和至少两倍于NREC的工资。接替巴勒斯领导研究中心的托尼·斯坦茨接受了聘书。布莱恩·塞勒斯基以前的论文导师皮特·兰德也加入进来。最后有40名NREC职员加入，6名首席研究员和34名工程师。通过巴勒斯的工作，优步基本上把这里摧毁了。"我从未见过这样的事情，"一位卡内基梅隆大学的知情者惊叹道，"多年来，人们一直抱怨没有人知道这项技术有多重要。然后优步来了，人们会说，哇，这是真的。"

* * *

优步大规模招揽NREC的自动驾驶人才，在汽车业引发了热议。这也是对谷歌车伙投资的高风险认同。如果卡兰尼克是对的，如果按需交通的市场巨大，并且抢先进入者会具有显著的优势，那么任何对这一领域感兴趣的人都需要采取实质性行动，而且要快。《华尔街日报》2015年5月31日刊登了一篇报道此事的文章，在底特律地区的业界高层流传。人们对这种大胆的策略感到惊讶，尽管这完全合乎逻辑。当然有人会网罗高度集中的自动驾驶人才。做这件事的当然是收费昂贵的优步，正是它快速地重塑了交通市场。

事件引发了整个行业的连锁反应。2015年和2016年的交通行业可以说是发生了踩踏事件，类似于草原上——至少是在《狮子王》里——的踩踏事件。一群角马在非洲稀树草原上吃草。一头健壮的角马抬起头，嗅着空气，竖起耳朵，皱眉。它向前迈了一大步。然后又迈了一步。不远处，另一头角马停止了反刍，抬起头，看着第一头角马。"它发现了我们没发现的事情？"第二头心想。它也向前迈了一步。接下来，又有两头角马察觉到了它们的头领的移动。以这种方式，4头变成了8头、16头、32头——突然之间，角马群出现了恐慌，所有角马都朝着第一头嗅到异常的角马选定的方向开始飞奔。

　　研发出萤火虫的谷歌就是那第一头角马。他们设计了一辆几乎完全由软件操控的无人驾驶汽车，没有刹车踏板，没有方向盘，也没有油门，这一决定吸引了交通行业的关注。优步是第二头，特拉维斯·卡兰尼克被来自谷歌的潜在竞争和自主车辆的"生存威胁"弄得非常慌乱，以至于他采取了一系列举措，基本上将NREC一锅端。你可以认为察觉异常的第三头角马是福特汽车，该公司的领导层正在听取约翰·卡瑟萨的意见，并受到董事长比尔·福特的鞭策。

　　多年来，我一直在宣扬自动驾驶技术将是自汽车发明以来对汽车业最大的打击。终于，在2015年，人们开始相信这一点。为什么不呢？优步将很快变得比通用汽车更有价值。根据市值波动，谷歌是世界上最有价值或第二有价值的公司。有一段时间，谷歌甚至可以用现金储备直接收购通用汽车。事实上，世界上市值最高的公司和世界上最有价值的私有公司都在致力于提供按需交通服务，这让人们不得不信。

　　很快，记者们开始报道"行业震荡"。雷诺日产CEO卡洛斯·戈恩宣布计划在2020年前开始销售自动驾驶汽车。丰田总裁丰田章男长期以来反对自动驾驶技术，无论是丰田公司的理念"驾驶乐趣"还是据说"将'自主'这个词视为禁忌"的公司氛围。然而丰田章男亲口承认,"我的想法发生了巨大变化",并宣布了一项投资10亿美元在硅谷建立有200名研究人员的人工智能实验室的计划,旨在研发自动驾驶技术。很快,它就聘请了一些最优秀的机器人专家,包括谷歌机器人的前负责人詹姆斯·库夫纳。丰田还招募了MIT孵化的自动驾驶公司Jaybridge Robotics的全部16名员工。丰田计划在2020年前让车辆在高速公路上自动驾驶。

2015年发生踩踏事件的另一个原因是老牌汽车制造商也争相推出各种自动驾驶技术。2015年10月,特斯拉向Model S的车主提供了自动驾驶软件。该软件与谷歌放弃的高速公路司机辅助系统非常相似,一旦在高速公路上启动,车辆就可以自动驾驶。英菲尼迪的Q50具有"车道偏离预防"功能,如果检测到驾驶员让车辆偏离车道,该系统会进行干预;另外,英菲尼迪公司母公司雷诺日产联盟的CEO也宣布将在2020年前推出让汽车能在十字路口自动行驶的技术。戴姆勒公司展示了一款自动驾驶概念车,让人感觉可以在车上开会。甚至像福特福克斯这样面向大众市场的汽车也加装了侧方位泊车辅助系统,如果司机将车停在空车位旁边并启动这一功能,它就能自动换挡和泊车。以安全著称的沃尔沃配备了行人检测系统,如果检测到汽车即将与人相撞,该系统会自动刹车。

没有参与自动驾驶技术开发的公司中最大、最令人吃惊的一家也是我个人最关注的一家公司——通用汽车。通用汽车以傲慢的态度回绝了谷歌的提议,这让无人驾驶团队望而却步。但是后来CEO玛丽·巴拉开始在底特律市中心的文艺复兴中心通用汽车总部吸纳一些新面孔。在重塑公司对自主汽车的态度方面,最有影响力的是通用汽车公司总裁丹·阿曼。"很多人说他们喜欢开车,"阿曼告诉《快公司》杂志,并谈到86%的美国人开车上下班,"但是我还没有听谁说过自己喜欢通勤。"考虑到拼车的兴起、千禧一代对车辆所有权的矛盾心理以及自动驾驶技术日益安全，在阿曼的领导下，团队越来越意识到交通变革即将到来，并且可能会摧毁通用汽车的业务。

这家公司拥抱新技术的第一步是痛苦的。2015年夏天，通用汽车在密歇根郊区的试验场举办了一场新闻发布会，旨在展示自己的自动驾驶技术，以证明自己是领导者。但是在《彭博商业周刊》随后的一篇特稿中，该公司地位的尴尬是显而易见的。通用汽车产品开发主管马克·鲁斯为记者演示了凯迪拉克的超级巡航高速公路司机辅助系统，当汽车加速到每小时110千米时，他似乎神经很紧张，"烦躁不安"和"强迫性神经质大笑"。这个报道将鲁斯描绘成睁大眼睛第一次坐自动驾驶汽车的孩子。这是在通用汽车自己的试验场的受控环境中进行的，而且鲁斯焦虑不安演示的技术其实卡内基梅隆的大学生们在八年前就已经用大学研究经费实现了。

幸运的是，通用汽车CEO玛丽·巴拉已经开始派遣高管去硅谷考察，目的是寻找可能的收购。阿曼的影响促成了一些精明的交易，只是入场太晚，通用汽车支付的价格要比两三年前多几亿美元。2016年1月4日，通用汽车宣布向约车公司Lyft投资5亿美元。同月晚些时候，通用汽车成立了一家类似Zipcar的拼车公司Maven。2016年3月11日，通用汽车宣布投资5.81亿美元，其中包括3亿美元现金，收购一家名为Cruise自动化的硅谷创业公司，旨在获得这家有40名员工的公司的自动驾驶研发能力。

但是通用汽车转型最令人吃惊的事情是CEO玛丽·巴拉2015年12月在领英上发表的一篇文章。"我相信，未来5~10年，我们将看到汽车工业比过去50年有更多的变化，"她说，"我承诺，我们将引领行业的转型。"这篇文章的标题宣布2016年为"底特律与硅谷相遇的一年"。

我同意巴拉关于未来5~10年的看法。但是通用汽车至少落后了5年。

它不会引领什么。在2009年，通用汽车完全有机会做谷歌所做的事情，甚至在2015年它也更有机会做优步所做的事情，也就是说，聘请一些世界上最顶尖的机器人专家，让他们尽快开展自动驾驶技术的研发。毕竟，通用汽车与卡内基梅隆大学有长期的合作。这就提出了一个问题：为什么没有？事实上，为什么底特律作为一个整体，用了这么长时间才意识到这些东西的重要性？

亚当·弗罗斯特是我在车伏团队中的好朋友之一，他为福特工作了18年，离开时是首席工程师。他是较早预见这场变革的业内人士之一。弗罗斯特最引以为豪的事情之一是他在福特澳大利亚分公司工作时说服了公司将头部安全气囊作为低成本汽车的标配。这位福特老兵被谷歌的项目吸引，他认为这是朝更安全的汽车迈出的又一步，与头部安全气囊相比，这个创新能够拯救的生命多了几个数量级。弗罗斯特估计："安全气囊一年可以拯救几百条生命。"而就如我曾说的，自动驾驶汽车拯救的生命也许能超过100万。

"我认为我们坐在车上睡着了，"弗罗斯特这样描述汽车制造商对自动驾驶技术的态度，"如果谷歌是在底特律进行测试，或许这个行业会更早醒悟。"弗罗斯特指出，其中一个因素是测试过程。开发自动驾驶技术需要在公共道路进行大量测试，测试里程长达数百万千米，因为工程师们需要确保汽车能对各种可能的场景做出正确的反应。但是公共道路测试对于底特律来说很难接受，底特律习惯在偏远、私密的试验场进行封闭测试。

其次是创新者的困境。大公司不愿打破常规。这方面做得好的公司很少。克里斯·厄姆森说过："谷歌的优势之一是他们在这个领域没有产品。他们不必担心该如何迁就现有的格局。他们可以专注于下一件事。"

卡瑟萨同意这个说法。他说："谷歌不在这个行业——他们没有什么顾忌。"另外，他指出了底特律反应如此迟缓的第三个原因。"人们说汽车公司不愿承担太大的风险。嗯，在通用汽车或福特这样的公司，有些地方你愿意冒险，有些地方你不想冒险。设计制动系统你不想冒险。建造新工厂你不想冒险。推出新产品你不想冒险，因为它必须是安全的，必须考虑周全。因此，当你设计汽车、建造工厂、生产安全性很重要的产品时，保守和规避风险的文化很有意义。但如果是开发原型或者测试新的商业模式呢？这种文化就是成功的阻碍。"

还有一个因素是汽车公司擅长的是硬件。他们设计方向盘、前灯和门把手，并且他们很擅长在同一栋楼中解决所有这一切，组装出一辆能够在各种环境中行驶数十万千米的汽车。但是自动驾驶的问题本质上是软件和地图问题。这需要编写大量的计算机代码，这不是汽车公司的强项。汽车制造商看到谷歌自动驾驶汽车项目，他们预见到未来汽车也会像个人电脑和智能手机一样受软件主导。在个人电脑革命开始的早期，占主导地位的是硬件制造商，他们是最有价值的品牌——得州仪器、康懋达、惠普。后来却发现，电脑的真正价值在于软件，结果主导地位转移到操作系统制造商，微软和苹果，硬件制造商空余懊悔。这种现象在智能手机上同样明显，很少有使用苹果手机的人知道或关心实际组装该设备的厂商。从汽车制造商的立场来看，他们为什么要引进一项技术来让自己边缘化？

最后，正如我已经指出的，要制造一辆没有方向盘和刹车的汽车，也就是实现完全的自动驾驶，需要非常完善的地图，要对自动驾驶汽车将要行驶的每一条道路进行高分辨率三维扫描。在早期，除了谷歌以外，对于几乎所有的公司或研究人员来说，这似乎都是不可逾越的。反过来，如果你正在研究自动驾驶技术，而这种技术需要对美国甚至今后需要对全世界的每一条道路绘制高分辨率地图，谷歌可能是唯一一家高管听了不会大惊小怪的公司。

事实上，汽车业反应迟缓的原因是他们对数字技术没有深入的了解，也没有足够的计算机和大数据能力。他们不了解尖端通信技术。他们绝不会在公共道路上测试这项技术。因为他们主要是汽车人和会计师，他们倾向于认为他们的价值是制造和销售汽车——而实际上，汽车行业的真正价值在于帮助人们从一个地方移动到另一个地方。

第11章 机会迫人

夸张比保守要糟糕十亿倍。

——弗兰克·维斯科

当汽车制造商和零部件供应商都蜂拥进入个人交通市场时，车伏团队内部也在发生重大变化。这些变化表明该项目的启动阶段即将结束。下一步是将团队的成果商业化。2015年9月，车伏团队获悉，谷歌聘请了汽车业高管约翰·克拉菲克。次月初，拉里·佩奇和谢尔盖·布林组建的Alphabet控股公司正式投入运营，该公司负责管理以前在谷歌旗舰品牌下运营的资产。这两项举措都预示着车伏团队将在来年发展成为新的公司——慧摩（Waymo）。（这个名字体现了公司的愿景，为交通出行提供"一条新的前进道路"。）

同月晚些时候，车伏团队在得克萨斯州奥斯汀进行了最大胆的技术演示。一辆萤火虫车载着一位名叫史蒂夫·马汉的乘客在城里转来转去，车上除了马汉本人外，没有安全人员，也没有其他任何人。萤火虫上安装了很容易够到的停车按钮，允许乘客在紧急状况下停车。然而，马汉看不到任何令人不安的情况，因为他是盲人。这展现了车伏团队对其技术的信心。

厄姆森和莱万多夫斯基之间的对立关系并没有改善。莱万多夫斯基继续在车伏内部开发激光雷达技术，致力于降低传感器成本和提高性能。与此同时，莱万多夫斯基被指控在2013年至2015年间的不同时间里参与了两家名为智慧波和Tyto激光雷达的竞争对手的业务，这两家公司也一直在开发激光雷达技术。智慧波第一次引起谷歌的注意是在2013年7月，根据谷歌对莱万多夫斯基的仲裁申诉文件，车伏团队的一家零件供应商告诉谷歌，一家名叫智慧波的公司要求这家供应商定制一个零件，该零件非常类似谷歌在其专有激光雷达中使用的一个零件。当时，谷歌指派两名员工调查智慧波。他们发现该公司地址位于莱万多夫斯基名下的物业。根据仲裁申诉文件，莱万多夫斯基在2013年年中被问到他与智慧波的关系，他否认拥有任何所有权。智慧波于2014年2月与Tyto激光雷达合并，谷歌声称该公司将莱万多夫斯基的一位朋友聘为经理。"谷歌……认为至少从2013年起，莱万多夫斯基就参与了智慧波和Tyto，当时他正在谷歌研发激光雷达传感器模块。"2015年春，显然是为了消除可能竞争对手的威胁，车伏组织了一个委员会调查Tyto激光雷达公司，却没有察觉莱万多夫斯基与该公司的关系。事实上，根据仲裁文件，"莱万多夫斯基参与了谷歌对Tyto产品和业务的调查，包括至少一次对Tyto总部的现场访问……（他）了解谷歌对Tyto产品和进展的看法，包括谷歌对Tyto技术和Tyto业务可行性的机密意见。在整个过程中，莱万多夫斯基从未披露过与Tyto及其员工的关系"。委员会最终决定不推进这项交易。

这一决定恰逢莱万多夫斯基与车伏交涉的最新也是最后一个阶段。此前，他曾在车伏团队承担相对重要的工作，可能是因为这项工作允许他访问公司为激光雷达技术开发的知识库。然后，据同事称，当谷歌决定不收购智慧波时，莱万多夫斯基撒手不管了，只做最低限度的工作，等待奖金计划生效。那年夏天，优步的先进技术部门成立后，据称莱万多夫斯基与车伏的激光雷达团队成员讨论了离开谷歌加入优步的可能性，并告诉他的长期同事皮埃尔-伊夫·德罗斯说"组建一家新的自动驾驶创业公司会很不错"。莱万多夫斯基说如果他们创立一家公司，优步可能会有兴趣收购。厄姆森听说了莱万多夫斯基在招人的消息，他很担心，给谷歌人力资源发送了电子邮件。"我们应当解雇安东尼·莱万多夫斯基，"厄姆森写道，"我今天刚从两个不同的渠道获悉，安东尼正在接触他们团队的成员，试图达成一个让这些人全部跳槽到优步的一揽子方案。"

* * *

在此期间，谷歌和车伏工程师团队正着手谈判车伏的估值，以期在年底兑现奖金计划。根据事先的约定，奖金数额与车伏的估值直接相关。如果车伏与大型汽车制造商达成协议，估值将会上升。通过这些大公司可以将技术应用到现实世界消费者使用的汽车中，先部署几百辆汽车，有了这个基础，就跟着会有成千上万辆，直到这项技术在全球推广。因此，2015年春天，在优步从卡内基梅隆大学聘请NREC的研究人员时，车伏开始与福特汽车公司谈判。

我认为，福特是很合适的选择，因为董事会主席比尔·福特对汽车业全球影响的进步态度，以及福特前CEO艾伦·穆拉利在谷歌董事会的地位。此外，与福特的重大合作将会把车伏与福特的历史地位联系到一起。

11月17日，厄姆森召集车伏团队的成员开了一次会，宣布了估值。估值为45亿美元，据报道谷歌计算出它已经花了11亿美元来发展这个项目，因此这个估值还不错。听起来可能很多，但是开发新技术是很昂贵的。（在我担任研发副总裁的11年时间里，通用汽车公司在开发燃料电池方面的支出大致相当。）因此，在7年时间里，厄姆森领导团队创造了比谷歌在该项目上的花费多34亿美元的价值，这个成绩还不错。厄姆森希望自己能获得首席执行官的职位，但我们了解到担任新公司首席执行官的将是约翰·克拉菲克。根据这项计划厄姆森会担任首席技术官。我同情厄姆森，但也理解谷歌领导层的选择，这个项目需要汽车行业的高级管理经验——克拉菲克无疑拥有这种经验。

车伏与福特正在进行的谈判也促成了这种选择。由于涉及商业机密，我不能透露太多与福特谈判的细节。福特CEO马克·菲尔兹和他的首席产品开发和技术官宁睿习惯于面对这个星球上最艰苦的谈判。他们与工会谈判，与供应商谈判，与经销商网络谈判，在建立新工厂或生产线时，就法规和税收优惠与立法者谈判。身为底特律汽车制造商高级管理人员也就意味着，你是地球上最好的谈判者之一。福特团队对待这场谈判的方式就像典型的汽车工业零和博弈一样，我的意思是，福特赢得的任何让步对谷歌来说都是一种损失，反之亦然，最终目的是谈判结束时达成尽可能少的让步。而实际上，这应当是一次让双方共赢的交易。

媒体对福特和谷歌交易的报道很关注两家公司的文化差异，这确实非常明显。那年12月，菲尔兹前往山景城参加一系列会议，包括与布林和佩奇共进晚餐。在此之前，福特的安全人员出现在谷歌园区，显然是来进行风险评估，这引起了车伏团队的好奇，并凸显了两家公司的差异。来洽谈交易时，菲尔兹和他的随从搭乘的是大块头的林肯领航员车型组成的车队，而这项让山景城许多人感到兴奋的交易本应当体现出汽车业对可持续发展的支持。与之形成鲜明对比的是，谢尔盖·布林骑自行车上班，当不得不开车时，他开的是特斯拉。差异还不限于此。菲尔兹管理的是一家在全球销售各种汽车的百年老店，他习惯于制订计划和按部就班执行计划。他受时间表和流程驱使，没有多少时间去创造性思考。相比之下，布林和佩奇则是以创新性战略引领刚刚诞生的新产业著称。

虽然文化差异给交易投下了阴影，但这不是唯一也不是最重要的问题。达成协议对双方都很重要。车伏需要将技术推广应用，因为这将改变全球社会对待个人交通的态度。福特本可以这么做。这对福特也很重要，因为这将把这家底特律公司与自动驾驶领域的领头羊联系起来。

但是双方无法以他们需要的方式交流。计划中的交易包括一项长期协议，该协议可能会让两家公司达成数十万辆自动驾驶车辆的合作。生产数量达如此规模的新车型需要数十亿美元的投资，而谷歌还没有准备好承诺对此投资。

随着谈判的深入，谷歌领导层意识到他们需要一个有汽车业经验的人来带领车伏走向商业化。他们找到了克拉菲克。

"如果硅谷和底特律有个孩子，"一份分析这项任命的行业报告说，"那就是约翰·克拉菲克。"我喜欢这样的说法。克拉菲克的任命让我印象深刻，因为谷歌领导层有远见地认识到，旧的硅谷与底特律对立的模式已经被打破，为了达成这笔交易，并真正实现我们多年来一直期望的规模，需要汽车业和科技行业建立新的关系，伙伴式的关系。

克拉菲克和我早就知道对方，并从一开始就相处融洽。克拉菲克当时54岁，头发灰白，但显得很年轻，部分原因是他有跑步健身的习惯，但主要是因为他很爱笑，并以年轻人的热情对待一切。他出生在典型的汽车人家庭，家里八兄妹他排行第八，在家里，兄弟姐妹总是抢着第一个读《汽车与司机》杂志。克拉菲克会和父亲一起修理家里那辆1966年的奥斯莫比尔F85，更换火花塞或换机油。他父亲的机械能力很强，甚至用业余时间建造了两架全尺寸飞机。克拉菲克的一个兄弟拥有一辆雪佛兰科尔维特跑车。高中毕业后，克拉菲克进入斯坦福学习机械工程，1983年毕业后，他在加州弗里蒙特的新联合汽车制造有限公司（NUMMI）的工厂工作。这家公司是由丰田和通用汽车联合经营，利用丰田生产系统组装美国品牌的小型前驱汽车，比如雪佛兰诺瓦。

丰田生产系统今天以"精益生产"闻名，并因其最大限度减少浪费的同时提高质量和生产率的能力而广受推崇。克拉菲克后来成为掌握这种方法的世界级专家，"精益生产"一词实际上就是他在1988年为《斯隆管理评论》撰写的一篇文章中创造的。离开NUMMI后，克拉菲克加入了MIT斯隆管理学院，在那里他为MIT国际汽车项目主任詹姆斯·沃马克工作。沃马克后来在1990年写了一本关于丰田生产方法的权威书籍，用了克拉菲克发明的名词作为副标题——《改变世界的机器：精益生产的故事》。在美国式的大规模生产线上，重点是不惜一切代价保持工作按序进行，不管工人是否犯了错误，都寄望于事后在检验和维修时纠正所有错误。而精益制造方法则是致力于把事情一次性做好，让生产线上的任何工人都能在发现缺陷或瑕疵时停止生产。

离开MIT后，克拉菲克加入了福特公司，并在20世纪90年代一直留在那里，最终成为福特远征和林肯领航员SUV产品线的总工程师。克拉菲克当时的妻子是一名医生，他羡慕她的工作能够改善人们的生活。出于相似的愿景，克拉菲克在福特致力于将最新的安全特性作为车辆的标准配置。这是在20世纪90年代中后期，侧面帘式安全气囊开始推广应用，这种安全气囊可以在侧面碰撞导致翻车时保护乘客。克拉菲克的倡导使得这种气囊成为林肯领航员的标配。但让他恼火的是，福特远征的低配车型没有将此作为标配。使得他在2004年离开福特的一个因素就是无法说服公司管理层将其他安全特性纳入标配。他加入了韩国汽车制造商现代公司，当时现代在美国汽车进口市场的份额还不大。他在现代待了十年，成为现代公司北美业务的首席执行官和总裁。在克拉菲克来之前，现代已经开始通过提供最好的售后保障扭转局面。克拉菲克帮助现代成为最有安全意识的公司，并在2008年经济衰退期间通过超级碗广告和承诺如果车主失业可以回购车辆等手段刺激销售。这些非常规策略奏效了，在克拉菲克的领导下，现代在北美的年销量增长了75%，从40万增长到了70万，而在此期间行业的平均增长率为19%。

在现代公司期间，克拉菲克成为美国高速公路安全管理局死亡分析报告系统（FARS）数据库的密切关注者，该数据库列出了车祸中每一起死亡事故的背景。他看到的状况促使他致力于推广更多的汽车安全设备，如车道保持、前碰撞警告和自动紧急制动。他在研究FARS时，了解到大多数撞车事故都是司机的过错导致的。克拉菲克说："我在现代的一个体会是，（安全特性）并没有像我们想象的那样带来多大改善。因为超过90%的事故是由人类引起的。"

这就是为什么没有方向盘和其他控制装置的萤火虫的发明会让他感到震撼。克拉菲克回忆道："这个行业的大多数人看到它都会摇摇头说，这不会成为现实——至少在我有生之年不会。而我看到它却觉得，'天哪，这太棒了——那就是我们应当做的事情'。"

当时他已离开现代，去了购车比价网站TrueCar。克拉菲克与谷歌进行了接触。在克拉菲克到访山景城时，谢尔盖·布林过来问他是否有时间聊天。克拉菲克上了布林的特斯拉，跟他一起去附近的日间夏令营接孩子。布林指着车上的各种配置问克拉菲克制造成本是多少，还问了克拉菲克对可能成为车伙合作伙伴的各大汽车制造商的看法。克拉菲克则向布林询问了车伙团队成员的情况，他发现，除了亚当·弗罗斯特之外，没什么人有汽车行业的从业经验。

克拉菲克在与拉里·佩奇见面时谈到了福特公司所谓的"偶尔使用目的"——人们选购汽车不是根据他们的主要目的，而是根据他们不寻常的偶尔目的。克拉菲克说，以运动型多功能车为例，许多车型可以容纳8名乘客，四驱车能够牵引五吨质量。而大多数司机每年最多这样使用一次。对于大多数行程来说，我们只需一辆能搭载一两名乘客的汽车。然而，这些偶尔的用途却是汽车销售的主要决定因素之一。这种浪费肯定会让任何精益生产的专家感到不安。克拉菲克告诉佩奇："我对我们将共同创造的未来最兴奋的事情之一是，我们能用更合适的汽车去改善这种远远超出我们所需的低效配置。"

克拉菲克说，在未来的公路上应当是75%左右的车辆适合一两个人乘坐。也许有20%的车能容纳五六个人。只有5%是我们今天在路上经常看到的庞然大物。

佩奇应当很满意他们的谈话，因为克拉菲克继续飞往了西雅图接受最后一轮面试。前福特首席执行官，现任Alphabet董事会成员艾伦·穆拉利周六开着他的福特金牛座轿车到机场迎接克拉菲克，并载他去附近的餐馆吃饭。两人讨论了将这项技术推向市场的最佳方式，包括在卡车运输业部署这项技术，为消费者提供出行服务的交通即服务业务，或者向汽车制造商技术授权，同时保持对传感器和软件的控制。

就我看来，聘请克拉菲克来领导慧摩是一个了不起的决定，这代表拉里·佩奇和谢尔盖·布林以及谷歌领导层形成了新的认识。在此之前，缺乏汽车行业经验并没有困扰车伏团队。在许多时候，不受底特律做事方式束缚反而是一种优势。但是克拉菲克来自汽车行业，由他担任团队领导让我第一次意识到，也许硅谷和底特律不需要相互竞争。双方可以运用各自的专业知识来合作解决汽车业的浪费问题。克拉菲克的聘任是谷歌创始人精明的让步，他们可能也需要底特律。

* * *

然而，对合作的新认识并不意味着山景城的高管就会同意与福特达成一项糟糕的交易。克拉菲克在来山景城后不久，问我对合同条款的看法。我告诉他我不认为这对谷歌有什么意义。福特似乎更多地将此视为销售汽车的机会，而不是与这个领域的技术引领者合作的机会。这很短视。因此，这项协议被逐步缩减，最后基本变成了直接购车。当条款文本呈送给佩奇和布林的时候，已经没有了车伏的东西。

　　他们离开是对的。仅仅是谈判的消息就导致了福特股价大幅上涨。然而，福特谈判团队只关注蝇头小利。福特团队的另一个昏招是向媒体透露了去年12月的谈判情况。"福特故意泄露消息，想逼迫你出手。"消息一传出，我就对克拉菲克说。但是车伏不会跟这个套路。

　　当然，大公司经常会试图达成战略合作却不成功。谷歌和福特这样的事情一直都有。但交易的失败对福特首席执行官马克·菲尔兹的伤害远远超过了对车伏的影响，车伏可以继续与菲亚特·克莱斯勒洽谈更好的交易。而菲尔兹未能达成协议似乎是导致福特董事会在第二年将他赶下台的因素之一。

＊ ＊ ＊

　　2015年，莱万多夫斯基与优步CEO特拉维斯·卡兰尼克建立了友谊，卡兰尼克将莱万多夫斯基视为能为他提供车伏项目内幕的人。两人在旧金山轮渡大厦和金门大桥间散步聊天，就正在发展的交通生态系统交换看法。

　　与此同时，工程师们期待已久的车伏奖金计划方案最终出炉，这笔奖金将使他们成为富人。奖金分成460份，第一份将于2015年12月31日发放。莱万多夫斯基将获得50 617 800美元作为他的第一笔报酬——据报道，这是谷歌支付的最高额奖金之一，尽管拉里·佩奇在证词中不厌其烦地指出，这不是年度奖金，更像是给创业企业成员的股权补偿。然而，在实际获得奖金之前，2015年12月11日，莱万多夫斯基从谷歌服务器下载了大约14 000份与车伏自动驾驶技术相关的文件。他后来坚持说他需要这些文件以便于在家工作；后来他还说，之所以一直保留这些文件，是因为他认为它们可以作为担保，确保自己能真正得到车伏奖金计划的份额。

同样在2015年12月，莱万多夫斯基与优步的接洽更加紧锣密鼓。由于肯定能拿到奖金，他显然觉得采取下一步行动的时机已经成熟。2016年1月2日，周末，卡兰尼克和莱万多夫斯基在优步旧金山总部进行了一次面谈，然后在莱万多夫斯基收到第一笔支付奖金后立即进行了第二次面谈。

一周后，莱万多夫斯基向拉里·佩奇发送了一封电子邮件，佩奇将邮件转发给了克拉菲克和布林。莱万多夫斯基在邮件中说："拉里，新年快乐，抱歉给你发长邮件……车伏问题重重。我们正迅速失去技术优势……我们应该尽快部署首批1000辆车。我不明白为什么不这么做。团队的一部分人似乎害怕实际部署。我们应当现在就部署我们的系统，发现缺陷，并督促团队快速改进，而不是继续研发不实用的新技术……现在上市时间比以往任何时候都更紧迫……我也不明白为什么我们没有在尽可能多的车辆上安装我们的系统（例如，发售给客户或Lyft司机，等等），以更快的速度和更低的成本来推广我们的技术。"

此外，还有很多的指责。所有这些都是典型的莱万多夫斯基风格。多年来，他利用自己与佩奇的直接联系，削弱厄姆森的领导地位。现在他也在对克拉菲克做同样的事情。这封邮件最有趣的一点是它的标题："迫切需要Mac团队。""Mac团队"显然是指苹果公司在20世纪80年代早期为研发麦金塔电脑成立的秘密团队。Mac团队与苹果公司另一支研发高端机型丽莎的团队竞争。莱万多夫斯基邮件的主题是提议在Alphabet领导下成立第二支自动驾驶团队，可能由莱万多夫斯基自己领导，与车伏竞争。

同样在一月的某个时候，莱万多夫斯基和拉里·佩奇谈话，提到他可能会兼职做自动驾驶卡车的项目。这是在莱万多夫斯基抱怨他的车伏同事时说起的。莱万多夫斯基说他厌倦了车伏团队成员不喜欢他。然后，就好像自言自语一样，他说了类似这样的话，"为什么我不去做一家卡车运输公司呢？一切都会好起来的"。

佩奇听了马上指出这种行为可能违反了莱万多夫斯基的聘用合同。佩奇回忆道："我非常非常明确地告诉他，我认为这是一个极具竞争性的想法，不是一个好主意。我好像说了，不，这不太好。好像还说了，这跟你在这里做的工作是一样的。我的意思是，你可以这样做，但是我们不会感到愉快。"

与此同时，仍然是车伏成员的莱万多夫斯基还在努力说服其他团队成员和他一起跳槽到优步。1月20日，优步先进技术集团负责人约翰·巴勒斯向优步高层领导发送了一封电子邮件，提到了莱万多夫斯基团队可能给公司带来的价值。巴勒斯正面临8月之前在公共道路上测试优步第一辆无人驾驶汽车的压力，并需要在2020年前达到10万辆无人驾驶汽车的里程碑。巴勒斯在邮件中用首字母缩写AV代表"自动驾驶车辆"："这个团队的加盟在几个方面对我们的AV事业很重要。首先，安东尼和他的团队已经开发了几代中远程激光传感器，我们认为这些激光传感器对AV至关重要……我们还没有发现世界上有其他人拥有这样的专业知识。我们的次优选择是自己建团队，我们可以做到这一点，但可能会落后这些人2到4年。"

"第二，"巴勒斯继续说道，"与这个团队并肩作战，让他们给我们提供AV方面的建议，至少可以让优步在大规模AV部署的竞赛中节省一年时间……我的观点是，这比从25个不同的地方找来25个工程师更具（可观的）价值。"

3天后，塞勒斯基给莱万多夫斯基发了一条短信，向他建议可以在车伏团队中承担的一些新角色。两天后，莱万多夫斯基和卡兰尼克通了电话。2016年1月27日，莱万多夫斯基从车伏团队辞职。他向人力资源部发送了一封邮件，标题是"我该走了"。

同一天晚些时候，莱万多夫斯基给拉里·佩奇发了一封邮件，指责厄姆森、约翰·克拉菲克和布莱恩·塞勒斯基"太多废话"。莱万多夫斯基离开几天后，优步的约翰·巴勒斯打电话给车伏的布莱恩·塞勒斯基，自动驾驶技术的专家圈子实在是太小了。两人在NREC时代就认识。巴勒斯打电话给塞勒斯基问莱万多夫斯基的情况，并在电话后的笔记中提到了诸如"背后中伤""轰炸谷歌——他也会对你这样做"和"向上面说闲话而不是团队合作"。没过几星期，Alphabet的人听传闻莱万多夫斯基在一家卡车公司工作。同年5月，一家名为Otto的公司发布了一段视频，展示了一辆18轮卡车在高速公路上自主行驶，从而证实了传言。8月，优步宣布将以6.8亿美元的价格收购当时成立才6个月的Otto。（优步向Otto支付的条件是莱万多夫斯基等人实现一系列大胆的里程碑。）

各大汽车制造商都采取了类似的行动加入这个交通生态系统。吉姆·哈克特离开福特董事会，开始领导一个新部门——智能交通计划。然后是通用汽车收购Cruise。5月，谷歌和菲亚特-克莱斯勒宣布了一项开发100辆克莱斯勒Pacifica混合动力休旅车的协议，这是走向商业化的新的一步。

＊ ＊ ＊

大量的资源被投入到交通变革，然而，该怎么做仍然不是很清楚。汽车业对大规模自动驾驶汽车交易的热衷意味着底特律现在正与硅谷合作实现未来。尽管福特和谷歌没有实现合作开发自动驾驶汽车，但这两家公司在今年4月与优步、Lyft和沃尔沃等公司合作，成立一个商业联盟——安全道路自动驾驶联盟，游说联邦政府为测试和最终推出新型交通工具创造一个友好的监管环境。

底特律以前曾游说减缓无人驾驶汽车的发展，现在则和谷歌一起努力加速无人驾驶汽车的发展——这一立场得到了在NHTSA听证会上与无人驾驶联盟一起作证的各方的认同，包括反醉驾母亲协会和帮助残疾人的团体。

但并不是每个人都对这项新技术如此热情。谁能责怪他们呢？如果我的预测是正确的，它将改变整个行业。那年6月，我在世界上最大的石油勘探设备生产商之一举办的会议上发表报告。会议在该公司的研究中心举行，在场的有业内一些顶级高管。"这次变革是一个多世纪以来第一次有机会让汽车从能源和环境的争议中脱身。"我告诉他们。

在美国，汽车每年消耗大约6800亿升燃料——约占美国石油消费量的一半。今后这种局面将不复存在。当我结束演讲时，可以看到观众对我所说的话的反应。额头皱起，愁眉不展。当石油人听到我预测在美国未来有80%的行程都是由电池电力和其他新能源技术驱动的无人驾驶汽车完成时，担忧是显而易见的。

所有这一切意味着，美国交通对石油的需求可能会下降到不到今天的五分之一。随着燃油汽车被各种新能源车替代，类似的现象将在世界各地发生。展望未来，石油工业可能会面临煤炭工业过去几十年的经历相同的处境。

世界范围内对石油和天然气需求的减少削弱了欧佩克的实力，降低了俄罗斯和委内瑞拉的实力，并给美国依赖石油工业收入的地区例如得克萨斯州带来了一些重大问题。这也可能造成更严重的恐怖主义威胁，因为中东地区财富的减少，有可能导致不满的年轻人增多。事实上，石油工业在过往交通系统中的既得利益可能是交通变革的最大阻碍。毕竟，石油生产商从汽车对燃油的渴求中获得了巨大的利润。想想2008年，也就是通用汽车亏损310亿美元的那一年，部分原因就是高油价抑制了消费需求，这一年埃克森公司的年利润达到了452.2亿美元——这是美国历史上最大的利润。

资金充足的行业会如何应对按需交通服务的威胁？我的朋友和同行罗比·戴蒙德对此有经验。戴蒙德运营的非政府组织SAFE设立在华盛顿特区，SAFE是保障美国未来能源安全（Securing America's Future Energy）的首字母缩写。他的组织的倡导帮助推动国会通过了《能源独立和安全法案》，这是自1975年以来对公司平均燃油经济性标准的第一次立法改革，由乔治·布什总统于2007年签署生效。戴蒙德之所以能够做到这一点，是因为他将美国的燃油效率描述为除了是环境问题之外同时也是安全问题。在此过程中，汽车和石油行业通过精心策划的游说活动不断破坏他的努力。斗争经验告诉他，华盛顿资金充足的特殊利益集团能够阻止那些对广大民众来说非常有意义的倡议。戴蒙德说："在华盛顿，阻止一件事情比促成一件事情容易得多。"

倡导更理性、更少依赖石油的运输系统的戴蒙德自然也支持交通变革。戴蒙德的支持部分也出于个人原因。他有一个10岁的女儿，她的腿有长短差异，而且无法正常弯曲。他希望她和500万因残疾而无法驾车的美国人，以及150万失明的美国人，能够受益于自动驾驶。

戴蒙德说:"目前我们的交通运输业完全依赖于石油。石油是维持世界运转的最重要商品。但是,如果交通变革成为现实,情况会彻底改观。"

我们之所以需要这样做的另一个原因是,尽管我们做了各种努力,美国的道路仍然变得越来越致命。2016年的交通事故数据显示,美国道路有37 461人死亡,比去年增加了5.6%。在几年前,得益于安全技术的改进,每年的车祸死亡人数已经连续下降了50年。有许多因素可以解释最近的增长。一个主要因素是智能手机的诱惑几乎无时无处不在。无论你是否在开车,每当收到消息时都很难忍住不去看手机。

由于发明了能与世界上最好的司机相媲美的软件,门到门的自动驾驶有望彻底避免这类死亡。2016年2月14日,装有车伏软件的车辆第一次发生了责任事故。在此之前,厄姆森的团队已经在公共道路上进行了大约7年235万千米的测试,没有发生任何责任事故——这是一项非同寻常的安全记录。

事故发生在山景城的国王大道和卡斯特罗街的交叉路口,离谷歌总部不远。国王大道在这一段双向都为三车道,中间有一条林荫带。国王大道的一个棘手之处是,最右边靠近路边的车道很宽,足以容纳两辆车并排行驶。这天,车伏的一辆自动驾驶车雷克萨斯驶入了这条宽阔的右侧车道,打了转向灯,准备右转卡斯特罗街往北行驶。车道上围绕下水道井盖放了一堆沙袋,阻挡了雷克萨斯前进的路线。

这时由于有其他车辆在左侧挤进了同一条车道,雷克萨斯无法绕过沙袋继续前进。所以雷克萨斯停了下来,等绿灯亮了其他车辆继续前进。就在雷克萨斯转向车道内侧准备绕过沙袋时,一辆公共汽车从后面驶来。雷克萨斯的软件认为公共汽车会停下来——毕竟,雷克萨斯明显正在斜切深入车道。坐在自主雷克萨斯方向盘后面的测试驾驶员也认为公共汽车会停下来。

但是公共汽车没有停，雷克萨斯撞到了它的侧面。没有人受伤，因为雷克萨斯的时速只有3千米。但是雷克萨斯撞瘪了左前挡泥板，损坏了一个车轮和一个传感器。

由人类司机驾驶的车辆也可能会发生同样的事故。如果碰到这样的事故，司机可能会耸耸肩，认为自己运气不好。相比之下，车伏除了耸肩，还做了很多事情。整个团队动员起来，确保这种事故不会再次发生。在这次调整中，他们对自动驾驶软件做了3200处修改，然后将新的代码上传到团队的每一辆自动驾驶汽车上。

每当自动驾驶汽车行为不妥时，就会触发类似的过程。这就是车伏软件变得如此优秀的原因。作为对比，据优步在2017年3月透露，他们的测试司机大约每1.6千米脱开一次车辆的自主软件。不同公司的脱开率无法比较，因为道路的行驶难度各异。在城市道路上行驶的汽车会比在高速公路上行驶的汽车有更高的脱开率。但我们还是不妨对比一下，同一时期，慧摩的脱开率仅为每14 432千米一次，距离是优步的多倍。

随着无人驾驶汽车的运行越来越安全，到2016年，各家公司蜂拥进入这个领域，我越来越相信，我期盼了许久的交通变革终将发生——我们终于有可能基本消除车祸。然而接下来的特斯拉撞车事故，使得在2016年春夏的几个月里，这种变革的不可避免性似乎正在消失。

第 12 章　人的因素

后来的撞车事故也引发了类似的对技术安全和可靠性的讨论。2018年3月，在山景城101号公路，一辆自动驾驶模式的特斯拉Model X撞上了车道隔离带，导致苹果工程师黄伟身亡，同月，一辆优步自主SUV在亚利桑那州坦佩与骑自行车的伊莲·赫兹伯格发生了致命碰撞。但是2016年5月发生的约书亚·布朗事故很重要，因为这是第一次发生这种事故。

早在车祸发生前，特斯拉的高速公路司机辅助产品就已经引起了争议。2015年10月14日，特斯拉在更新Model S车型的软件时发布了该技术的第一个版本。它被称为"自动领航（Autopilot）"。第一版 Autopilot本质上是车伏早在2012年就中止开发的高速公路司机辅助系统的低级版本。它旨在通过接管车辆操控来缓解公路驾驶的无聊感，只能在标线清晰且维护良好的封闭公路上使用。

前面说过，谷歌的试验证明，在自动驾驶软件开始介入后，司机就会撒手不管。这时一旦出现状况就会很危险，因为司机可能来不及做出反应。一些安全专家将这个问题称为移交问题，NHTSA的测试表明，一些司机重新接管车辆控制权所需的时间长达17秒，如果是在高速公路上相当于车辆又开了约400米。

特斯拉自动驾驶产品的发布在车伏团队引发了大量讨论。我们都认为特斯拉将这项技术推向市场过于激进。"我们已经在这方面尝试过了，"厄姆森说，"我们知道这有多难。这是行不通的。"

我们觉得，Autopilot技术迟早会导致伤亡事故。我们担心一旦出现这种情况，就会引发反弹，导致公众对自动驾驶产生负面观感。我们还担心事故可能会引来更严厉的监管，这反过来又会推迟按需交通服务的到来，考虑到这项技术有可能消除90%~95%的人为错误导致的事故，这样的做法完全是错误。

所以车伏尽力做了自己能做的事情。就在特斯拉发布Autopilot的同一个月，车伏团队在Medium网站上发表了一篇文章，对高速公路司机辅助产品提出了严重质疑。文中还解释了车伏放弃这种技术转而追求完全自主的理由。"一旦人们看到技术起作用，他们很快就会相信它。而一旦他们被鼓励撒手和放松，他们就很难对驾驶任务切换自如……还有环境的挑战，当你需要收回控制权并做出正确决定时，你是否对车辆周围发生的事情有充分的了解？"这篇文章的结尾言简意赅："每个人都认为让汽车自己驾驶很难。的确很难。但我们认为，如果技术系统告诉人们说'别担心，没问题……暂时'，等人们感到无聊或困了，这时再让他们保持注意力，可能同样很难。"

我认为，特斯拉的产品发布是不负责任的。在特斯拉车主能够使用Autopilot之前，必须确保他们会一直手握方向盘，并时刻保持警惕。他们还应当明示这项技术仍处于"测试"阶段，也就是说，仍是实验性质的产品。马斯克的做法本质上是矛盾和有问题的。他们建议特斯拉的顾客尝试这款酷酷的新产品，它可以让你在高速公路上分心干别的事情，但如果你在使用它时，你又必须保持注意力。除了车伏团队，还有很多人也认为特斯拉的做法很危险。Zipcar联合创始人罗宾·蔡斯虽然离开了这家具有开创性的汽车共享公司，还是一直在密切关注自动驾驶的发展。

她评论说："你不能发布这样的东西然后说，'是的，它不完美；你必须保持注意力'，那太难了。"

＊ ＊ ＊

特斯拉发布Autopilot仅仅7个月后，我们中许多人担心的事情发生了。2016年5月7日，40岁的约书亚·布朗成为第一个因汽车自动驾驶撞车事故致死的人，不出所料，发生事故的就是使用Autopilot功能的特斯拉Model S。

出事的这位科技企业家住在俄亥俄州坎顿，经营一家名叫Nexu创新的公司，专门为拖车公园等很难上网的区域提供互联网接入。

布朗在经商之前，曾就读于新墨西哥大学，学习物理和计算机，但在获得学位之前加入了海军。他在军队中表现出色，服役了11年，成为资深排爆专家。他在伊拉克度过了一段职业生涯，拆卸简易爆炸装置并将它们运回美国接受检查。他还曾在海军特战开发大队服役过一段时间，也就是大名鼎鼎的海豹六队。

布朗很喜欢特斯拉Model S，他在2015年4月，也就是致命撞车事故前一年多一点，购买了该车型。他称这辆车为"特西"，到2016年5月，这辆车已经行驶了72 000千米。布朗对特西的Autopilot功能非常着迷，经常在YouTube上发布视频。从Autopilot发布到撞车前的7个月里，他发布了20多条视频。"总的来说，它表现非常好。"布朗在其中一段视频中热情地向观众介绍了Autopilot在起伏和弯曲的便道上导航能力的局限性。而根据产品说明，Autopilot不应该在这样的道路上工作。

在布朗发布的视频中，到目前为止点击量最多的视频发生在克利夫兰，当时他驾驶Model S向北行驶，就在I-480的两条路汇合成詹宁斯高速公路的路段。根据特西的车载摄像头记录，布朗正行驶在右侧车道接近春天路出口时，一辆白色卡车突然横跨3条车道变线。如果不是Autopilot及时反应，卡车会剐蹭布朗的Model S的侧面。软件首先将Model S转向右侧，避开卡车，然后踩下刹车，允许卡车继续转向出口车道。4月5日，布朗在YouTube上发布了这起事件的记录仪视频，标题是"Autopilot救了Model S"。

布朗在YouTube上写道："卡车司机根本没有看见我的特斯拉。事实上，我也没有往那个方向看……当特西用'立即接管'警报声提醒我时，我才意识到了危险。这是那个司机的错……特西的表现很好……让我印象深刻。埃隆干得漂亮！"

特斯拉CEO埃隆·马斯克观看了这条视频，并向他的数百万粉丝转发了视频。布朗很激动。布朗在他的推特账户@NexuInnovations上说："埃隆·马斯克关注了我的视频。有这么多测试和这么多人谈论它，我简直是在天堂！"

5月的第一周，布朗和家人一起去奥兰多度假，游玩了迪士尼。5月7日，星期六，布朗去了佛罗里达喜达尔岛的一处工作地点。完成那里的工作后，他驾驶特斯拉前往北卡罗来纳州的下一处工作地点。根据调查报告，他沿着佛罗里达24号州级公路到达布朗森镇，然后转入27A国道东行，该公路很快变成了4车道的分隔公路，类似于农村地区的那种公路，有左转车道和十字路口，允许车辆在停车后横跨或转入高速公路。在他行经24号州级公路和27A国道的41分钟内，布朗的Autopilot开启了37分钟。在那段时间里，特斯拉的软件有7次通过视觉或听觉警告提醒布朗恢复对车辆的控制。而根据国家运输安全委员会的报告中引用的特斯拉软件记录，布朗的手仅仅握了方向盘25秒。

出发大约35分钟后，布朗转入了27A国道。大约4分钟后，他把车速提高到每小时119千米。(27A国道限速每小时105千米。) 1分51秒后，下午4时36分，在天气晴朗的情况下，布朗驾驶的特斯拉撞上对向正在左转驶离27A国道的货柜车。特斯拉没有停下来。它甚至没有刹车。布朗的车闯入了货柜下方两组车轮之间的空当。货柜车的底部撕开了特西的车顶。安全气囊没有打开，因为车速没有变化。布朗的车穿过了货柜车下方，然后向右侧偏转，穿过田地和栅栏，最后在400米开外与电线杆相撞后停了下来。布朗在碰撞中当场死亡。

* * *

布朗的不幸去世是交通变革中第一次重大的与安全有关的危机。事故刚发生时听说的人还不多。一个多月之后，当NHTSA开始调查事故原因时，这起事故才引起公众关注。Autopilot检测到即将发生的碰撞了吗？它警告过布朗吗？如果有，为什么他没能避免碰撞？如果没有，为什么没有？

对约书亚·布朗的死亡进行了许多调查。佛罗里达高速公路巡逻队、国家高速公路交通安全管理局、国家交通安全委员会和许多媒体通过目击者采访和各种手段对事故进行分析。(就连证券交易委员会也调查了此事，以确定特斯拉是否及时向投资者通报了此次事故。) 涉事卡车司机弗兰克·巴伦西告诉记者，他没有看到特斯拉。

NHTSA特别事故调查小组对事故进行了复盘，结果表明，在撞击发生前至少10秒，布朗就可以看到货柜车。但没有轮胎痕迹表明布朗意识到了即将发生碰撞，后来的一项调查得出结论，布朗"没有采取制动、转向或其他措施来避免碰撞"。显而易见的结论是，布朗对特斯拉的自动驾驶能力过于信任，以至于他没有留意道路情况。

但为什么特斯拉的Autopilot没有发现货柜车呢？NHTSA缺陷调查办公室的调查人员卡里姆·哈比卜证实，当车辆接近货柜车时，自动紧急制动系统没有发出任何警告。当面对一辆人类司机在撞车前十秒就能看到的庞大货柜车时，这种技术都不能停车，那这种技术还能用？

据报道，那年夏天，特斯拉的职员在美国参议院商务委员会作证说，该公司有两种理论。第一，雷达和照相机可能没有探测到货柜车，而是认为明亮的白色表面只是晴朗天空的一部分。另一种理论是，Autopilot的传感器检测到了货柜车，但是错误地将该结构判定为"假阳性"，一个高架公路交通标志或一座桥，车辆可以安全地从它下面通过。

NHTSA和国家运输安全委员会随后的调查显示，特斯拉的自动驾驶系统并没有防止车辆趋近其他车辆侧面的机制。特斯拉的系统是针对高速公路设计的，这种公路是封闭式的，中间有隔离带，无法横穿。你应当自己把车开上州际高速公路，然后再启动系统，以免除在高速公路上驾驶的烦琐，就像你开启巡航一样。这种系统部分依赖于对车辆周围物体的分类。它们被训练识别各种卡车和小型汽车的后部轮廓。在布朗撞车事故发生时，特斯拉的系统还没有用卡车或其他车辆的侧面轮廓训练过。为什么会这样？Autopilot适用的州际高速公路在设计时就完全没有交叉路口，很难想到这种技术会遇到车辆侧面的情形。

事故发生时，特斯拉采用的是由以色列无比视（Mobileye）公司设计和制造的自动驾驶系统组件，这家公司是为汽车业提供高级司机辅助工具的供应商。特斯拉使用的无比视EyeQ3产品没有针对两种主要的碰撞类型提供防护，NHTSA称之为直行交叉路径和左转交叉路径碰撞。在这两种情形中，车辆会垂直于自动驾驶汽车行进方向穿过十字路口，或者在对向道路上左转，从而阻断自动驾驶车辆的路径。用NHTSA的报告中的话来说："佛罗里达撞车事故中的目标图像（货柜车的侧面）在EyeQ3

视觉系统的数据集中不是'真实的'目标。"

因此，NHTSA研究人员得出结论，从根本上说，特斯拉的技术运行正常。研究人员写道："该系统的功能符合行业的最新水平。"只是"交叉路径碰撞的制动，比如佛罗里达致命事故中的制动，超出了系统的预期能力"。除了特斯拉的产品之外，其他高速公路司机辅助产品也是如此。其他汽车制造商正在使用的类似Mobileye的系统，例如英菲尼迪Q50、奔驰S65、宝马50i、奥迪A7或沃尔沃XC60在当时使用的系统，都不能防止这种碰撞。

因此情况是这样：特斯拉推出了一种自动驾驶技术，它不能防止两种主要类型的碰撞。它采取了一些措施来免除了自己的法律责任。例如，车主手册提醒司机，Autopilot的一个组件，Autosteer系统，被设计成"只在高速公路和封闭道路上使用，并且司机不能分心"。但是有多少车主真正知道这个警告呢？正如国家运输安全委员会成员克里斯托弗·哈特后来指出的，这个警告"没有考虑到很少有车主会阅读手册的现实，更不要说不是车主的司机"。有些人可能一年中只有在夏令时开始和结束重置时钟时会看两次。特斯拉本应当充分传达其汽车自主技术的局限性。

我认为，特斯拉以多种不同的方式为这次事故创造了条件。最明显的是，它称这套技术为Autopilot。事故发生后，摩根士丹利研究分析师亚当·乔纳斯建议特斯拉停止使用Autopilot这个名字，因为它"可能会造成消费者的错误预期和潜在的道德风险"。监测产品安全性的《消费者报告》质疑该公司是否"宣扬了一种危险的误导，即Model S能够真正自动驾驶"。

《消费者报告》写道："许多汽车制造商正迅速将这种半自主技术引入他们的汽车中，但特斯拉在部署上尤其激进。它们是唯一一家允许司机在相当长时间内把手从方向盘上拿开的制造商，这起致命撞车事故的警示减少了很多潜在的风险。"然后，同乔纳斯一样，《消费者报告》呼吁特斯拉不要再将该系统称为 Autopilot。

除了名字之外，特斯拉也没有充分告知用户系统的功能。对于司机来说，认为一辆能够在繁忙的州际公路上应对自如的车辆能够对像货柜车这样的大障碍物做出适当反应是合理的。在布朗撞车事故发生前，特斯拉提示其自动驾驶产品仅适用于封闭式高速公路。而布朗却在24号州级公路和27A国道上使用 Autopilot，这两条公路都不是封闭式高速公路，显然他没有遵守这条限制。

第三，在布朗的事故中更糟糕的是，马斯克自己转发了布朗的YouTube 视频。虽然在马斯克转发的视频中布朗的特斯拉是行驶在封闭式高速公路上。马斯克是否知道在布朗的 YouTube 账户发布的其他视频中，布朗在 Autopilot 不适用的蜿蜒起伏的双车道公路上使用了该系统呢？马斯克转发布朗的视频可能被认为他认可布朗以前的行为。

回顾这起事故，特斯拉发布了一个允许双手长时间离开方向盘的系统，而根据布朗在YouTube发布的视频，这家公司应当知道用户在该系统无法防范几种主要撞击类型的道路上使用了这项技术，如此的鲁莽很令人震惊。

* * *

布朗撞车事故刚刚引起公众关注几周之后，为特斯拉提供自动驾驶部件的以色列无比视公司结束了与这家汽车制造商的关系。无比视董事长兼首席技术官安姆隆·萨苏阿解释说，原因是特斯拉"超越了安全限度"。

萨苏阿对路透社说，特斯拉在Model S型撞车事故中使用的无比视系统"并没有以安全的方式覆盖所有可能的撞车情况。不管你怎么说，Autopilot不是为此设计的。它是司机辅助系统，不是**无人驾驶系统**"。(强调是我补充的。)

萨苏阿表示，约书亚·布朗撞车事故后，无比视对特斯拉的含糊信息做出了反应——特别提到了马斯克和该公司过度吹嘘了这项技术的自主能力，同时警告特斯拉车主保持注意力和手不要离开方向盘。"从长远看，如果将我们公司的名声与这种超越安全限度的做法继续绑定在一起，将损害我们公司和整个行业的利益。"萨苏阿说。

这是十亿美元级别的公司之间很不留情面的批评。特斯拉回应称，无比视之所以发表这些言论，是因为它已经了解到特斯拉将很快开发自己的计算机视觉系统，并对此感到恼火。但是无比视反驳了这种说法。无比视在一份新闻稿中指出，早在约书亚·布朗去世之前一年，萨苏阿就对马斯克允许司机在使用Autopilot时放开双手表达了他的"安全担忧"。无比视在新闻中说："在后来的面对面会议中，特斯拉CEO保证Autopilot激活时'手不能放开'。"无比视指出，尽管马斯克向无比视保证了，"Autopilot在2015年末推出时，还是采用了双手可以放开的开启模式"。该公司表示即使在那之后，无比视还是在继续敦促特斯拉在Autopilot的发布上更加保守。

就在无比视和特斯拉争吵的同一个星期，特斯拉对Autopilot软件进行了一次在线更新，加入了额外措施确保司机关注道路。例如，如果车辆行驶速度超过每小时72千米，而前面没有任何车辆，警告蜂鸣声会提示驾驶员在一分钟后将手放回方向盘。无视一小时内的3次警告将会使Autopilot失效，直到车辆停稳。马斯克说，这次更新还改进了雷达性能，应该能防止约书亚·布朗式的撞车。然而，无比视以及其他知情者的担忧能否通过这些措施得到消除，仍令人怀疑。

＊ ＊ ＊

我从约书亚·布朗的死中明白了一些东西。特斯拉作为一家公司，尤其是CEO埃隆·马斯克，有过度宣传和承诺不兑现的历史。Autopilot就是这种倾向的一个例子。作为自动驾驶技术的热情支持者，让我感到幸运的是，拉里·佩奇和谢尔盖·布林早在埃隆·马斯克实现其汽车的驾驶自动化之前就资助了这项技术的研发。谷歌在公共道路上进行自动驾驶测试，在7年里没有引发一起撞车事故。最终发生事故时，是以每小时3000米的速度发生的轻微车祸。车伏的安全文化和卓越的测试司机和工程师团队使得这个成绩成为可能。相比之下，马斯克和特斯拉在2015年10月推出他们的Autopilot测试版本，仅仅7个月后，该系统就导致了致命事故。你能想象谷歌团队在2009年测试7个月后发生致命的撞车事故吗？若有发生，那么各大公司蜂拥进入市场，对这个领域空前的关注度，这些都不会发生。

谢天谢地，公众对这次事故的愤怒并未达到我们所担心的程度。事实上，由于监管机构冷静地评估和媒体令人印象深刻的公正报道，每当发生与自动驾驶有关的致命车祸，都没有让局面失控，而是让公众更加了解自动驾驶技术当前的局限性和未来将带来的令人期待的益处。

尾　声　无尽的探索

比赛没完决不放弃。

——尤基贝拉

2017 年 10 月，DARPA 城市挑战赛 10 周年之际，卡内基梅隆大学邀请其自动驾驶团队成员回匹兹堡聚会。这次活动将同时举行一系列关于自动驾驶技术的历史、现状和未来的研讨会。瑞德·惠特克盛情邀请我参加。这是一次精彩的活动，在匹兹堡美丽的费普斯植物园举行了一次特别的招待会，对于我、厄姆森、塞勒斯基，以及其他所有出席者来说，这是一次思考我们将走多远的机会。

其中一个亮点是在惠特克主持的招待会上，这位传奇的机器人学教授透露斯潘塞·斯派克已经解开了 12 年前导致 Hlghlander 在 2005 年 DARPA 大挑战中错失冠军的发动机故障的谜团。

就在几天前，为了准备在聚会期间展示，斯派克趴在这辆悍马的引擎上进行清理。他的膝盖不小心压到了电磁干扰滤波器，这降低了悍马燃油喷射系统信号中的静电，导致了发动机停机。这引起了斯派克的好奇。随后的检查表明，滤波器应该是在翻车时损坏了，从而导致发动机运行不可靠。演讲结束后，惠特克将滤波器递给克里斯·厄姆森，他查看了这个比魔方稍小的设备。厄姆森说："要是 12 年前知道就好了。"然后，他抬头看着他以前的论文导师，咧嘴一笑，"不过，我想对我没什么影响。事情对我们大家来说都很顺利"。

我也是这么认为的。在当时，在比赛期间和之后的几年里，从事自动驾驶技术研发的人，以及许多从事其他有潜力减少汽车工业中的浪费和改善个人交通的研究项目的人，常常会感到沮丧，因为社会和整个汽车业要么不愿意接受，要么不理解可能的革新。当我的研发预算被削减，或者媒体没有认识到概念车的意义时，我和其他人一样沮丧。

现在我不再沮丧了。我想，那个周末聚集在匹兹堡的工程师和计算机科学家们也没有。因为我们的预见已经被证实。我们的世界在短短十年内发生了很大变化，并且将继续变化，就如我们大多数人所预测和希望的那样。瑞德·惠特克在开发和测试他的机器人时，也曾因为自己需要花大量精力与大学管理部门周旋而感到沮丧，而现在他在校园四处挂满横幅，上面写着"向革新者致敬"。而惠特克仍然在不断革新；他即将进入人生的第八个10年，却依然在前沿探索，他的一家创业公司还在开发勘探月球表面的机器人。

7年多前的2011年，当我第一次开始与车伏项目合作时，我对工程师团队貌视底特律的成就感到震惊。硅谷的机器人专家认为汽车工业太过保守和倦怠。我同样也对底特律对车伏项目的敌意感到沮丧。

此后，双方的态度都改变了。以前的车伏团队现在改名为慧摩，他们开始尊重底特律，而曾经嘲笑他们工作的汽车业也接受了按需自主交通的未来。硅谷和底特律之间的敌意已经让位于合作精神。我曾批评我以前公司的CEO玛丽·巴拉宣布2016年将是底特律"接手硅谷"的一年。巴拉很快就放弃了好斗言论。她在通用汽车公司的团队将建立一个合作样板，将研发外包给硅谷的技术专家，这种模式将成为主要汽车制造商解决无人驾驶交通问题的主流方式。2016年3月，巴拉的公司购买了Cruise自动化公司，从而开创了这种模式。她对雪佛兰Bolt EV进行了全新的工程设计，以便在生产时加装Cruise自动驾驶系统，并在条件成熟时大批量生产，从而进一步增强通用汽车的实力。2018年5月，巴拉的战略得到了大力支持，当时日本软银集团宣布对Cruise投资22.5亿美元。Cruise是该行业有史以来最大的交易之一，鉴于软银作为交通领域精明玩家的声誉，这一投资尤为重要。这项投资将通用汽车最初以5.81亿美元收购的Cruise估值为115亿美元，可以说是一个很大的肯定。此后不到一年，福特高管约翰·卡瑟萨促成创立了这家汽车制造商的自动驾驶创业公司Argo人工智能，这家公司由布莱恩·塞勒斯基领导，他离开了谷歌，与他以前的论文导师，曾在优步任职的皮特·兰德合作。卡瑟萨现在是Argo董事会成员。福特董事会也将智慧交通项目负责人吉姆·哈克特任命为CEO，展示了这家汽车制造商对新方向的认同。

克里斯·厄姆森也在做类似的事情。厄姆森在2016年8月离开了车伕，与离开特斯拉的斯特林·安德森和离开优步的德鲁·巴格纳尔共同创立了自动驾驶技术公司Aurora，并担任CEO。这家位于帕洛阿尔托的公司将与大众和现代合作，并在2018年宣布已经获得了9000万美元的启动资金。Aurora的价值观声明读起来就像厄姆森对在工作中相处7年半的莱万多夫斯基的挑衅性回应：“我们做正确的事情，宁愿放慢速度或少赚点钱。不要混蛋。我们探讨和解决棘手的技术问题。我们不会为要个性和以自我为中心的人浪费时间，也不会容忍浪费时间和胡说八道。”

对于奖金计划生效后离职的工程师，据说车伕的支付方式已经有了很大改进。据推测，获得奖金计划补偿的工程师可能认为，他们应当在Alphabet分拆时兑现他们的股权，以防公司估值降到低于谷歌2015年末评估的45亿美元。大约有10名原团队成员离开了，包括戴夫·弗格森和朱佳俊，他们创立的Nuro自动投递公司最近筹集了9200万美元，不过大部分团队成员还是留了下来，表明了大家对公司在CEO约翰·克拉菲克领导下的发展势头的肯定，公司的技术研发由德米特里·多尔戈夫和麦克·蒙特梅洛主管，汽车业伙伴关系则由亚当·弗罗斯特主管。留下来也可能是一个明智的商业决策。在谷歌自己估值45亿美元之后一年多，摩根士丹利分析师亚当·乔纳斯和布莱恩·诺瓦克发布的报告估计，如果该公司能够占领一部分出行市场，并每英里收取1.25美元的费用，慧摩的估值可能会达到700亿美元。

优步收购Otto后，莱万多夫斯基取代约翰·巴勒斯成为这家拼车巨头先进技术集团的领导。随后引发的混乱有力地表明，佩奇、布林和特伦一直不同意莱万多夫斯基激进的开发策略，以及他要求成为车伏CEO的请求是正确的。莱万多夫斯基的领导伴随着各种错误和事故，比如在旧金山测试的第一天，一辆优步自动驾驶汽车闯了红灯。慧摩还发现莱万多夫斯基离开公司前一个月从公司服务器下载了大约14 000份与自动驾驶技术相关的文件。莱万多夫斯基随后被优步解雇，原因是在优步法务人员应对慧摩的知识产权诉讼时，他拒绝配合他们的工作。（在为本书收集资料时，我的合作作者联系了莱万多夫斯基的个人法律团队，请他们就关于他的内容发表评论。伯克利律师迈尔斯·埃利希同意了这项请求，但我们没有收到回复。）不管你有多聪明，不管你有多能干，如果你没有诚信，如果你没有赢得别人的信任，你终将失败。

优步首席执行官特拉维斯·卡兰尼克在解雇莱万多夫斯基后不久辞职。慧摩对优步的诉讼于2018年2月结束，卡兰尼克的继任者优步CEO达拉·科斯罗萨西对莱万多夫斯基的任职表现表示遗憾。科斯罗萨西在结案后的一封信中写道："优步收购Otto本来可以也应该采用不同的处理方式。"优步同意将其0.34%的股权支付给慧摩，以优步700亿美元的估值，这笔股权价值约2.38亿美元。

莱万多夫斯基和卡兰尼克将Facebook的"快速行动，打破陈规"信条用于自动驾驶车辆的开发，由此带来的最糟糕后果可能发生在2018年3月18日晚10点左右，49岁的伊莲·赫兹伯格推着一辆满载着包的自行车穿过亚利桑那州坦佩市米尔大道的4条北向车道。一辆优步的沃尔沃XC90 SUV在自主模式下撞到了赫兹伯格并导致她死亡，这一路段限速56千米，当时车速大约64千米，车上坐着安全驾驶员。赫兹伯格是第一个因自主车辆事故致死的行人。国家运输安全委员会（NTSB）随后的调查表明，优步SUV的传感器在撞击发生前约6秒检测到了赫兹伯格，首先将她不寻常的满载着包的自行车外形归类为未知物体，然后归类为车辆，最后归类为自行车。然后，在撞击发生前1.3秒，系统认为这种情况需要紧急制动——这时可能还有足够的时间避免赫兹伯格的死亡。然而，为了防止误报导致驾驶不稳定，优步关闭了自动驾驶系统的紧急制动权限，而是依靠软件提醒人类安全驾驶员接管。根据NTSB的调查，不幸的是，安全驾驶员没能及时做出反应，显然是因为她被汽车的自动驾驶界面分散了注意力。她直到碰撞后才踩刹车。这是由移交问题造成的又一危险情况：即驾驶员无法及时接管。优步在事故发生后立即停止了自动驾驶测试。

对于自动驾驶来说，这又是一个重大关口，就像约书亚·布朗撞车事故一样，这一关口有可能阻碍更大范围的交通变革。但是后来慧摩通过一系列引人注目的活动展示了其领导地位；事实上，在赫兹伯格撞车事故后的几周内，慧摩与媒体的关系据说达到了自谷歌成立自动驾驶团队的9年来最密切的程度。

赫兹伯格撞车事故一周后，克拉菲克前往拉斯维加斯，他在那里告诉全美汽车经销商协会，完全有能力避免这类事故，这个消息上了新闻头条。几天后，在纽约国际汽车展上，克拉菲克宣布公司与一家汽车制造商达成了当时最大的单笔交易——在2020年底前将有2万辆捷豹

I-PACE 电动SUV加入慧摩的车队。随着慧摩执行扩张战略，后来的交易甚至比这笔交易还要大，如与菲亚特-克莱斯勒达成的购买6.2万辆Pacifica休旅车的协议。

这些公告是慧摩对未来的愿景最全面的展示。慧摩将自己描绘成未来业务的推动者，而不是现有业务的破坏者。以一种正在推进的模式为例，通过与阿维斯（Avis）和汽车王国（AutoNation）等公司合作，由这些公司维护慧摩不断增长的车队。据克拉菲克称，这些合作关系运作良好，将有助于慧摩以更低成本拓展业务，让更多人享受到新形式的交通。

除了宣布之前已披露的测试里程已达数百万千米[1]，克拉菲克还宣布慧摩的克莱斯勒Pacifica车已开始在凤凰城提供无人驾驶出行服务，克拉菲克和慧摩公司展示了他们对实现自主未来的坚定承诺。克拉菲克在一次公开活动中表示："我们希望创造一个永远不会喝醉、永远不会疲倦、永远不会分心的司机。"慧摩于2018年在凤凰城推出了首个无人驾驶商业交通服务，不久它将提供每天一百万趟定制的出行服务，有许多不同尺寸和类型的车辆可供选择。你要带一车孩子去踢足球？使用克莱斯勒Pacifica出去吃饭？使用捷豹I-PACE出行？总的来说，这些媒体宣传有助于巩固该公司作为自动驾驶领域无可置疑的领导者地位。

拉里·佩奇和谢尔盖·布林坚定不移地致力于开发无人驾驶汽车，这一直让我很钦佩。现有道路运输系统的历史长达130多年，汽车、石油和保险公司这些利益相关者与现有系统的关联太深，因此绝不会推动交通革命。像佩奇和布林这样的远见卓识者，相信数字技术的潜力，热衷于设计更好的体验，并且有足够的财力去实现他们的愿景，致力于让世

1　译注：据慧摩在 2019 年 7 月发布的消息，其实际道路测试里程已超过 1600 万千米。

界变得更美好，从而开启了交通的新篇章。

过去10年对这个领域的每个人来说都是一个学习过程。我们都成长了。经历改变了我们对各种事情的看法。从胜利谷的DARPA城市挑战赛开始，从我们中的许多人认为我们可以做这件事开始，仅仅只有一家公司出资支持，我们就走了这么远。

现在，许多公司已经筹集了大量资金，达数十亿美元，但我们还远未成功。这件事的难度超出想象。无论是技术、社会还是政治，几乎每个方面，我们都意识到面临的挑战比我们想象的要大得多。这项工作无法由一家公司独自完成。

然而，探索仍在继续。我认为这是不可避免的。我最喜欢的标志性事件，是在克拉菲克宣布推出出行服务的同一个月，终极汽车人鲍勃·鲁兹，以热衷于开直升机、开发大马力汽车、抽雪茄和否认气候变化闻名的通用汽车前副总裁，在《汽车新闻》上发表了一篇文章。鲁兹在文中写道："人类驾驶汽车的时代、维修保养服务商、经销商以及相关的媒体——所有这一切都将在20年内消失……最终将是完全自动驾驶，司机将不再负责操控。"

我简直不敢相信——鲁兹已经85岁了，他在通用汽车公司曾无数次试图削减我用于实现他描述的这种未来的研发预算。

如果这还不意味着交通变革是不可避免的，我不知道还有什么能意味。

谁会赢？

问这样一个问题是误解了正在发生的事情的规模，我对自己抱有这种想法感到惭愧。这本书曾经的一个副标题是"制造无人驾驶汽车的竞赛"。一场有赢家和输家的竞赛。当然，有些人和公司会比其他人和公司做得更好，有些相对则会更糟。对我来说，很难想象未来会看到市值数百亿美元的大型汽车制造商能彻底击败 Alphabet、苹果和亚马逊等市值高达数千亿美元的科技公司。但是，这件事将造福如此多的人，改善如此多的事情，我认为我们都有责任为之努力。

交通变革对每个人的影响并不是一样的。正如已经提到的，对于老年人和残疾人来说，自由出行的前景很可能是非常有利的。然而，其他人可能会因为自主技术或汽车或石油行业经济规模缩小而失业。这些人中的许多人会重新找到工作，比如交通管理、为自动驾驶汽车的乘客提供服务、制造燃料电池或蓄电池。在一个多世纪前，曾有许多铁匠靠为马匹钉马掌挣钱，他们大多数人都安然度过了汽车革命。

很多人猜测今天出生的孩子是否还需要考驾照。这是个好问题。有些人可能会，就像今天一些孩子仍然学习骑马一样。但是我认为，当一个今天出生的孩子长大到可以开车的年龄时，为了出行便利而开车的必要性肯定已经不存在了。所有人都能自由出行，不管你是否能驾驶汽车。

没有人类驾驶汽车的未来并不是乌托邦，至少就其本身来说不是。回想一下，在大家意识到互联网上会有网络喷子、假新闻和人肉搜索之前，科幻作家对网络未来的描绘是多么美好。但是，在交通变革后，生活一定会变得更好。当路怒症成为过去，当劳动力市场的转型已经解决，我们的城市将变得更理性，居住环境更舒适，限制我们日常生活的许多不便将会消失。

最后我要讲一个笑话，这是我的招牌。

故事是这样的：一个老农夫驾着一辆马车，马车由一匹又老又瞎的马拉着，它叫巴迪。农夫遇到一个陌生人，他的车陷入了泥里。陌生人向农夫求助，请他帮汽车脱困。农夫把巴迪牵到汽车后面，然后开始大喊。

"拉，金杰，拉！"他喊道，什么也没发生。

"拉，科柯，拉！"他大喊，还是什么也没发生。

"拉，黛西，拉！"他喊道，仍然什么也没发生。

最后，农夫尽可能地大声喊道，"拉，巴迪，拉！"

巴迪把车从泥里拉了出来！

陌生人非常感激——然后他问农夫为什么叫巴迪这些不同的名字？

"哦，"农夫回答，"老巴迪什么也看不到，如果它认为只有它在拉车，它动都不会动。"

当我试图将汽车行业从130多年的老路中拉出来时，我经常觉得自己就像巴迪。有一个关键区别：巴迪是看不太清，我是听不太清。在发展这些变革性技术的最初几年，我们中的许多人都觉得自己在独自前行。但是现在，我想，我们都意识到有许多人在为同一件事努力。

拜伦·麦考密克自1974年从亚利桑那州立大学毕业以来一直在努力。罗宾·蔡斯自从构想出Zipcar就一直在拉车。马丁·埃伯哈德和马克·塔彭宁自从联手成立特斯拉以来，也一直在努力。托尼·特瑟在领导DARPA大挑战时也是在用力拉车。当瑞德·惠特克、塞巴斯蒂安·特伦、克里斯·厄姆森、布莱恩·塞勒斯基和其他更多的人在DARPA大挑战中相互竞争时，也是在尽力拉车。

接下来是埃隆·马斯克、特拉维斯·卡兰尼克，最重要的是拉里·佩奇、谢尔盖·布林和约翰·克拉菲克。他们都开始用更大的力气拉车。

回首过往，2007年的加州胜利谷，DARPA城市挑战赛，改变一切的那个时刻，我不禁惊叹不已。这场比赛在既得利益者和变革者之间引发了战争，这场战争将决定汽车工业以及个人交通的未来。在底特律的至暗时刻，你可以看到谷歌、特斯拉、优步和Lyft的大胆剧本。这个时刻非常精彩。

尾　声　无尽的探索

如果我们成功了，我们一定会成功！导致每年130万人死亡的事故将减少90%。我们将消除交通运输对石油的依赖，我们将消除城市停车的挑战。利用节省出来的土地，我们将重塑城市。买不起汽车的人也将能获得以前只有拥有汽车的人才有的移动能力。我们还将减缓气候变化。

有一点是肯定的：我们正走向一个有趣的时代。享受这段旅程吧！

致　谢

　　这本书的完成要感谢克里斯托弗·舒尔根非凡的远见、深入的研究和非凡的写作。是克里斯托弗和他的兄弟马克想到了要写一本书，由我来讲述无人驾驶汽车的探索。我深深感谢克里斯托弗，他是杰出的记者和出色的合作者。

　　我还想感谢书中为创造未来发挥了重要作用的关键人物，他们乐于分享自己的故事，并慷慨地挤出时间。包括克里斯·厄姆森、瑞德·惠特克、塞巴斯蒂安·特伦、托尼·特瑟、布莱恩·塞勒斯基、里克·瓦格纳、比尔·乔丹、约翰·卡瑟萨和约翰·克拉菲克。

　　我要感谢我的通用汽车同事拜伦·麦考密克、克里斯托弗·博罗尼伯德、艾伦·陶布和戴维·范德文，他们在我领导通用汽车研发的时候启发了我们取得许多成就。除了里克·瓦格纳，我还要感谢另外两位通用汽车导师唐·哈克沃斯和汤姆·戴维斯，他们教会了我很多关于领导、制造和工程的知识，让我在通用汽车的职业生涯中发挥了最大潜力。

　　特瑟和他的DARPA同事、拉里·佩奇和谢尔盖·布林在推动自主车辆技术方面发挥了重要作用。他们对改善人类生活的远见、领导力和承诺将无人驾驶汽车的发展提前了10年甚至更长时间。我相信他们的行动最终将拯救全世界1000万人的生命，这是对人类极大的造福。我也很感谢拉里和谢尔盖让我与谷歌自动驾驶团队和慧摩合作了7年多，这是我职业生涯中最激动人心、最有希望的技术研发挑战。

我要感谢杰夫·萨克斯给我机会在哥伦比亚大学领导可持续交通项目。他启发并资助了我与比尔·乔丹和邦妮·斯卡伯勒的研究，首次量化了"汽车新时代"带来的巨大经济变革。

我也感谢那些努力确保这本书的描述贴近真实和编年准确的人。感谢罗宾·蔡斯、约翰·基罗斯、道格·菲尔德、亚当·弗罗斯特、德米特里·多尔戈夫、纳斯尼尔·费尔菲尔德、麦克·蒙特梅洛、约翰尼·鲁、西德·基森、丹尼尔·尤金、鲍勃·兰格、罗比·戴蒙德、亚当·乔纳斯、斯科特·科尔温、斯科特·福斯加德、凯文·彼得森、斯宾塞·斯派克、保罗·厄姆森、苏珊·厄姆森、马夏尔·赫伯特、赫尔曼·赫尔曼、约翰·多兰、米基·斯特拉瑟斯和米歇尔·吉特曼，感谢他们接受采访并支持这本书。

迈伦·舒尔根、南希·舒尔根、马克·舒尔根、约翰·威尔姆斯和杰克逊·萨特尔审读了书稿的关键章节，并在几个重要方面改进了这本书。

我感谢哈珀柯林斯出版社执行编辑丹尼斯·奥斯瓦尔德同意出版这本书，感谢她非凡的编辑、耐心和坚定不移的支持。艾玛·詹纳奇、屈丽娜·洪恩、索尼娅·切斯和黛安·伯罗斯的工作也非常棒。CookeMcDermid文学代理公司纽约代表处克里斯·布奇的贡献也非常值得赞赏。

最后，感谢我的妻子茜茜和我的女儿娜塔莉和希拉里，感谢你们的爱，你们对我事业的坚定支持，以及你们愿意听我一遍又一遍地讲我最喜欢的笑话。我很幸运能够和你们分享我的生活。

——劳伦斯·伯恩斯

关于信息来源的说明

　　身处事件当中并不等同于事件过后的回忆。而讲述这个故事需要记录许多我没有目睹的时刻。为此，我和我的合作者克里斯托弗·舒尔根对事件的亲历者进行了数十次采访，故事中涉及的许多人都尽力帮助我们获取所需的全部信息。

　　另一个有意义的事件是慧摩对优步的诉讼。自从2011年以来我一直作为顾问与慧摩和车伕团队合作，同时还为许多其他客户服务，因此会遇到我无法在这本书中讨论的商业机密。我和舒尔根达成的协议是，如果一个事件、一封电子邮件或一次对话已经公开，或者如果相关的消息来源方认为适合拿出来讨论，那么我们就可以将它和我根据自身立场提供的观点一起包括在书中。审判过程公开了这个故事的许多方面，并为我们提供了比我们本来可能拥有的更多的材料。此外，我们还借鉴了许多记者的报道，他们娴熟地记录了这个故事的许多环节。当我们的记述依赖于以前出版的资料来源时，我们会尽量在文中注明资料来源。以下是一些额外的可能会对感兴趣的读者有用的信息。

引　言　1.汽车运输统计：来自美国能源信息管理局、美国交通部全国家庭旅游调查和环境保护局。

2.车祸统计：世界卫生组织和美国公路交通安全局。

3.安娜堡的拉里·佩奇：佩奇在密歇根大学的经历参见他2009年精彩的毕业典礼演讲。查理·罗斯2014年对佩奇的采访也很有帮助。

第1章　1.塔卡马的厄姆森和惠特克：克里斯·厄姆森提供了这个故事的核心，大卫·维特格林精彩的博客《阿塔卡马的生活》提供了额外的信息。与瑞德·惠特克的访谈提供的额外信息。

2.厄姆森的背景：厄姆森的父母保罗和苏珊帮助提供了信息。

3.惠特克的背景：有很多关于瑞德的文章，但是很少有详细的传记资料。其中一个有价值的来源是詹姆斯·哈格尔蒂2011年为《华尔街日报》撰写的简介《机器人学家从矿山到月球的旅程》。再往前，有用的信息来源包括约翰·马尔科夫1991年的《纽约时报》报道《生活在匹兹堡的生物》以及拜伦·斯派司在担任《匹兹堡邮报》科学编辑时的报道。

4.欢迎来到红队的第一次会议：《科学美国人》记者韦特·吉布斯与红队在一起。吉布斯的报道为我的讲述提供了丰富背景。特别是，吉布斯2004年3月的特别报道《新的机器人竞赛》提供了许多引文，我引用的惠特克在为2003年12月10日的截止日期做准备时激励团队的话，以及瑞德在团队2003年第一次会议上的话，都来自于此。

5.来自匹兹堡技术圈子的这些人什么背景都有：在本书研究过程的早期，为了帮助我们写书，瑞德·惠特克在匹兹堡大吉姆餐馆组织了一次红队聚会，聚集了从2003年到2007年参与了DARPA大挑战的十几个人。对来了的以及没来的团队成员的采访提供了许多背景内容。红队存档网站上的日志和格纹呢车队博客提供了有用的信息来源。此外，凯文·彼得森和斯宾塞·斯派克在整个写作过程中都能电话交流和快速回复邮件。

6.瑞德的领导风格：这方面的背景来自无数次采访，以及韦特·吉布斯的报道和道格拉斯·麦克雷的工作，以及他2004年3月在《连线》杂志上发表的文章《伟大的机器人竞赛》。我在DARPA大挑战章节中还描述了一些细节，这些细节来自NOVA纪录片《伟大的机器人竞赛》和历史频道的《百万美元挑战》等电视节目。

7.寻找机器人城：米基·斯特拉瑟斯建议红队选择焦炭厂为场地的故事来自斯特拉瑟斯的记述。

8.2003年12月10日：韦特·吉布斯在《科学美国人》上对这一晚的记述为这里的描述

提供了主干。

9. 地图已经成为关键：与克里斯·厄姆森、瑞德·惠特克和其他许多团队成员的对话告诉了我们红队的方法是如何依赖地图的。红队在DARPA挑战赛后的研究论文也很有价值，《陌生地域的高速导航：红队在2004年大挑战中的技术》。

10. 内华达汽车测试中心：对斯宾塞·斯派克和凯文·彼得森的采访帮助我描述了2004年3月比赛前沙暴测试的最后几天。到2017年末，我认为我已经了解了所有关于这个事件的消息。Gimlet Media精彩的创业播客《无人驾驶汽车1：大挑战》值得称赞，它挖掘了一个我没听过的轶事：红队在内华达和房车污水箱的故事。

11. 真实的比赛：除了已经引用的采访，科普作家约瑟夫·胡珀写了一篇精彩的赛事报道，《2004年DARPA大挑战：DARPA在沙漠中的挫折》。亚历克斯·戴维斯的《DARPA大挑战口述历史：一场开启了自动驾驶的艰苦的机器人比赛》也很有价值。

第2章　　1. 悍马公司的事故：根据对斯派克、彼得森和惠特克的采访。

2. 特伦背景和斯坦福DARPA团队的起源：对塞巴斯蒂安·特伦和麦克·蒙特梅洛的采访是主要消息来源。伯克哈德·比尔杰2013年《纽约客》特稿《自动修正》提供了有用的背景资料，还有马克·哈里斯2017年9月29日《连线》博客文章《上帝是机器人，安东尼·莱万多夫斯基是他的信使》。《时代周刊》2012年的特稿《极客之王塞巴斯蒂安·特伦》也提供了有用的背景，另外还有拜伦·斯派司1998年在《匹兹堡邮报》写的关于特伦的智慧女神机器人的文章《智慧女神去了华盛顿》。

3. "我发誓要赢得大挑战"：引用的瑞德·惠特克的这句话来自PBS电视节目NOVA，该节目于2006年3月28日播放了一部关于DARPA大挑战的纪录片。

4. 关于2005年DARPA大挑战的细节：DARPA 2006年3月《提交国会的报告》提供的有关比赛以及赛事准备的信息很有价值。

5. 2005年DARPA大挑战中的红队：红队预规划过程的关键细节来自亚历山大·古铁雷斯等人2005年撰写的研究论文《利用先验知识进行沙漠地形高性能自主穿越的预规划，优化速度和详细路径》。

第3章　　1. 戴夫·霍尔和威力登背景：艾伦·奥恩斯曼2017年的《福布斯》文章《一家34岁的音响设备公司如何领导自动驾驶革命》，提供了迷人的发明家戴夫·霍尔的背景和履历细节。

2. 莱万多夫斯基为卡内基梅隆车队安装激光雷达：关于威力登激光雷达演示时在房间里四处乱飞的轶事来自克里斯·厄姆森的采访。

3. 莱万多夫斯基的背景：这些年来我在和莱万多夫斯基的交往中了解了很多信息，

特伦的采访和伯克哈德·比尔杰的《纽约客》文章《自动修正》也有很多信息。此外，马克·哈里斯在《连线》和《电气与电子工程师学会会刊》（*IEEE Spectrum*）等刊物上的报道也极大地丰富了我们对安东尼·莱万多夫斯基的了解。幸好有像哈里斯这样的人不知疲倦地记录莱万多夫斯基的生活，他的作品充满热情并且令人信服。

4. 博斯和测试车的碰撞：关于博斯追尾布莱恩·塞勒斯基驾驶的测试车的轶事来自对塞勒斯基和厄姆森的采访。

5. 格纹呢车队参加城市挑战赛：感谢约翰·多兰与我们分享了他为向家人讲述他在这一历史性事件中的经历而保留的日记摘要。

6. 城市挑战赛的细节和赛制：2008年1月发布的国防研究和工程主任报告《先进技术成就奖：2007财年年度报告》提供了关于城市挑战赛的信息。DARPA自己的网站提供了关键的比赛细节，该网站仍然作为一个有价值的档案存于网上，同时还有托尼·特瑟的访谈。格纹呢车队的研究论文《城市环境中的自动驾驶：博斯和城市挑战赛》也很有价值。

7. 巨型屏幕的问题：具体过程综合了对特瑟、塞勒斯基和厄姆森的采访，以及我自己在看台上目睹的事件。

第 4 章　1. DARPA挑战赛的成本：在DARPA提交国会的两份报告中发现的信息，这两份报告在前面都引用过：《先进技术成就奖：2007财年年度报告》和DARPA2006年3月《提交国会的报告》。

2. 汽车工业的早期：哈罗德·埃文斯2006年的书《他们创造了美国：从蒸汽引擎到搜索引擎：两个世纪的创新者》（*They Made America：From the Steam Engine to the Search Engine：Two Centuries of Innovators*）提供了20世纪初创立汽车工业的发明者和工程师的关键历史细节，丹尼尔·尤金1991年精彩的石油工业史纪录片《奖品：对石油、金钱和电力的史诗般的追求》（*The Prize: The Epic Quest for Oil, Money & Power*）也提供了很多细节。（我们参考的是2008年的更新版。）大卫·哈尔伯斯坦1986年出版的战后汽车工业史著作《清算》（*The Reckoning*），对了解事实和背景有深远的帮助。

第 5 章　1. Autonomy、Hy-wire和EN-V：对拜伦·麦考密克、克里斯·博罗尼伯德和里克·瓦格纳的访谈帮助我准确回忆了这些事件，另外还有我保存的讲稿。

第 6 章　1. 2008—2009年经济衰退前的细节：比尔·弗拉斯2011年出版的描写汽车工业史上最大危机的著作《曾几何时：美国三大汽车制造商——通用、福特和克莱斯勒的衰落和复兴》（*Once Upon a Car: The Fall and Resurrection of America's Big Three Automakers—*

GM, Ford, and Chrysler）提供了关键的细节和背景。

2. 赛格威和PUMA：对前赛格威首席工程师道格·菲尔德的采访帮助我准确回忆了这些事情。

3. PUMA受到的不愉快对待：除了文中引用的媒体来源，我们感谢斯科特·福斯加德和克里斯·博罗尼伯德提供了他们对这一时期的回忆。

4. 离开通用汽车之后：2010年我与比尔·米切尔和克里斯·博罗尼伯德合著的书《重塑汽车：21世纪的个人城市交通》（*Reinventing the Automobile: Personal Urban Mobility for the 21st Century*）提供了有用的背景。

第7章　1. 卡特彼勒在DARPA赛后的自动驾驶项目：对布莱恩·塞勒斯基和克里斯·厄姆森的采访。

2. 实地状况和梅根·奎因的巧克力饼干：对塞巴斯蒂安·特伦的采访很有帮助。奎因在2017年12月25日与卡拉·斯韦瑟在Recode Decode上的对话中提到了有趣的饼干轶事，该对话的记录发表在网上。

3. 拓普康盒子和510系统：马克·哈里斯对安东尼·莱万多夫斯基的报道提供了这个信息，主要是2017年《连线》上的文章《上帝是机器人，安东尼·莱万多夫斯基是他的信使》。考虑到正在进行的法律诉讼，特伦拒绝评论莱万多夫斯基职业生涯的这段时期。优步和慧摩之间的诉讼中提交的法院文件帮助提供了510系统的背景，慧摩对莱万多夫斯基本人的仲裁要求也提供了信息。

4. 莱万多夫斯基的自动驾驶披萨快递：书中讲述的莱万多夫斯基在金银岛尝试无人驾驶送披萨的故事是电视节目《奇想妙发明》第一季第八集的内容。狄肯兰·麦克劳在2008年为CNET撰写一篇专题报道《机器人普锐斯绕旧金山转了一圈》（*Robotic Prius Takes Itself for a Spin Around SF*）。马克·哈里斯在《连线》和《电气与电子工程师学会会刊》中对莱万多夫斯基的报道，以及伯克哈德·比尔杰2013年的《纽约客》文章《自动修正》也很有帮助。

5. 佩奇说服特伦研发自动驾驶：这个故事的来源是对特伦的采访，塞巴斯蒂安在采访中复现了对话。

6. 自动驾驶顶级智囊团在太浩湖聚会：特伦邀请DARPA挑战赛顶尖人物到他的太浩湖小屋的故事综合了对克里斯·厄姆森、布莱恩·塞勒斯蒂安·特伦和麦克·蒙特梅洛的采访。

7. 佩奇和布林设计了十个驾驶挑战：来源是对塞巴斯蒂安·特伦的采访。

8. 车伏的早期：这类材料几乎完全是通过采访亲历这些事情的工程师来收集的。例如，海岸剧场停车场的故事是德米特里·多尔戈夫讲的，包括智能手机控制普锐斯和遇到警察的事情。多尔戈夫和厄姆森慷慨分享了他们坐在自动驾驶汽车上挑战"拉里一千"测试的经历。慧摩公关总监约翰尼·鲁提供了最终的路线图，让我们可以回去和厄姆森和多尔戈夫一起重温。

9. 马尔科夫的故事：特伦的采访对这里的内容非常有帮助。

第8章   1. 底特律的厄姆森和莱万多夫斯基：来源是厄姆森。

2. 特伦会议：消息来源是特伦采访。

3. 510系统的问题：有价值的是特伦和其他车伕团队成员之间的往来电子邮件，这些邮件在优步/慧摩诉讼证据交换环节中公开。电子邮件日期为2011年3月21日，最初在塞巴斯蒂安·特伦和德克·海纳之间。法院标记为2017年8月7日提交的1105-3号文件。

4. 3名工程师想离开：消息来源是克里斯·厄姆森。

5. 车伕奖金计划·我们对计划的描述是基于法院文件和对计划参与者以及未参与计划的人的采访侧面了解。

6. 特斯拉的故事：阿什利·万斯写的特斯拉CEO的精彩传记《埃隆·马斯克：特斯拉，SpaceX，以及对美好未来的追求》（Elon Musk：Tesla, SpaceX, and the Quest for a Fantastic Future），讲述了这家电动汽车制造商的早期情况。

7. 拼车的起源：罗宾·蔡斯在访谈中介绍的Zipcar和早期拼车的事实和背景都很有用。关于Lyft起源的背景来自瑞安·劳勒在技术博客（TechCrunch）的文章《Lyft跃升：津巴之旅一夜成名之前的漫长旅程》，以及布拉德·斯通的优秀历史书《新贵：优步、爱彼迎和新硅谷的杀手公司如何改变世界》（The Upstarts：How Uber, Airbnb, and the Killer Companies of the New Silicon Valley Are Changing the World）。比茨·卡森2016年8月18日刊登在《商业内幕》的对卡兰尼克的采访也很有价值。

8. 优步的早期：我很喜欢米格尔·赫尔夫特2016年12月介绍优步前任CEO的文章《特拉维斯·卡兰尼克是如何制造终极运输机器的》（How Travis Kalanick Is Building the Ultimate Transportation Machine）。卡拉·斯韦瑟2014年12月为《名利场》写的文章《男人和优步男人》有助于了解特拉维斯·卡兰尼克内心深处的想法。我们还参考了斯韦瑟采访谢尔盖·布林和特拉维斯·卡兰尼克的在线视频和文本。

第9章   1. 研究"改变个人交通"：比尔·乔丹帮助我们回顾了这项研究，其中大部分发生在2010—2011年期间，部分内容后来进行了更新。美国交通运输部2009年全国家庭旅行调查（2009 National Household Travel Surve）为我们的计算提供了有用的数据，此外还有美国汽车协会2012年的文章《你的驾驶成本：你真正的驾驶费用是多少？》（*Your Driving Costs：How Much Are You Really Paying to Drive?*）和《纽约出租车事实手册》（*NYC Taxicab Fact Book*, 2006年）。从计程车管理协会(Taxi and Limousine Commission)和纽约公平共享（FareShareNYC）的数据分析获得了关于曼哈顿出租车的更多信息，纽约公平共享的杰夫·诺维奇、查尔斯·科曼诺夫和亚伦·格拉泽还提供了一些额外信息。最后，为了计算给定网格中随机起点和目的地之间的平均直线距离，我们采用了克里斯托菲德斯和艾隆1969年发表的文章中的方法（An Algorithm for the Vehicle Dispatching Problem, Operations Research Quarterly 20, no. 31, 309–318）。

第10章　1. 车伏发狗粮：纳撒尼尔·费尔菲尔德、德米特里·多尔戈夫和克里斯·厄姆森的采访提供了团队测试从高速公路司机辅助系统的细节。27分钟的细节来自慧摩运营总监肖恩·斯图尔特2018年6月5日在新加坡创新科技自由会议(Singapore's Innovfest Unbound)上的主题演讲。

2. 这很糟糕：拉里·佩奇对厄姆森和莱万多夫斯基关系的描述引自他在慧摩与优步的民事诉讼中的证词。

3. Sidecar、Lyft和UberX的起源：斯通的《新贵》为这一部分提供了重要的事实和背景。

4. 塞勒斯基回到车伏：这段中厄姆森的话的消息来源是对布莱恩·塞勒斯基的采访。

5. 司机劳动力统计：摘自劳动统计局的数据，"就业和工资——2017年5月"。

6. 自动化统计数据和人工智能对劳动力市场的影响：波士顿咨询集团2015年9月23日的文章《机器人革命：制造业的下一次大跃进》（*The Robotics Revolution：The Next Great Leap in Manufacturing*），由哈尔·瑟金、迈克尔·辛塞尔和贾斯汀·罗斯撰写。麦肯锡全球研究所2017年1月的报告《工作的未来：自动化、就业和生产力》（*A Future That Works：Automation, Employment and Productivity*）。

7. 什么样的新工作：Lyft联合创始人约翰·齐默的"车轮上的房间"引自艾力克斯·坎特罗威茨2017年1月6日的Buzzfeed文章《Lyft联合创始人约翰·齐默在自动化、汽车预订和支付方面的目标和计划》（*Lyft Co-Founder John Zimmer Drives and Dishes on Automation, Car Subscriptions, and Cash*）。

8. 电子商务统计：引自《商业内幕》2017年8月11日丹尼尔·凯斯的文章，根据弗雷斯特研究公司对电子商务增长的预测，"到2022年，电子商务将占美国零售总额的17%——主要由一家公司主导"。

9. 勒德分子反抗：布鲁金斯学会政策简报《解决劳动力市场因数字化而加速失调的问题》（*Roger Burkhardt and Colin Bradford, Addressing the Accelerating Labor Market Dislocation from Digitalization*, March 2017）。

10. 萤火虫发布：约翰·马尔科夫试乘萤火虫的描述来自 2014 年 5 月 27 日他在《纽约时报》数码博客上的文章《谷歌汽车远离无聊》（*The Google Car Takes a Step Away from Boring*）。2014 年 5 月 27 日的《纽约时报》还刊登了他对布林的采访报道《谷歌无人驾驶汽车的下一阶段：没有方向盘或刹车踏板》（*Google's Next Phase in Driverless Cars: No Steering Wheel or Brake Pedals*）。卡拉·斯韦瑟试乘萤火虫的情况来自 Recode 网站 2014 年 5 月 27 日发布的视频《欢乐试乘谷歌新款自驾小丑车》（*A Joy Ride in Google's New Self-Driving Clown Car*）。代码会议上斯韦瑟与布林的访谈视频也发布在 Recode 网站上。亚历克西斯·马德里格在网上发布的厄姆森电话会议记录为《谷歌回答了一些关于其自动驾驶汽车的紧迫问题》（*Google Answers Some of the Pressing Questions About Its Self-Driving Car, The Atlantic*, May 29, 2014）。

11. 优步扮演什么角色：卡拉·斯韦瑟对卡兰尼克的采访将被视为交通变革历史上最有趣的采访之一。我的叙述是基于 2014 年 6 月 8 日 Recode 网站上的采访视频《170 亿美元先生：优步特拉维斯·卡兰尼克的代码会议完整视频》（*The $17 Billion Man: Full Code Conference Video of Uber's Travis Kalanick*）。卡兰尼克对"萤火虫"发布的反应部分基于特拉维斯·卡兰尼克和大卫·德拉蒙德在优步与慧摩的民事诉讼中的证词。

12. 优步 2014 年 10 月的董事会会议：消息来源也是德拉蒙德和卡兰尼克的证词。

13. 与此同时，卡兰尼克关注着车伏团队：卡兰尼克和德拉蒙德的往来电子邮件，以及 2015 年 3 月 10 日佩奇、德拉蒙德、卡兰尼克和迈克尔会面的细节，所有这些都基于优步和慧摩诉讼中披露的文件。

14. 约翰·卡瑟萨的福特任职：消息来源是对约翰·卡瑟萨的采访。

15. 优步正在……做自己的准备：优步招揽 NREC 人才的消息是从许多不同的来源收集的。包括巴勒斯的证词在内的法院文件也有贡献。NREC 主任赫尔曼很乐意帮忙，并为舒尔甘提供了一次参观该机构的机会。克莱夫·汤普森在 2015 年 9 月 11 日的《纽约时报》上报道了优步招聘 NREC 人才的消息，《优步想收购你的机器人系》（*Uber Would Like to Buy Your Robotics Department*）。在我们看来，描写优步-NREC 的故事中最精彩的是 2015 年 5 月 31 日迈克·拉姆齐和道格拉斯·麦克米伦在《华尔街日报》上的文章《优步挖走研究人员导致卡内基梅隆元气大伤》（*Carnegie Mellon Reels After Uber Lures Away Researchers*）。约什·罗文索恩 2015 年 5 月 19 日在边界（The Verge）网站上发布的文章也很有价值，《优步摧毁卡内基梅隆大学的顶级机器人实验室来制造自动驾驶汽车》（*Uber Gutted Carnegie Mellon's Top Robotics Lab to Build Self-Driving Cars*）。

16. 最大、最令人吃惊的一家：通用汽车向自主汽车的过渡，以及这背后的政治，是基于背景采访，以及《快公司》(*Fast Company*)杂志 2016 年秋季的文章《玛丽·巴拉正在重塑通用汽车的文化——以及公司本身》(*Mary Barra Is Remaking GM's Culture—And the Company Itself*)，以及基思·诺顿 2015 年 10 月在《彭博商业周刊》上的专题文章《底特律能打败谷歌吗?》(*Can Detroit Beat Google to the Self-Driving Car?*)。

17. 通用汽车收购 Cruise 自动化：许多文章提到估值达 10 亿美元，但我们还是采纳了梅丽莎·伯顿 2016 年 9 月 29 日的《底特律新闻》文章《通用汽车的 Cruise 自动化团队发展到 100 名员工》(*GM's Cruise Automation Team Grows to 100 Employees*)中的 5.81 亿美元。

第11章　1. 莱万多夫斯基与车伏交涉的最新也是最后一个阶段：德罗斯的话引自 2017 年 9 月 29 日马克·哈里斯在《连线》上的文章《上帝是机器人，安东尼·莱万多夫斯基是他的信使》。厄姆森的"我们应当解雇安东尼"电子邮件被提交作为优步与慧摩诉讼案中的证据，2017 年 9 月 14 日存档的 1565-15 号文件。

2. 福特交易的过程：消息来源是 2017 年 5 月 29 日莎朗·西尔克·卡特里在《汽车新闻》上报道的福特与车伏的交易，《与谷歌交易失败让菲尔兹陷入困境》(*Failed Google Deal Left Fields in the Lurch*)。

3. 厄姆森召集车伏团队的成员开了一次会：2015 年 11 月 17 日会议上厄姆森向包括在奖金计划中的团队成员披露车伏估值的消息来源是优步与慧摩诉讼案中莱万多夫斯基的证词，2017 年 9 月 14 日存档的 1565-13 号文件第 164 页。在我们拿到的副本中实际估值被涂黑。马克·哈里斯在 2017 年 9 月 29 日的《连线》文章《上帝是机器人，安东尼·莱万多夫斯基是他的信使》中给出的估值是 45 亿美元。谷歌花了 11 亿美元发展自动驾驶业务的消息来源是马克·哈里斯 2017 年 9 月 25 日在《电气与电子工程师学会会刊》上发表的文章《谷歌在自动驾驶技术上已经花了 11 亿美元》(*Google Has Spent Over $1.1 Billion on Self-Driving Tech*)。

4. 福特和谷歌交易的细节：大部分信息来自莎朗·西尔克·卡特里在《汽车新闻》上的报道《与谷歌交易失败让菲尔兹陷入困境》。

5. 如果硅谷和底特律有个孩子：这句评论克拉菲克的话来自劳拉·普特雷 2016 年 2 月 1 日在《工业周刊》(*Industry Week*)上的人物介绍，《谷歌自动驾驶大佬在底特律的重逢》(*A Reunion in Detroit for Google's Self Driving Guru*)。克拉菲克的大部分背景，包括他在谷歌的应聘过程，来自我们对他的采访。说明克拉菲克在现代公司转型中的作用的统计数字来自《纽约时报》2013 年 12 月 27 日刊登的丹妮尔·艾维柯的特稿《执掌现代美国分公司 5 年的总裁即将辞职》(*Chief Will Step Down After Five Years at Hyundai's U.S. Unit*)。

6. 莱万多夫斯基和卡兰尼克的友谊：莱万多夫斯基和卡兰尼克在旧金山散步的具体时间可能不太准，消息来源是马克斯·查夫金和马克·贝尔根2017年3月16日发表在《彭博》的《愤怒之路：优步从谷歌窃取了无人驾驶的未来吗？》（*Fury Road：Did Uber Steal the Driverless Future from Google?*）。提供了其他背景的另一个来源是迈克·艾萨克2017年5月17日在《纽约时报》报道的《优步和慧摩是如何在无人驾驶汽车竞赛中成为对手的》（*How Uber and Waymo Ended Up Rivals in the Race for Driverless Cars*）。

7. 车伕奖金计划的发放：第一笔奖金于2015年12月31日发放，消息来源是莱万多夫斯基的证词，2017年9月14日存档的1565-13号文件第165页。莱万多夫斯基的第一笔奖金，根据同一份文件，第168页。谷歌支付的最大奖金之一，根据拉里·佩奇在慧摩与优步诉讼案中的证词，2017年8月2日存档的1068-6号文件第13页和第23~25页。莱万多夫斯基对他为什么下载这14 000份文件的解释来自卡兰尼克在慧摩和优步诉讼案中的证词，2017年8月4日存档的1088-1号文件第91~96页。

8. 莱万多夫斯基的"车伕问题重重"邮件：2016年1月9日莱万多夫斯基给拉里·佩奇发电子邮件的消息来源是记者约翰娜·布伊扬的推特。布伊扬在旧金山报道慧摩与优步诉讼案时，在2018年2月6日上午11:04发布了一张邮件的图片。此外，布伊扬对优步和慧摩案件的报道很好看而且信息量丰富，为整本书都提供了背景。

9. 莱万多夫斯基就卡车运输对拉里·佩奇的喃喃自语：来源是拉里·佩奇的证词，引用如上，第71页。

10. 巴勒斯给优步领导层发送的关于莱万多夫斯基的邮件：巴勒斯邮件的消息来源是慧摩与优步诉讼案中2017年8月15日存档的1219-1号文件。

11. 塞勒斯基建议承担新的角色：塞勒斯基2016年1月23日发给莱万多夫斯基的电子邮件来自拉里·佩奇的证词，第195页。

12. 莱万多夫斯基的"太多废话"邮件：莱万多夫斯基2016年1月27日写的这封邮件在拉里·佩奇的证词中被提到，第103页。

13. 巴勒斯关于莱万多夫斯基的笔记：报道慧摩诉优步案的记者深入报道了巴勒斯的笔记和2016年2月4日与塞勒斯基打电话的细节，并通过几条实时推特报道了巴勒斯的证词。很多人在报道中提到了这一点。例如，凯蒂·波克2018年2月6日在《汽车新闻》上的报道，《优步前雇员的笔记提供了了解内幕的窗口》（*Former Uber Employee's Notes Provide Window into Internal Tensions*）。

14. 罗比·戴蒙德和SAFE的背景：来源是对罗比·戴蒙德的采访。

15. 车伕的第一次责任事故：谷歌对2016年2月14日事故的反应非常透明，在2016年2月的《谷歌自动驾驶汽车项目月报》（*Google Self-Driving Car Project Monthly Report*）

中公布了公交车和自动驾驶汽车碰撞的情况。

第12章　1.车伏尽力做了自己能做的事情：车伏团队在Medium网站上发表那篇文章是在2015年10月，标题是《为什么我们的目标是全自动驾驶汽车》(*Why We're Aiming for Fully Self-Driving Vehicles*)。

2.关于约书亚·布朗生活的细节：我们读到的最有帮助的文章是瑞秋·亚伯兰丝和安娜琳·库尔茨的《约书亚·布朗，死于自驾事故，测试了他的特斯拉的极限》(*Joshua Brown, Who Died in Self-Driving Accident, Tested Limits of His Tesla*,《纽约时报》，2016年7月1日)。布朗的YouTube频道也很有帮助。

3.5月的第一周：布朗在事故发生前的几天和几小时内的轨迹以及其他关键细节和背景来自《2016年5月7日佛罗里达州威利斯顿附近一辆装有自动车辆控制系统的汽车和一辆半挂牵引车之间的碰撞》(*Collision Between a Car Operating with Automated Vehicle Control Systems and a Tractor-Semitrailer Truck Near Williston*, National Transportation Safety Board，2017年9月12日)。卡里姆·哈比卜于2017年1月19日完成的国家公路交通安全管理局的调查和报告也提供了关键的细节和背景。

4.关于Autopilot的问题：摩根士丹利分析师亚当·乔纳斯对特斯拉和道德风险的评论出自一份被广泛引用的研究报告。《消费者报告》的批评来自《特斯拉的Autopilot：太多的自主太快》(*Tesla's Autopilot：Too Much Autonomy Too Soon*, Consumer Reports, 2016年7月14日)。

5.特斯拉与无比视的互怼：路透社详细报道了这两家公司之间的争吵。其中包括埃里克·奥查尔德和托娃·科恩的《无比视说特斯拉"超越了安全限度"》(*Mobileye Says Tesla Was "Pushing the Envelope in Terms of Safety,"* 路透社，2016年9月14日)。第二天，路透社又发表了特斯拉的回应文章，《特斯拉说无比视在得知汽车制造商将自己研发相机后推卸责任》(*Tesla Says Mobileye Balked After Learning Carmaker to Make Own Cameras*)。随后无比视又在2016年9月16日通过自己的渠道发布回应，《无比视反驳毫无根据的指控》(*Mobileye Responds to False Allegations*)。

尾　声　鲁兹的文章：参见鲁兹的《吻别美好时光》(*Kiss the Good Times Goodbye,* Automotive News, 2017)。

照 片

自动时代

从左到右：2017 年 10 月 14 日，在卡内基梅隆大学主办的庆祝 DARPA 城市挑战赛 10 周年的活动中，展示了 Highlander、博斯和沙暴。（照片由斯宾塞·斯派克提供。）

斯坦福大学的斯坦利赢得了第二次 DARPA 大挑战。开发团队的核心是（从左顺时针方向）亨德里克·达尔坎普、麦克·蒙特梅洛、乔·范·涅克、大卫·斯塔文斯和团队负责人塞巴斯蒂安·特伦。特伦后来被拉里·佩奇和谢尔盖·布林聘请来创建谷歌的自动驾驶项目，并领导谷歌 X。（照片由塞巴斯蒂安·特伦提供。）

在第二次 DARPA 大挑战中，麦克·蒙特梅洛（左）和克里斯·厄姆森（右，和他的儿子伊森）在 HIghiander 面前摆姿势。（照片由克里斯·厄姆森提供。）

美国国防部高级研究计划局局长托尼·特瑟在加州胜利谷的城市挑战赛中为卡内基梅隆大学的博斯挥舞方格旗。（照片由卡内基梅隆大学提供。）

自动时代

卡内基梅隆大学机器人学教授瑞德·惠特克在接受托尼·特瑟颁发的 DARPA 城市挑战赛奖杯和 200 万美元支票时满脸笑容。（照片由卡内基梅隆大学提供。）

卡内基梅隆大学格纹呢车队赢得了 2007 年 DARPA 城市挑战赛。（照片由卡内基梅隆大学提供。）

从左到右：埃里克·施密特、拉里·佩奇和谢尔盖·布林体验谷歌的自动驾驶普锐斯。这 3 人于 2009 年招揽了世界上最优秀的机器人工程人才，开始了被称为车侠的谷歌自动驾驶项目，从而加快了自主汽车的发展。（照片由慧摩提供。）

克里斯·厄姆森帮助创立并领导了谷歌自动驾驶项目。他发起了萤火虫原型车的设计制造。厄姆森在 2016 年离开慧摩后，与其他人共同创立了 Aurora 创新公司。（照片由克里斯·厄姆森提供。）

自动时代

布莱恩·塞勒斯基（上图）是卡内基梅隆大学格纹呢车队的软件主管。他后来领导了谷歌自动驾驶汽车项目和慧摩的工程化，并创建了 Argo 人工智能。下图中的车辆是 2017 年 8 月的 Argo 原型。（照片均由 Argo 人工智能提供。）

谷歌的萤火虫是为了展示交通的未来而设计制造的，由自主电动汽车提供交通服务。（照片由慧摩提供。）

失明的史蒂夫·马汉（左）在 2015 年 9 月乘坐萤火虫时，没有一名工程师或技术人员充当后备司机，这是世界上第一次在公共道路上的完全无人驾驶。纳斯尼尔·费尔菲尔德（右）是谷歌自动驾驶汽车项目的首批成员之一，并帮助安排了马汉的乘车出行。（照片由慧摩提供。）

自动时代

通用汽车公司 2002 年的 Autonomy 概念车旨在重新发明汽车。它包括驱动车辆的轮毂电机和线传操控，所有这些都集成到滑板式平台中。（照片由通用汽车公司提供。）

通用 CEO 里克·瓦格纳（左）和劳伦斯·伯恩斯（右）在 2002 年密歇根州底特律北美国际汽车展上与 Autonomy 一起亮相。（照片由通用汽车公司提供。）

劳伦斯·伯恩斯在 Autonomy 滑板底盘上"冲浪"。这张照片刊登在《汽车工业》杂志 2002 年 2 月号的封面上。（照片由通用汽车公司提供。）

拜伦·麦考密克（左）和劳伦斯·伯恩斯（右）。麦考密克在通用汽车公司开创了电动汽车和燃料电池技术，并帮助伯恩斯设想了一种新的汽车 DNA。（照片由通用汽车公司提供。）

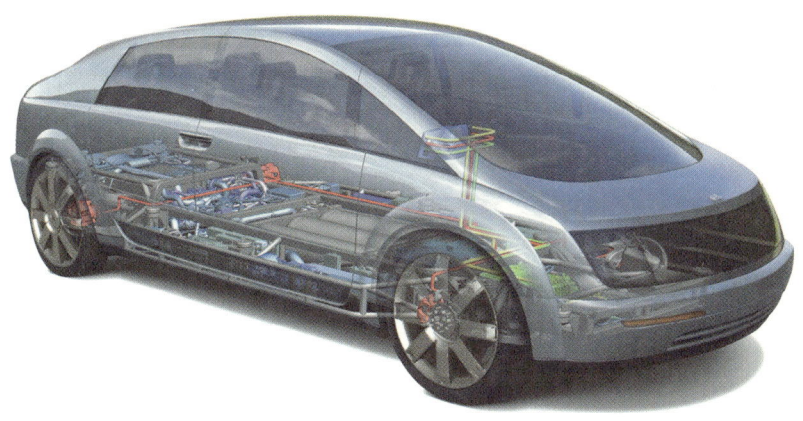

通用的 Hy-wire 是第一款基于 Autonomy 概念车的可行驶汽车。（照片由通用汽车公司提供。）

通用汽车的 Sequel 是世界上第一款基于 Autonomy 滑板平台的完全工程化的汽车。它完成了世界上第一次只加注一次氢燃料续航 490 千米，这是它在纽约塔里镇越过终点线。（照片由通用汽车公司提供。）

通用 EN-V 是基于赛格威个人平衡车。它被认为是为城市出行量身定制的电动汽车。（照片由通用汽车公司提供。）

世界上最好的数学建模专家之一比尔·乔丹与劳伦斯·伯恩斯合作，首次估计出，仅在美国，共享、自主和电动技术的应用就可以节省 4 万亿美元的交通成本。（照片由劳伦斯·伯恩斯提供。）

克里斯·博罗尼伯德欣赏通用电动汽车的比例模型。博罗尼伯德与通用汽车公司的劳伦斯·伯恩斯合作,担任 Autonomy、Hy-wire、Sequel 和 EN-V 概念车的项目经理。(照片由通用汽车公司提供。)

安东尼·莱万多夫斯基(右)和优步联合创始人特拉维斯·卡兰尼克(左)。莱万多夫斯基是谷歌自动驾驶项目的创立成员,他后来加入了优步。(照片由美联社托尼·阿维拉提供。)

照 片

罗宾·蔡斯于 1999 年共同创立了汽车共享公司 Zipcar。蔡斯开启了租车业务的变革，反对每个美国成年人应当至少拥有一辆车的想法。（照片由斯旺尼·穆顿提供。）

翰·齐默（左）和洛根·格林（右），Lyft 的联合创始人。他们的拼车理念是受津巴布韦人随意召车启发。在那里没有人搭乘特许出租车，人们只是召唤最近的一辆有空位的汽车，支付一些汽油费作为车费。（照片由拉西卡提供。）

马丁·埃伯哈德 2003 年与马克·塔彭宁共同创立了特斯拉，他站在一辆特斯拉跑车前。两位共同创始人意识到锂电池技术已经进步到了能让一种新型电动车成为现实的程度。（照片由尼克·杜根通过维基媒体共享提供。）

埃隆·马斯克和特斯拉 Model S。马斯克是这家证明了电动汽车巨大优势的公司的早期投资者。（照片由毛里济奥·佩斯切通过维基媒体共享提供。）

2016 年 5 月 7 日，约书亚·布朗在驾驶他的特斯拉 Model S 的 Autopilot 模式时死于车祸。（照片由国家运输安全委员会提供。）

尽管通用汽车最初对自主汽车和按需交通的变革威胁反应缓慢，但该公司后来通过收购 Cruise 自动化等措施增强了自己的地位。通用汽车首席执行官玛丽·巴拉（如图）正试图引领未来交通。（照片由通用汽车公司提供。）

2017 年 11 月 7 日，在葡萄牙里斯本举行的网络峰会上，约翰·克拉菲克与慧摩的克莱斯勒 Pacifica。克拉菲克于 2016 年成为慧摩的 CEO，并将该公司定位为 "世界上最安全、最有经验的司机"。（照片由斯蒂芬·麦卡锡 / 网络峰会提供。）

德米特里·多尔戈夫是慧摩工程副总裁，谷歌自动驾驶团队的创始成员之一，在慧摩的技术开发方面发挥了重要作用。（照片由慧摩提供。）

图书在版编目（CIP）数据

自动时代：无人驾驶重塑世界 /（美）劳伦斯·伯恩斯（加）克里斯托弗·舒尔根著；唐璐，
谢炜烨翻译．
— 长沙：湖南科学技术出版社，2020.6
书名原文：Autonomy：The Quest to Build the Driverless Car and How It Will Reshape Our World
ISBN 978-7-5710-0436-1

Ⅰ.①自…　Ⅱ.①劳…　②克…　③唐…　④谢…　Ⅲ.①汽车驾驶—无人驾驶　Ⅳ.① U471.1

中国版本图书馆 CIP 数据核字（2020）第 003249 号

Autonomy：The Quest to Build the Driverless Car and How It Will Reshape Our World
Copyright ©2018 by Lawrence D. Burns

湖南科学技术出版社独家获得本书简体中文版中国大陆出版发行权
著作权合同登记号：18-2019-32

本书的译介工作得到湖南省交通厅科技项目经费资助，特此致谢！

ZIDONG SHIDAI: WUREN JIASHI CHONGSU SHIJIE
自动时代：无人驾驶重塑世界

著者	**印刷**
（美）劳伦斯·伯恩斯	长沙超峰印刷有限公司
（加）克里斯托弗·舒尔根	**厂址**
译者	宁乡县金州新区泉洲北路 100 号
唐璐　谢炜烨	**邮编**
策划编辑	410600
孙桂均　吴炜　李蓓　杨波	**版次**
责任编辑	2020 年 6 月第 1 版
杨波	**印次**
书籍设计	2020 年 6 月第 1 次印刷
李星霖　邵年	**开本**
出版发行	710mm×1000mm　1/16
湖南科学技术出版社	**印张**
社址	20.25
长沙市湘雅路 276 号	**字数**
http://www.hnstp.com	260000
湖南科学技术出版社	**书号**
天猫旗舰店网址	ISBN 978-7-5710-0436-1
http://hnkjcbs.tmall.com	**定价**
邮购联系	78.00 元
本社直销科 0731-84375808	（版权所有·翻印必究）